新时代高校思政课教学改革的研究与实践

张艳青◎著

吉林大学出版社
·长春·

图书在版编目（CIP）数据

新时代高校思政课教学改革的研究与实践 / 张艳青著 . -- 长春：吉林大学出版社，2022.5
ISBN 978-7-5768-0819-3

Ⅰ. ①新… Ⅱ. ①张… Ⅲ. ①高等学校—思想政治教育—教学改革—研究—中国 Ⅳ. ① G641

中国版本图书馆 CIP 数据核字 (2022) 第 192065 号

书　　名	新时代高校思政课教学改革的研究与实践
	XINSHIDAI GAOXIAO SIZHENGKE JIAOXUE GAIGE DE YANJIU YU SHIJIAN
作　　者	张艳青　著
策划编辑	殷丽爽
责任编辑	董贵山
责任校对	单海霞
装帧设计	李文文
出版发行	吉林大学出版社
社　　址	长春市人民大街 4059 号
邮政编码	130021
发行电话	0431-89580028/29/21
网　　址	http：// www. jlup. com. cn
电子邮箱	jldxcbs@ sina. com
印　　刷	天津和萱印刷有限公司
开　　本	787mm×1092mm　1/16
印　　张	11.75
字　　数	200 千字
版　　次	2023 年 1 月　第 1 版
印　　次	2023 年 1 月　第 1 次
书　　号	ISBN 978-7-5768-0819-3
定　　价	72.00 元

版权所有　　翻印必究

作者简介

张艳青，女，1980年1月生，河南浚县人，毕业于深圳大学，硕士研究生，现任河南工程学院讲师。研究方向：思想政治教育。参加工作以来，致力于教学和科研，相继主讲《毛泽东思想和中国特色社会主义理论体系概论》《中国近现代史纲要》《形势与政策》等课程；主持立项2020年度教育部人文社会科学研究《统筹推进大中小学思政课一体化建设路径研究》(项目批准号：20YJC710090)项目资助，参与完成国家级、省部级项目十余项，发表论文十余篇。

前　言

开启全面建设社会主义现代化国家新征程，加强思想政治理论课实践教学，是高等院校贯彻党的教育方针、深化教育教学效果的必然要求，是培养具有创新精神和实践能力的高素质大学生的迫切需要。高校思想政治理论课是落实立德树人根本任务的关键课程，是一门常说常新的课程，是其他学科课程的灵魂与支柱，是大学生接受思想政治教育的主渠道和主阵地。因此，加强高校思政课教学改革是一项重大而紧迫的战略任务，是培养时代新人的关键。近年来，高校思政课改革创新包括实践教学取得了显著的成效，思政课实践教学课程内容设计丰富多样、教师队伍建设愈加成熟、教学模式与机制构建初见成效。然而，由于诸多条件限制及时代的加速变革，实践教学依旧是高校思想政治理论课的薄弱环节，尚且存在一些短板，长效的体制机制和评价支持体系有待完善和健全。

本书立足高校思政课教学在当下的发展现状，对课程提出新的改革研究与实践要求。全书共分为五个章节，第一章为高校思政课程概述，分别从高校思政课程的发展历程、高校思政课程的相关理论及开展高校思政课程的价值和必要性来说明高校思政课程的重要性；第二章为高校思政课程教学的现状研究，这一章从不同的维度说明了高校思政课程的发展现状，不论是学生的主体性发挥方面，还是和高中思想政治课的衔接方面，高校思政课程都需要一定的改革，另外本章还涉及从"八个相统一"视阈下来看待高校思政课程的发展、"泛娱乐化"的当代环境下怎样让高校思政课程发挥应有的作用；第三章为高校思政课程教学模式的创新改革，列举了高校思政课程可以采用的"智慧教学""学生骨干宣讲法"及STEMP教学设计模式三种教学模式来促进高校思政课程的创新；第四章为高校思政课程与红色文化的融合发展，红色文化的融入是提升大学生思想政治教育文化内涵的有效途径，高校思政课程与红色文化的相关理论、红色文化融入高校思政课程的可行性、红色文化融入高校思政课程的策略是本章的要点；最后一章为新时代高校思政课程实践教学运行机制的构建，从高校思政课程实践教学运行机制理论来分析，又对运行机制现状进行了考量，最后阐述了高校思政课程实践教学运行机制的构建情况。

  在撰写本书的过程中，作者得到了许多专家学者的帮助和指导，参考了大量的学术文献，在此表示真诚的感谢。但由于作者水平有限，书中难免会有疏漏之处，希望广大同行及时指正。

作者

2021 年 11 月

目　录

第一章　高校思政课程概述 ··· 1
　　第一节　高校思政课程的发展 ·· 1
　　第二节　高校思政课程的相关理论 ······································ 13
　　第三节　高校思政课程的必要性及价值 ·································· 25

第二章　高校思政课程教学的现状研究 ····································· 32
　　第一节　高校思政课程学生主体性的发挥现状研究 ···················· 32
　　第二节　高中思想政治课与高校思政课程的衔接现状研究 ············ 60
　　第三节　"八个相统一"视阈下的高校思政课程的现状研究 ············ 81
　　第四节　"泛娱乐化"对高校思政课程教学的影响现状研究 ············ 88

第三章　高校思政课程教学模式的创新改革 ······························ 102
　　第一节　高校思政课程"智慧教学"的创新研究 ······················· 102
　　第二节　高校思政课程与"学生骨干宣讲法"模式的结合 ············ 117
　　第三节　高校思政课程 STEMP 教学设计模式研究 ··················· 124

第四章　高校思政课程与红色文化的融合发展 ···························· 142
　　第一节　高校思政课程与红色文化的相关理论 ······················· 142
　　第二节　红色文化融入高校思政课程的可行性 ······················· 151
　　第三节　红色文化融入高校思政课程的策略 ························· 154

第五章 新时代高校思政课程实践教学运行机制的构建……………161
 第一节 高校思政课程实践教学运行机制理论分析………………161
 第二节 高校思政课程实践教学运行机制现状考量………………167
 第三节 高校思政课程实践教学运行机制的构建…………………171

参考文献……………………………………………………………………178

第一章 高校思政课程概述

高校思想政治理论课是学界非常熟知的研究对象,相关研究成果丰富,见仁见智。本章就从高校思政课程的发展、高校思政课程的相关理论及高校思政课程的必要性及价值三个方面对高校思政课程进行相关介绍。

第一节 高校思政课程的发展

一、高校思政课建设的形成与曲折发展时期(1949—1966年)

中华人民共和国的成立,为党和国家各项事业的发展奠定了坚实的政治基础,高校思政课建设也踏上了发展之路。高校把当时的政治理论课作为公共必修课纳入课程教育体系,对于改造旧思想、发展国家教育事业、巩固新政权意义非凡。

中华人民共和国成立至1966年,是高校思政课建设的形成与曲折发展时期,与当时面临的紧迫任务相适应。中国高校思政课建设面临的主要任务是破除旧教育,发展与新的经济政治相适应的新教育,培养自觉为社会主义建设服务的新人。

中华人民共和国成立之初,我国经济、文化事业遭到严重破坏,一方面,从全国整体经济状况看,生产力发展水平还比较低,人民群众最基本的温饱问题有待进一步解决,而生产力的发展需要充分调动人民的积极性和主动性,依靠人民的力量,这就需要充分发挥思想政治教育的作用;另一方面,新民主主义革命时期,中国共产党的思想政治教育已逐渐趋于成熟,这就为中华人民共和国成立之初思想政治教育的开展打下了基础。针对这一时期青年学生还不同程度存在着封建残余思想,新生政权在思想领域必须统一战线,发展新教育。1949年9月,《中国人民政治协商会议共同纲领》规定:"中华人民共和国的文化教育为新民主主义的,即民族的、科学的、大众的文化教育。人民政府的文化教育工作,应以提高人民文化水平,培养国家建设人才,肃清封建的、买办的、法西斯主义的思想,发展为人民服务的思想为我们的主要任务。"①该纲领成为中国高校开展思想政治教育的准绳，具有开创性。同年12月马叙伦指出了这种新教育与旧教育有着根本区别，是形势发展的客观要求，其基本性质是新民主主义的，还不是社会主义的。1950年6月，教育部在北京召开第一次全国高等教育会议，确定中国高等教育方针任务是以理论与实际一致的方法，培养具有高度文化水平、掌握现代科学技术、全心全意为人民服务的高级国家建设人才。会议通过了《高等学校暂行规程》等5项规范性文件，明确提出了推进高等教育管理体制改革的目标，讨论了有关高等学校各系科课程的改革方案等问题。1951年暑假教育部召开了高等学校课程改革讨论会，就课程名称、课程设置、教学内容、教学方法、组织形式、重点难点等开展了研讨，提出要把课程建设作为高校落实"思想政治工作生命线"方针的切入点。1952年夏天开始了全国迄今为止规模最大的院系调整体制改革，通过对私立高等院校的撤销合并和对公立院校的系科重组，建立了单科院校为主的公立高等教育体系，为政府对高等院校的统一领导奠定了制度基础，为以后国家工业化建设和经济建设培养大批急需的专门人才奠定了组织基础。1952年10月7日教育部颁布了《关于全国高等学校马克思列宁主义、毛泽东思想课程的指示》，对全国高校的思想政治理论课课程设置作了统一安排，这是中华人民共和国成立后第一个全国性的高校思想政治理论课课程设置方案，规定了高校的思想政治理论公共必修课包括辩证唯物主义论和历史唯物主义论、政治经济学、新民主主义论。

1956年社会主义制度确立，为适应社会发展的需求，高校致力于培养大批具有一定马克思主义理论素养、精通一定科学技术、愿为社会主义建设服务的高级专门人才。

这一时期，高校思政课建设的培养目标逐渐偏向政治化，严格上来说是不符合育人规律的，但这也是适应当时经济发展而产生的，对坚定社会主义道路起到了良好作用。

课程设置：以"马克思主义理论课"为主要课程。这一时期，党中央高度重视思政课建设，围绕培养一批又一批的社会主义建设人才，在课程体系、师资队伍、教材选编等各方面进行整体部署和具体安排，取得了较大进展。中华人民共和国成立之初，中央人民政府为了适应社会发展的需要、加强中国共产党的领导、促进教育事业的发展，把马克思主义理论教育作为区别于其他一切旧教育的根本之处，不断进行高校思政课建设的探索。1949年10月，《华北专科以上学校

---

① 中国人民政治协商会议共同纲领［N］.人民日报，1949-09-30.

一九四九年度公共必修课过渡时期实施暂行办法》指出："本年度一、二、三、四各年级均必修：一、辩证唯物论与历史唯物论（包括社会发展史），第一学期修完，每周三小时，共三学分。二、新民主主义论（包括近代中国革命运动史），第二学期修完，每周三小时，共三学分。本年度文、法、教育（或师范）学院毕业班学生必修政治经济学，每周三小时，一年学完，共六学分。"[①] 由于该暂行办法只是过渡时期的一个缓冲，还不具完备性。以这三门课程为主的思想政治教育在中华人民共和国成立之初取得了初步效果，但是政治理论课师资有限，导致教学水平不高。为了解决这一问题，1952 年 9 月，《关于培养高等、中等学校马克思列宁主义理论师资的指示》充分强调了政治理论师资的重要性，通过举办马克思列宁主义研究班加紧培养师资。为切实提高学生的思想政治觉悟，又快又好地完成国家今后的政治任务，1952 年 10 月，教育部发出的《关于全国高等学校马克思列宁主义、毛泽东思想课程的指示》对各高校马克思主义理论课程的开设作出规定，在原有政治理论课的基础上增设"马克思列宁主义基础"课程，以"苏共党史简明教程"为教本，政治理论课由原有的三门变成了四门，加大了对马克思列宁主义、毛泽东思想的宣传教育，标志着高校马克思主义理论课程体系的初步创立，"52 方案"[②] 初具雏形，对课程内容、课程设置顺序、学时等进行了具体规定，具有一定的里程碑意义。1953 年 2 月，中央人民政府高等教育部进一步明确了"马克思列宁主义基础"的开设年级及顺序，使思想政治教育更趋合理性。但是在实施的过程中，由于在内容上，"新民主主义论"与"政治经济学"在经济部分存在重叠现象；在课程设置上，高三已开设"共同纲领"，与"新民主主义论"存在讲授的重合，衔接性还不够，1953 年 6 月，"新民主主义论"调整为"中国革命史"课程。为了进一步提升教师整体水平，克服教师脱离实际的习气，1955 年 4 月，《关于高等学校的政治思想教育工作》强调从适当补充师资、加强培养工作、加强学校进修等方面加强教师队伍建设。"52 方案"实施以来，一方面，激发了学生的学习热情，增强了学生的社会主义觉悟，使学生能够把个人理想与社会发展相结合，不断将自己所学用于实践；另一方面，一些错误观点和思想仍普遍存在，比如学习态度不端正、劳动观念不强、政治性不高、思想品德不正等。

1956 年"三大改造"完成以后，我国进入了全面建设社会主义的历史时期。

---

① 教育部社会科学司. 普通高校思想政治理论课文献选编 [M]. 北京：中国人民大学出版社，2008.

② 这里所用"52 方案"援引自吴潜涛、徐艳国《建党 90 年来高校德育发展的历史轨迹》一书，其中将 1952 年提出的课程体系称为"52 方案"。

1957年12月10日，高等教育部和教育部联合颁发了《关于在全国高等学校开设社会主义教育课程的指示》，明确规定在全国高等院校各年级课程中普遍开设"社会主义教育"课程，主要学习毛泽东《关于正确处理人民内部矛盾的问题》及马克思列宁主义经典著作和党的文件。1958年4月，《对高等学校政治教育工作的几点意见（草稿）》进一步明确了今后课程开设的方向，对如何加强政治课教师建设作出了重要安排，为高校思政课建设提供了政策性指导，但是各高校的实际执行情况有所差异。同年，为响应党中央对社会主义建设的需要，政治理论课与生产劳动的结合日益紧密，一定程度上增强了广大师生的实践意识和实践精神，但是也遭到一定的挫败。进入20世纪60年代，在党的正确方针指导下，高校思政课建设出现了生机。为了进一步强化学生的马列主义思想，1961年4月，《改进高等学校共同政治理论课程教学的意见》颁发，在原有课程体系的基础上正式确定了"中共党史"课程，"马克思列宁主义基础"不再以苏共党史为主要学习内容，取而代之的是毛泽东思想和学说，"政治经济学"课程依旧保持，"哲学"代替了"辩证唯物主义和历史唯物主义"课程，根据形势发展的需要增加了反对修正主义的内容，体现了时代性，并且逐渐恢复到1956以前系统的思想政治教育，使高校思政课建设逐渐回归正轨。此外，还对与课程体系相匹配的师资、教材建设等进行了规定，这是一次具有重要意义的课程调整，被称为"61方案"[①]。由于新开设课程所使用的教材在短期内还不能编出，1962年5月，《中华人民共和国教育部关于高等学校共同政治理论课教学安排的几点意见》对过渡时期的教材使用进行了教学安排。但是这一方案并没有得到真正贯彻。1964年10月，《关于改进高等学校、中等学校政治理论课的意见》下发，对政治理论课开设课程和使用教材予以规定，不断促进教师队伍的革命化，加强党的领导，高校思政课建设在曲折中艰难前行。

二、高校思政课建设的恢复与发展时期（1978—1992年）

（一）高校思想政治教育纲领性文件的制定

《关于建国以来党的若干历史问题的决议》是在1979年起草，1981年党的十一届六中全会通过的。这个决议是党史上具有深远意义和重大影响的重要文件。其总结之前的经验教训，为高校思想政治教育工作的开展奠定了理论基础。同年，

---

① 这里所用"61方案"援引自吴潜涛、徐艳国《建党90年来高校德育发展的历史轨迹》一书，其中将1961年提出的课程体系称为"61方案"。

教育部召开了全国高校思想政治教育工作会议，强调要加强学校思想政治工作，做好青少年学生的思想工作。1985年8月1日中共中央发出《中共中央关于改革学校思想品德和政治理论课程教学的通知》，要求改革高校的马克思主义理论课程设置，逐步开设"中国革命史""中国社会主义建设""马克思主义原理""世界政治经济与国际关系"等课程，以适应时代发展需要。国家教育委员会分别于1986年7月9日和9月1日印发了《关于对高等学校学生深入进行形势与政策教育的通知》《关于在高等学校开设"法律基础课"的通知》，将"形势与政策"课程与"法律基础"课程纳入了高校思想政治教育教学计划。1987年5月29日，中共中央颁布了《关于加强和改进高等学校思想政治工作的决定》，提出要培养和造就一批思想政治教育的专家、教授和理论家，要求有关院校要认真办好思想政治教育专业、第二学士学位班，并创造条件培养这方面的博士研究生和硕士研究生。1987年9月20日，国家教育委员会印发了《关于思想政治教育专业培养硕士研究生的实施意见》。同年，国务院学位委员会修订了硕士、博士研究生专业目录，在政治学一级学科中增设"思想政治教育"专业二级学科，1988年正式开始招生，标志着"思想政治教育"同时作为一门科学、一个专业、一门学科得到了进一步发展。

（二）课程设置

改革开放以来，随着对高校思想政治教育地位的再认识，马克思列宁主义理论课的定位再次明晰。1978年4月，《关于加强高等学校马列主义理论教育的意见》明确了要正确认识马克思主义理论课、合理安排课程和学时、编写统一的教学大纲、提高教师队伍水平、建立领导体制等，使高校思政课建设逐渐走出错误的边缘，回归正轨。尤为明显的是，相较于"61方案"，这次课程设置增加了"国际共产主义运动"课，这是为了更好地用马克思主义来抵御各种机会主义路线，反击修正主义。1978年6月，高等学校文科教学工作座谈会强调要对1961年文科教材会议后编写出版的教材进行再次修订和出版，通过座谈会的研究，教育部组织相关专家进行了教材的编写工作。经过专家小组的不懈努力，四门课程的教学大纲已初具模型。为了解决当时普遍存在的"政治无用论"错误认识，1979年5月，《高等学校政治理论课的基本情况和存在问题》指出了高校政治理论课存在问题的实质并提出了针对性的解决方案，从科学认识政治理论课的性质、合理设置课程顺序、加快统一教材的编写、通过进修解决教师水平低的问题、加强领导和健全体制等方面对高校思政课建设予以规定。1982年，为进一步贯彻党的十二大关于共产主义教育的精神，细致总结已有思想品德课的开设经验，教育部决定逐步开设"共产主义思想品德课"，并对此课程开设的现实性和重要意义进行了充分阐释。为了更好地开设好这门课，教育部专门制定了《共产主义思想品德教学大纲（试用本）》，明确了这门课的教学目标、教学要求、重难点等，有针对性地对学生进行教育。为进一步坚持和加强马克思主义的指导地位，1984年9月，《关于加强和改进高等院校马列主义理论教育的若干规定》强调："马克思主义是我们党和国家的行动指南，是培养学生无产阶级世界观和共产主义道德的理论基础。"[①]其突出体现了马克思主义在高校中的地位和作用。为更好地完成高校的根本任务，解决思想政治工作队伍在思想理论水平、知识结构、培训、职称待遇等方面的问题，1984年11月，《关于加强高等学校思想政治工作队伍建设的意见》明确了"高等学校的思想政治工作队伍必须实现专职和兼职相结合"[②]，尤其对专职思想政治工作人员的政治素质和知识水平的基本要求、来源和发展方向、培训工作、待遇问题等进行了详细阐述，对高校思政课建设的开展具有积极的指导意义。1985年8月，《中共中央关于改革学校思想品德和政治理论课程教学的通知》的下发拉开了改革开放以后高校思想政治理论教育的改革序幕，对课程设置进行了调整，明确了思想品德和政治理论课改革的必要性和方向，要从整体性出发对大、中、小各个阶段的思想品德和政治理论课进行有效衔接，不断探索启发式的教学方法，编写出高水平的新教材，建设好一支强大的师资队伍等进行思政课建设，即"85方案"[③]。不难发现，这次的改革方案相较于"61方案"有三大亮点：第一，把"中共党史"改为"中国革命史"课程，由于中学的学生对这门课程已有所学习，当"中国革命史"课在大学开设时，引起了广大青年的兴趣，使得以中国革命史为中心的历史教育收到良好效果；第二，增设"中国社会主义建设"课，这一课程是基于党的十二大以来党在理论和实践上的创新成果而开设的，集中反映了党对改革开放的不断探索，凝结了党的集体智慧；第三，"马克思主义基本原理"课产生，由于广大学生中间普遍存在对马克思主义的理解不够全面、不够深刻的现象，为了从整体上探索马克思主义的实质，把"马克思主义哲学"和"政治经济学"融合为一，加强了其联系性。1986年9月，《关于在高等学校开设"法律基础课"

---

① 教育部社会科学司. 普通高校思想政治理论课文献选编[M]. 北京：中国人民大学出版社，2008.

② 教育部社会科学司. 普通高校思想政治理论课文献选编[M]. 北京：中国人民大学出版社，2008.

③ 这里所用"85方案"援引自冯刚《高校思想政治教育创新发展研究》一书，其中将1985年提出的课程体系称为"85方案"。

的通知》把"法律基础课"纳入高校公共政治理论课中，并对与之相匹配的师资、教材、教学方法、实施步骤等进行了具体规划。为了进行大刀阔斧的教学改革，1987年10月，《关于高等学校思想教育课程建设的意见》确定"形势与政策""法律基础"为各高校的必修科目，"大学生思想修养""人生哲理""职业道德"为各高校的选修课程。这一课程改革适应了党和国家工作重心的转移，有利于学生在多元思想文化的激荡中树立正确的价值观，为推动高校思政课建设奠定了坚实的基础。为进一步落实党中央关于把德育放在学校首位的指示精神，1991年8月，《关于加强和改进高等学校马克思主义理论教育的若干意见》明确："对青年学生进行马克思主义理论教育，是由社会主义高等教育的性质和办学宗旨所决定的，是社会主义教育区别于资本主义教育的根本标志之一。"[1] 把马克思主义理论教育由"重要标志"上升到"根本标志"，是对马克思主义理论教育重要性的再提升。同时从改进教学方法、大力加强教师队伍建设、加强党的领导等方面对如何推进思政课建设给出了具体指导。

三、高校思政课建设的继续加强与改进时期（1992—2002年）

（一）高校思想政治教育体制机制的开展

20世纪90年代，在关于《中共中央关于加强高等学校党的建设的通知》中，明确了高校领导体制。党委领导下的校长负责制的明确，强化了高校思想政治教育体制的开展。1993年2月13日中共中央、国务院印发了《中国教育改革和发展纲要》，明确提出要把教育摆在优先发展的战略地位，努力提高全民族的思想道德素质和科学文化水平，进一步指出培养有理想、有道德、有文化、有纪律的社会主义新人，是学校德育即思想政治和品德教育的根本任务。要把坚定正确的政治方向摆在首位，用马克思列宁主义、毛泽东思想和建设有中国特色的社会主义理论教育学生。1994年《中共中央关于进一步加强和改进学校德育工作的若干意见》提出了"德育工作管理体制"，要求在党委（总支、支部）的统一部署下，学校要建立和完善以校长及行政系统为主实施的德育管理体制。21世纪初，中共中央发布的《关于进一步加强和改进大学生思想政治教育的意见》使高校思想政治教育机制的建设更加完善。在高校思想政治教育的领导机制上，要求建立党委统一领导、党政群齐抓共管、有关部门各负其责、全社会大力支持的领导体制

---

[1] 教育部社会科学司. 普通高校思想政治理论课文献选编[M]. 北京：中国人民大学出版社，2008.

和工作机制，形成全党全社会共同关心支持大学生思想政治教育的强大合力；在高校思想政治教育的工作机制上，要求各高校要建立和完善党委统一领导、党政齐抓共管、专兼职队伍相结合、全校紧密配合、学生自我教育的领导体制和工作机制。

（二）课程设置

这一时期，高校思政课建设伴随着改革开放的不断深化迎来了新的发展阶段。1992年，随着党的十四大召开，邓小平同志建设有中国特色社会主义的理论成为这一时期教学改革的指导理论。1993年8月，《关于新形势下加强和改进高等学校党的建设和思想政治工作的若干意见》明确提出："马克思主义理论课和思想品德课（以下简称"两课"）是学生思想政治教育的主渠道，是社会主义学校的本质特征之一。"[①] 将其由"根本特征"上升为"本质特征"，体现了中国共产党对思政课地位的认识再加深，并明确了新形势下高等学校党的建设和思想政治工作要紧紧围绕邓小平同志建设有中国特色社会主义的理论这一中心进行教学改革，及时改革不适应形势发展要求的教学内容；大力改进教学方法；加强"两课"教师队伍建设，多方面实行倾斜政策；加强各级党政教育部门和高校党政领导对"两课"教育工作的领导。高校思政课建设又向前推进了一步。党中央对高校"两课"教学改革予以高度关注，1994年8月，《中共中央关于进一步加强和改进学校德育工作的若干意见》再次明确了"两课"的关键作用，对学校的德育体系进行了整体规划，对德育内容进行了明确。1995年10月，国家教委从认清教学改革的重要性和必要性、明确根本目标、根据实际完善课程体系、改进教学方法、抓好师资队伍建设、加强学科建设和研究等方面阐述了如何推动教学改革。1995年11月，《中国普通高等学校德育大纲（试行）》进一步阐明了高校德育的总体建设，心理健康教育被正式纳入德育体系，这是新时期开展德育工作的纲领性文件。1996年3月，全国高校"两课"管理工作座谈会召开，强调"两课"教学改革要全面总结和吸取1985年以来的"两课"教学改革经验，充分发挥"两课"的育人功能。1997年6月，在第六次全国高校党建工作会议上，国家教委再次强调了邓小平同志建设有中国特色社会主义的理论在"两课"教学中的重要地位。

党的十五大把邓小平理论确定为党的指导思想。为进一步系统地学习邓小平理论，把邓小平理论编成教材，进入课堂，武装学生头脑，《中宣部、教育部关

---

① 教育部社会科学司. 普通高校思想政治理论课文献选编[M]. 北京：中国人民大学出版社，2008.

于普通高等学校开设〈邓小平理论概论〉课的通知》于1998年正式颁发。为加强对邓小平理论全面而深入的学习，增强"两课"与中学、小学课程的衔接性，1998年6月，《关于普通高等学校"两课"课程设置的规定及其实施工作的意见》对高校"两课"的课程设置进行了全面而系统的规定，构筑了马克思主义理论课与思想品德课完整的教学体系，同时对师资培养、教材编写等方面进行了整体设计，即"98方案"①。"98方案"与"85方案"相比有几大变化：第一，把"中国革命史"改为"毛泽东思想概论"课程，这是由于随着改革开放的不断加深，"中国革命史"课程已无法容纳改革开放之后的历史，再加上"中国革命史"的教学效果已大不如前，所以有必要对此予以调整；第二，把"中国社会主义建设"改为"邓小平理论概论"课程，这是为了更好地、深入透彻地学习邓小平理论，从而更好地推进这一思想的"三进"工作；第三，把"马克思主义原理"分成"马克思主义哲学原理"和"马克思主义政治经济学原理"两门课程，这是基于增强学生的马克思主义底蕴，使学生能够用所学原理和方法论指导实践的考虑。从此，高校思想政治教育开启了一个新的历史时期。经过一段时间的理论研究和实践探索，为了精准分析当前"两课"课程实施是否具有现实性与合理性，进一步总结"两课"课程设置的经验，教育部及高校进行了多次的研讨。1999年度高校思想政治工作会议与全国普通高校"两课"教学与管理工作研讨班"就是对"两课"课程方案实施的有力回应。1999年12月，《关于开展高等学校"两课"教师在职攻读硕士学位工作的通知》强调面对"两课"教师正处于新老更替的现状，要以攻读硕士学位这一方式，增强教师整体素养，提高"两课"的教学水平。"98方案"实施以来，学生对马克思主义的认识不断加深，对马克思主义运用于中国实践的正确性有了更深的把握，增强了对资产阶级腐朽思想的抵御能力，坚定了对社会主义的认同。但是迅速变幻的形势和环境也使得广大学生面临更大的挑战，一些学生的当代使命感淡薄，对一些腐朽落后的思想认识不清，抵抗力较弱。1992年至2002年是高校思政课建设的加强与改进时期，这一时期，思想品德课在全国各高校全覆盖，与马列主义理论课并驾齐驱的"两课"体系正式形成，是对以往"重视政治教育、忽视道德教育"的重大改观，实现了两者的重新整合、教材建设取得突破性进展、教师队伍建设水平不断提升、教学方法和手段不断创新，有利于推进高校思政课建设的长足发展。

---

① 这里所用"98方案"援引自冯刚《高校思想政治教育创新发展研究》一书，其中将1998年提出的思政课课程体系称为"98方案"。

四、高校思政课建设的深化与整体推进时期（2002—2012年）

2003年2月12日，教育部发文将"邓小平理论"课程调整为"邓小平理论和'三个代表'重要思想概论"课程。2004年10月14日，中共中央、国务院印发了《关于进一步加强和改进大学生思想政治教育的意见》，对高校思想政治教育作出具体规划，为"05方案"[①]方案的出台奠定了基础。为了贯彻、落实中共中央、国务院《关于进一步加强和改进大学生思想政治教育的意见》的文件精神，2005年2月7日中宣部、教育部联合下发了《中宣部 教育部关于进一步加强和改进高等学校思想政治理论课的意见》，这标志着高校思政课建设进入一个整体推进的新发展阶段，对高校思政课进行了积极探索，以马克思主义中国化理论成果为重点，建设了思想政治理论课程体系，并对与之相匹配的教师队伍、教材建设等进行了规划，即"05方案"。在"98方案"的基础上，"05方案"进一步充实了教学内容，压缩了课程门数，并对教材进行了规划管理，教学大纲和教材编写由中宣部统一纳入马克思主义理论研究和建设工程。其新变化体现为：第一，"马克思主义基本原理"课形成，这是由原来"98方案"中的两门课程合并而成，这一改变是为了更好地从整体上把握其原理要义；第二，"毛泽东思想概论"与"邓小平理论概论"，同时又结合了马克思主义中国化最新成果——"三个代表"重要思想，综合为一门课程，即"毛泽东思想、邓小平理论和'三个代表'重要思想概论"，这是基于深入学习中国特色社会主义理论，推进"邓小平理论概论"和"三个代表"重要思想"三进"工作的考虑；第三，把"思想道德修养"和"法律基础"融为一体，适应了"依法治国"和"以德治国"相结合的需要；第四，新增了"中国近现代史纲要"课程，这是为了更好地引导学生深刻领悟历史的必然性，从历史中汲取爱国情感。"05方案"是对"98方案"的创造性整合，是对"98方案"马克思主义理论、马克思主义中国化成果、道德和法制教育的综合性整合，是对改革开放以来思想政治教育经验和教训的总结。为了进一步加强教材建设，2006年1月和4月分别下发了关于教材出版和管理的文件，体现了党中央、教育部对教材编写工作的重视程度。2006年6月，随着《中共中央宣传部关于认真组织学习〈科学发展观学习读本〉的通知》的下发，各地各高校深入贯彻落实党中央精神，不断推动"科学发展观"的"三进"工作，使广大青年及时学、深刻悟，不断提高其政治性和思想性。"05方案"实施以来，取得了新成绩、新发展，

---

① 这里所用"05方案"援引自冯刚《高校思想政治教育创新发展研究》一书，其中将2005年提出的课程体系称为"05方案"。

使广大学生的思想动态和行为发展都发生了可喜变化，使其对中国共产党满怀信心、对马克思主义中国化成果的认同度颇高、对党中央决策部署坚决拥护、爱国情感增强、民族情怀加深、服务人民意识提高，营造了积极健康向上的社会氛围，有助于学生身心的全面发展。

五、新时代思政课建设的改革与创新发展（2012年—至今）

（一）高校思想政治教育机制的成熟

在党的十八大报告中，将全面提高公民道德素质作为社会主义道德建设的基本任务，同时要求坚持"依法治国"和"以德治国"相结合，加强社会公德、职业道德、家庭美德、个人品德教育，弘扬中华传统美德，弘扬时代新风。高校思想政治教育工作要坚持"法治"和"德治"相结合，注重青年学生的道德素质培养。2015年为切实加强高校宣传思想工作队伍的建设，中共中央办公厅、国务院办公厅发布了《关于进一步加强和改进新形势下高校宣传思想工作的意见》，为推动高校宣传思想工作质量提升和创新发展提供了强有力的政策保证。2017年2月27日，中共中央、国务院印发的《关于加强和改进新形势下高校思想政治工作的意见》指出，要加强互联网思想政治工作载体建设，完善科教融合、校企联合等协同育人模式，健全高校思想政治工作评价体系，推动高校思想政治工作制度化。2018年4月12日教育部印发《新时代高校政治理论课教学工作基本要求》，提出了新时代加强和改进思想政治理论课的具体原则、要求、方法，要求高等院校要按照师生比不低于1:350的比例设置专职思想政治理论课教师岗位，大力提倡中班（100人以下）教学、小班研讨的教学模式，逐步消除大班上课现象。

（二）课程设置

新时代孕育新思想，高校思政课建设在沿用"05方案"的基础上，不断革故鼎新、创新发展，推动习近平新时代中国特色社会主义思想入脑入心。2012年3月，教育部印发了《教育部关于全面提高高等教育质量的若干意见》，从强化学科建设、创新网络和心理健康教育、建立健全教学质量测评体系、实施新一轮高校哲学社会科学繁荣计划、加强思政课教师队伍建设等方面对新时代思政课建设进行了规定。在此基础上，2012年8月国务院颁布了《国务院关于加强教师队伍建设的意见》，从加强教师的师德建设、提升教师专业化水平、建立健全教师管理制度、切实保障教师合法权益和待遇等方面进行了规划，是指导教师队伍建设的纲领性文件，对推动新时代高校思政课建设意义重大。为了进一步加强宣传思想工作，2015年1月，《关于进一步加强和改进新形势下高校宣传思想工作的意见》的颁布，明确了实施高校思政课建设体系创新计划，深化了课程改革，重点建设好"五个一批"，对深化新时代思政课改革意义重大。2015年7月，《普通高校思想政治理论课建设体系创新计划》对高校思政课建设的重要性、指导思想、目标任务、重点建设内容进行了具体而细致的规定，为加强学科引领、教材统编、创新教学方法、提高教师整体素养、做好条件保障工作等奠定了基础。2017年2月，《关于加强和改进新形势下高校思想政治工作的意见》把高校思政课的重要性上升到战略工程的高度，并且对如何推动高校思政课改革创新进行了具体部署，意义重大。2017年12月，《高校思想政治工作质量提升工程实施纲要》印发，明确提出了"十大"育人体系，而课程育人在"十大"育人体系中居于首位，突出强调了不仅要建好思政课程，铸牢显性思政，同时还要充分利用"课程思政"，使各类课程与思政课程同向而行，形成协同育人效应。

党的十九大以来，思想政治教育得到空前加强，形成了以习近平新时代中国特色社会主义思想为核心内容的思政课程群建设。为全面推进习近平新时代中国特色社会主义思想"三进"工作，中宣部、教育部组织教材课题组对本科四年制教材进行了再次修订，增添了党的十八大以来的重要理论成果，尤其是习近平总书记的重要讲话内容与精神，最终形成了2018版新教材。2018年4月，教育部印发《新时代高校思想政治理论课教学工作基本要求》，对高校思政课的学分及开设顺序等进行了严格规定。2019年3月18日，习近平总书记深刻阐述了"八个统一"[①]，为新时代推动思政课改革创新指明了根本方向。2019年8月，《关于深化新时代学校思想政治理论课改革创新的若干意见》把推进大中小学思政课一体化建设列为重点，注重各学段之间的协调性，本科阶段仍然开设五门课程。至此，以中国化马克思主义最新成果为中心内容的思想政治理论课课程体系基本形成，同时对如何加强思政课教师队伍建设、增强思政课的思想性、加强党的领导等方面进行了规定，为新时代推动思政课建设提供了指导性。为深入贯彻党的十九大精神和习近平总书记关于教育的论述，2020年1月，教育部通过了《新时代高等学校思想政治理论课教师队伍建设规定》，从岗位要求、配备与选聘、培养与培训、考核与评价、保障与管理方面对思政课教师队伍建设进行了规划，对建设思政课教师队伍具有指导性意义，有利于推动思政课建设继续向好发展。

---

① 习近平：用新时代中国特色社会主义思想铸造魂育人 贯彻党的教育方针落实立德树人根本任务[N].人民日报，2019-03-19（01）.

第二节 高校思政课程的相关理论

一、马克思主义经典作家关于思想政治教育的理论

（一）马克思、恩格斯关于思想政治教育的主要观点

第一，"以人的全面发展为指向"是马克思重要的思想政治教育观，该观点明确了思想政治教育中的目标指向。马克思在中学毕业时就清晰地提及应如何做好职业选择，"职业选择期间，应以实现自身完美与人类幸福为最高指引"[①]。因此，职业选择期间，马克思便将实现人类幸福为目标，实质是以人的发展为重点，同时也指出"所有人类历史发展中的首个前提是存在有生命的个体"[②]。思想政治教育的主体性和指向性一直都以人为教育对象，是关乎人的思想发展的工作。马克思主义鲜明地指出，最终目标是要实现全人类的全面自由的解放，这个解放从来都包括人的思想上的解放，不过统治阶级在很大层面上会主导人的思想。《德意志意识形态》一文中有过对统治阶级对思想主导性的分析，明确指出过"在不同发展时代下，统治阶级的思想在社会多元化的思想中都居于主导性地位"[③]。不管在哪一发展时期，思想政治教育均可以看作是一定社会或阶级对其成员有目的性地施加思想价值观念灌输的活动，同样是以人为主体来开展的实践活动。所以，思想政治教育是以人为指向和主体的。

马克思强调，在共产主义实现进程中，无产阶级要关注到此进程中如何实现人的自由全面发展，最终指向始终是关切人的发展。以追求实现共产主义为最终目标，逐步引导人的成长进步，在当前依然是高校思想政治教育开展的基本原则和目标。

第二，马克思和恩格斯非常重视自身理论的宣传教育，率先提出"宣传工作"的观点。此外，《共产主义者同盟章程》中还特别强调同盟内各个群体均应该竭尽全力投入宣传工作中。在宣传方式上，主要提出以口头、书信及报刊等方式来加强马克思主义理论的宣传，指出工人群体如果具备科学理论，便能形成强大物

---

① 中共中央马克思恩格斯列宁斯大林著作编译局. 马克思恩格斯全集：第 1 卷 [M]. 北京：人民出版社，1995.

② 中共中央马克思恩格斯列宁斯大林著作编译局. 马克思恩格斯选集：第 1 卷 [M]. 北京：人民出版社，2012.

③ 中共中央马克思恩格斯列宁斯大林著作编译局. 马克思恩格斯选集：第 1 卷 [M]. 北京：人民出版社，2012.

质力量并投入斗争状态，指出理论的教育是强大的思想武器并能够转化为行动指南。"批判的武器与武器的批判并不能够相互替代，物质力量仅仅能够凭借物质力量进行摧毁；不过理论如果掌握群众，也会转变为物质力量。"① 理论的彻底在于抓住事物根本，人就是这个根本所在。

（二）列宁关于思想政治教育的主要观点

列宁在继承马克思、恩格斯思想政治教育理论的基础上进一步总结俄国革命和国家建设经验，发展和完善了无产阶级在思想政治工作中的指导理论。对思想政治工作的重要性、方法论及队伍建设问题都作出了丰富的内容补充。

第一，思想政治教育的灌输理论。以工人为主体开展教育的活动过程中，列宁指出工人自身不具备主动的民主意识，曾强调"社会民主主义意识仅仅能从外界灌输而获得"②。灌输论是通过一系列具有针对性和目的性的教育和宣传活动引导工人阶级进步，提高思想认识的重要方法，对我国早期的思想政治工作产生了较大影响。由于当时物质生产条件和文化教育程度的限制等因素，人民群众只靠自身的学习和认知是无法彻底地改变思想意识的，而思想政治教育活动只有通过科学性和彻底性的理论教育，才能增强人民群众的理论水平。灌输理论在当前依然具有一定的适用性，在对如何讲授好思想政治理论课的指导中，坚持启发性、灌输性的统一，也是对列宁灌输理论的继承和发展。

第二，列宁再次指出党要以先进理论指导才能转化为斗争的力量，注重宣传队伍的广泛，在队伍建设中，鼓励以理论家、宣传员、鼓动者、组织者的方式深入各个方面、一切阶级中去做好宣传工作，注重理论的转化和宣传，在马克思与恩格斯的宣传工作经验上，进一步完善理论宣传的方式，加深对宣传队伍重要性的认识。

马克思列宁主义是我们党治党立国的根本思想，在中国特色社会主义现代化进程中具有重要作用。对于马列主义，习近平总书记强调要真学、真懂、真信、真用，并指出："思政课教师只有自己信仰坚定，对所讲内容高度认同，做学习和实践马克思主义的典范，才能讲得有底气，讲深讲透，才能有效引导学生真学、真懂、真信、真用。"③ 马克思列宁主义教育是大学生思想政治教育的重要内

---

① 中共中央马克思恩格斯列宁斯大林著作编译局. 马克思恩格斯选集：第1卷[M]. 北京：人民出版社，2012.
② 中共中央马克思恩格斯列宁斯大林著作编译局. 列宁选集：第一卷[M]. 北京：人民出版社，2012.
③ 习近平. 思政课是落实立德树人根本任务的关键课程[M]. 北京：人民出版社，2020.

容，作为马克思主义的政党，我们始终重视用马列主义武装思想、教育人民，对于大学生的教育不能仅仅停留在表面进行说教，务必内化为学生的真实品格，转化为学生的实践行为。通过长期的社会实践和经验积极践行马克思列宁主义，并指导大学生更好地认识问题、分析问题和解决问题，使学生参透马克思、恩格斯和列宁思想的真谛，在马克思列宁主义的指导下形成正确的信仰，确立正确的人生方向。

二、中国共产党历届领导集体的思想政治教育观点

教育是党的生命线工程，无论是革命建设时期，还是改革开放时期，党的历届领导集体都从战略全局的高度重视国家思想政治教育工作的推进，毛泽东、邓小平等领导人也都有过深刻的思想观点，这些观点主要体现在以下几个方面。

（一）关于思想政治教育的地位和作用

毛泽东不仅是杰出的革命家，而且也是伟大的思想家、政治家，在革命工作中特别注重发挥思想政治教育的引领作用，指出"政治工作是一切经济工作的生命线"[1]。延安整风运动的开展意味着毛泽东清晰意识到思想认识问题对于军队领导的重要性和关键性作用，同时在随后的革命阶段及社会主义建设新时期，思想政治工作在其中始终扮演着非常重要的角色，发挥着重要的关键性引领作用。

邓小平在吸收马克思、恩格斯和毛泽东的相关理论的基础上，依然站在国家未来发展和经济工作推进的全局观上推进思想政治工作。他强调，"十年来我们的最大失误是在教育方面，对青年的政治思想教育抓得不够"[2]，"一定要把思想政治工作放在非常重要的地位，切实认真做好，不能放松"[3]。

社会处于改革的攻坚期，情况复杂，思想政治工作面临着大量新情况。江泽民在新情况下，提出要始终发挥思想政治工作在其中生命线的作用。"全力做好思想政治工作，能够将其看作为其他所有工作有序推进的生命线。"[4] 此外，江泽民认为学校应该将思想政治教育作为首要的、关键的任务来抓，在任何时期均不能够放松警惕。在市场经济面临一系列挑战和难题的背景下，注重思想政治工作

---

[1] 毛泽东.毛泽东著作选读（下册）[M].北京：人民出版社，1986.
[2] 邓小平.邓小平文选[M].北京：人民出版社，1993.
[3] 邓小平.邓小平文选[M].北京：人民出版社，1993.
[4] 教育部思想政治工作司.加强和改进大学生思想政治教育重要文献选编（1978-2014）[M].北京：知识产权出版社，2015.

的根本性地位。

胡锦涛在继承前人的思想并总结观点，依然继承发扬"生命线"理论，着重指出要全力推进思想政治建设，同时强调思想政治建设具有基础性的作用，强调紧迫性和重要性。不难看出，我党对于思想政治工作的重要地位和关键作用的清晰认识，习近平总书记在系列重要论述中同样一直把思想政治工作摆在突出位置。

（二）关于思想政治教育对象和目标

毛泽东在思想政治教育相关论述中，以人为教育的根本指向，以培养红且专的人才为发展目标。此外，在《关于正确处理人民内部矛盾的问题》一文中，毛泽东特别指出"应该使受教育者在德育、智育、体育几方面都得到发展"[1]。另外，邓小平十分关注中国青年的发展，曾为首届"全国青少年科技作品展览"题词："青少年是祖国的未来，科学的希望"[2]。要培养具备道德观念和文化素养，有革命理想且遵守纪律法规的"四有"新人，从四个层面对于青年的成长成才提出要求，重视青年对于国家和未来所发挥的作用。江泽民认为青年是承前启后、继往开来的一代人，关系国家现代化建设战略目标的实现，以"五点希望"为指引，从爱国、理想、创新、视野、知识、品德等多方面提出要求和期待。胡锦涛多次在公开场合强调，社会主义事业建设中，"培养什么人，怎样培养人"是发展中需要处理的根本性问题，从这个时期的论述可以看出对于思想政治工作的更进一步的深化认识，从国家建设和社会主义事业发展的全局性和长远性阐释人才培养的目标和要求。

在关于教育对象培养目标的论述中，历届领导集体的观点是融合和不断发展的，既有继承又有充实，对青年的要求跟随时代发展变化也在不断更新补充，从又红又专的根基上，发展"四有"新人，提出"五点希望"，习近平总书记系列重要论述中强调"六有"大学生的培养要求，更体现以人为本和全面发展的马克思主义思想政治教育观，进一步对青年提出新的期待和更为严格的要求，与国家的进步和发展趋势相符合。教育的"首要问题"和"根本任务"是习近平总书记最为关切的问题。习近平总书记指出，"培养什么人、怎样培养人、为谁培养人"是一个"根本问题"，而其中的"培养什么人"则是"教育的首要问

---

[1] 毛泽东.建国以来毛泽东文稿[M].北京：中央文献出版社，1992.
[2] 共青团中央，中共中央文献研究室.毛泽东 邓小平 江泽民论青少年和青少年工作[M].北京：中央文献出版社，2000.

题"。①"培养社会主义建设者和接班人,是我们党的教育方针,是我国各级各类学校的共同使命。"②立德树人和"培养德智体美劳全面发展的社会主义建设者和接班人"③是教育的根本任务。同时,要通过"坚定理想信念、厚植爱国情怀、加强品德修养、增长知识见识、培养奋斗精神、增强综合素质"④等路径,完成好立德树人这一教育的根本任务。习近平总书记关于青年学生成长成才的论述,无疑对大学生思想政治教育目标的建构提出了新要求,指明了新方向,明确了新任务。

(三)关于教育内容

在教育内容上,毛泽东强调要加强学习马列主义,对于理论的说服性和理论性具有深刻认识,"国内知识分子应加强主观世界改造,深入研读践行马克思列宁主义,以共产主义理想信念为引导,实现价值观的根本变革⑤",认为理论可以促进人的价值观念的根本变革。邓小平在思想政治教育的内容上指出:"学校应该分别从形势、思想、政治等不同领域加强教育工作,具体涉及道德教育、人生观教育⑥"。坚持以马克思主义理论为根本指导,用科学进步的理论来武装头脑,做好理想信念的深入学习和教育,重点强调教育者要明晰发展趋势,顺应时代的变化进行教育内容的及时更新。江泽民时期,分别社会主义、爱国主义、集体主义三个层面来推进素质教育工作,强调思想政治教育实践中的核心内容是理想信念教育。胡锦涛在继承前几代领导集体的思想政治教育内容上,积极引导社会各界贯彻落实社会主义荣辱观的学习。

目前在我国高校思想政治教育实践中,这些内容依然有着很强的指导性作用。其中,习近平总书记关于高校思想政治教育理论,汲取、归纳了历届领导集体所提出的教育内容,并创新提出新的教育内容作为补充,形成较为全面、完善的教育内容体系。思想政治教育工作开展中,依然以马克思主义理论学习为主,习近平总书记不断强调其真理性和科学性,要坚持不懈抓紧学习,并指出学生成长期

---

① 习近平. 习近平谈治国理政:第二卷 [M]. 北京:外文出版社,2017.
② 习近平. 在北京大学师生座谈会上的讲话 [N]. 人民日报,2018-05-03(02).
③ 习近平:坚持中国特色社会主义教育发展道路 培养德智体美劳全面发展的社会主义建设者和接班人 [N]. 人民日报,2018-09-11(01).
④ 西安交通大学党委中心组. 爱国奋斗,知识分子的使命担当 [N]. 光明日报,2019-08-06(15).
⑤ 毛泽东. 建国以来毛泽东文稿:第6卷 [M]. 北京:中央文献出版社,1992.
⑥ 邓小平. 邓小平文选:第2卷 [M]. 北京:人民出版社,1994.

间，马克思主义理论发挥着思想基础的引领作用；通过借助社会主义核心价值观的教育来涵养价值理念；做好中国传统文化资源的充分、深入挖掘，传承好、弘扬好优秀传统文化，有效发挥传统文化在社会发展中的引领效果；对人们做好党史国史教育，将其作为提升思想政治教育效果的重要途径，帮助学生了解国情、党情；理想信念教育的核心作用能够引导学生更加坚定理想信念，树立起共同理想、远大理想；此外，习近平总书记还创造性地融入生态文明教育的内容。

（四）关于思想政治教育方法

毛泽东思想政治教育思想中，教育的方法论同样具有鲜明特征。与人民加强联系，维护好人民的利益是根本出发点，以说服教育为主，批评与自我批评的方法能够促进人的思想认识上升，通过报刊、办学、宣讲等方式做好宣传工作，拉近与人民的距离。此外，调查研究法、典型示范法也是毛泽东思想政治教育理论中的重要方法论。毛泽东还采用革命运动实践的方法作为思想政治教育的重要途径，领导开展工人运动，是思想政治教育与实践的结合。邓小平在教育的方式方法上，联系实际、坚持走群众路线及树立典型的方法具有较高的借鉴价值。江泽民指出思想问题的解决要同解决实际问题相结合，继承我党在以往实践中积累的宝贵经验，探索推进思想政治工作开展的最佳方式，在育人队伍建设、育人方式方法上都具有创新性和时代性，在教育的方法上，着重指出教育与劳动的结合，增强学生参与各种实践活动的热情，是理论教育和实践活动的结合，在习近平的论述中同样有"知行合一"的实践育人方法。江泽民在思想政治的论述中，在网络技术初步发展的时期就已经利用好新闻媒体的宣传作用、发挥文化教育功能以及先进典型的示范带领作用，胡锦涛则重点强调思想问题和实际问题相结合的解决方法。

习近平的论述中总结了前人的思想政治教育方法，坚持理论联系实际、实事求是的基本工作原则，新时期运用于高校思想政治教育中的方法主要有知行合一的实践法、典型示范法、文化熏陶育人的方法等。

思想问题的解决要同解决实际问题相结合，要继承我党在以往实践中积累的宝贵经验，探索推进思想政治工作开展的最佳方式，在育人队伍建设、育人方式方法上都具有创新性和时代性；在教育的方法上，着重指出教育与劳动的结合，增强学生参与各种实践活动的热情，是理论教育和实践活动的结合，在习近平总书记的论述中同样有"知行合一"的实践育人方法。要在网络技术初步发展的时期就利用好新闻媒体的宣传作用、发挥文化教育功能及先进典型的示范带领作用，做好对网络信息技术的关注与应用，增强思想政治工作的影响力。

三、建构主义理论

建构主义理论源于让·皮亚杰（Jean Piaget）、利维·维果茨基（Lev Vygotsky）的教学思想，是在行为主义的基础上从认知信息加工理论的视角来对学习内容进行审视，这给予了教育工作者很多的思考。建构主义理论更多地强调学习者在学习的过程中如何完成建构，而不是简单地认为学习仅仅是一个知识传输的过程，学习者在学习时只有基于自身的经验建构新的知识体系，才能够实现知识的有效传递。具体而言，建构主义理论的核心观点主要有以下几点。

（一）知识观

建构主义理论认为知识并不是稳定的，知识具有灵动性特征，知识本身也会有局限性，这就意味着学习者在很多情况下并不能直接学习或者运用知识，这就是知识的情境局限。知识是对世界的既定认知，只能在具体的情境中对事物进行暂时的解释，并不能形成最终的定理。除此之外，建构主义理论还认为知识只有被学习者充分理解才能够发挥真正的作用。并不是所有的知识都能够转换成为力量，这就意味着在知识传递中不能教条地灌输知识，而是需要学习者在充分理解知识的前提下掌握知识。

（二）主体观

学生和教师作为教学活动中的主体，两者均能影响到教学的最终效果。在建构主义理论中认为，学生作为独立体在学习新的知识之前其必然会具有一定的自我经验，学生会对知识产生自我看法。在学习中，的确会有一些知识是学生在以往经验中从未接触的，但是学生依旧会参考其已经积累的经验来理解新的知识，进而产生假设。所以在教学活动中教师想要帮助学生完成知识的处理和转换，首先需要对学生进行了解，知晓学生是如何看待新事物之后，对其现有理解进行解构重组。由于不同学生的认知结构是不同的，所以在交流的过程中有助于学生认知的丰富，这其中产生的思想碰撞可以通过教师的科学引导进而成为学生理解新知识的重要途径。

（三）学习观

建构主义理论中将学习过程形象地比喻为输血和进食两种模式，所谓输血是指要将知识如同输血一样慢慢地打入学习者的体内；所谓进食是指在学习过程中经验结构的建构就如同进食之后人的生长一样。其中建构主义理论认为传统认知中的学习过程属于输血模式，建构主义下的学习过程属于进食模式。由于学习本身就是新旧知识相互作用的过程，学生对于新知识的吸收是基于其原有的知识框架基础之上，这个过程并不是像是输血过程那样简单。学习是同化和顺应的统一，同化是学习者通过吸收外部知识，将其和自身原有的知识进行整合，并在两者之间建立联系，使新知识能够融入原有的知识体系中，是新旧知识整合的过程。学习者对知识进行整合时并不是总能完全吸收新知识的，这就会导致新旧知识之间出现认知差别，最终会导致无法完成知识建构，这时就需要教师发挥引导作用，帮助学生转变错误的观念。

（四）教学观

建构主义理论认为教学活动不是单纯的灌输知识，而是要求教师敢于对学生原有的认知体系发起挑战，通过为学生创造一个全新的学习环境来帮助学生建构新的知识体系，这才是教学活动的最终目的，而这样的重建活动需要学生具有自主建构的意识和能力。基于建构主义理论的教学观，相关研究人员设计需要新的教学模式，包括抛锚式教学、支架式教学、随机通达教学、培养学习共同体等。

四、中华优秀传统文化中的德育思想

（一）德育的内涵

德育工作是实现社会道德进步和个人精神丰富的重要现实路径，其在思想政治教育乃至整个教育体系中均处于核心位置。其中，德育价值观又是引领德育体系建构与发展的根本。然而在改革开放以来，德育价值观在市场经济发展过程中受到了前所未有的挑战，不仅表现出在教学实践中的"无力感"和自身地位"边缘化"的倾向，其"德育低效性"问题更是严峻。为此，笔者将通过对相关概念的正本清源，以实现对德育本真价值的回归，增强新时代高校德育的育人树人功能。

1. 德与德行

在《说文解字》一书中，"德"字被释义为"德，升也"，因而"德"的本义含有积极向上的意思。《周礼·地官》中则将"德"释义为"德行，内外之称，在心为德，施之为行。"可见，中国先哲对德的释义往往将其与日常的行为结合在一起，组成"德行"二字，赋予其美德与美行双重含义。也就是说，在理解"德"的问题上，中国古代圣贤在赋予其积极美好内涵的同时，也非常注重其实践性。

与中国古代相似，在西方英语早期的文献中"道德"（moral）一词亦有"实践"之意。在西方，这一"实践"指代有关人生意义与价值的活动，即"为人"的生活方式的选择。值得一提的是，到了近代，德国哲学家康德和黑格尔等人还进一步将该古代西方"道德"的实践性特征释义为道德的实践理性精神。

可见，中西方对"德"的含义都有过相近的思考。康德曾从道德规则对人类生活的重要性的角度，提出"道德本质上是普遍的"，以及"道德规则也应该是可普遍化的"[①]等观点。与这一观点契合的是，今天我们将"德"从社会层面定义为人们共同生活及行为普遍遵循的准则和规范，从个人层面定义为个人的品行和品质。而"德行"则是用来指在社会普遍规则或者社会规范构成的体系内进行的相关实践活动。

2. 德育

在阐释了"德"与"德行"的概念后，我们接着讨论"德育"。据考证，中国古代虽无"德育"一词，但实质性的德育实践活动却早已有之。在先秦，儒家在治理国家上提倡"德治"与"礼治"并用，佐以"道之以政，齐之以刑，民免而无耻。道之以德，齐之以礼，有耻且格"（《论语·为政》）的观点。儒家还主张"明人伦"，即把伦理教育视为学校教育的目的："设为庠序学校以教之……夏曰校，殷曰序，周曰庠，学则三代共之，皆所以明人伦也。"（《孟子·滕文公章句上》）这一德育思想和传统也为后世儒家学者，如董仲舒、王阳明等人所不断更新与发展。可见，在我国德育实践活动有着悠久的历史。

在西方，古希腊的苏格拉底认为美德可以通过理性的教育和实践来培养，主张"知识即美德"。这是西方最初的德育思想。在近现代，德国哲学家康德提出按照道德法则培养自由人的德育观点。英国学者赫伯特·斯宾塞（Herbert Spencer）则将教育分为"智力教育""道德教育"和"体育教育"三部分，并对"德育"的概念作出明确阐释，使其逐渐成为学界一个重要的学术概念。

至于我国教育学界现代所用"德育"这一名词，实际上是在20世纪初期由著名教育学者王国维传入的。他曾在《论教育之宗旨》一文中以"德育"与"知识""美育"三个名词并举，向国人详细介绍了西方康德和亚瑟叔本华（Arthur Schopenhauer）等人的道德教育理念和思想。这也是目前我国教育学界在现代文

---

① 赵素锦. 康德德性义务的道德哲学解读 [J]. 武汉科技大学学报（社会科学版），2014，16（4）：402-407.

献学意义上最早可以考据到的"德育"这一名词的由来。进入21世纪后，国内学界对德育概念曾经进行过广泛的讨论，曾提出诸如"大德育""小德育"之辩。在近年来，德育理论界逐渐认可和确立了"德育即学校道德教育"的德育观点。

综合以上讨论分析，我们可将德育定义为：德育是教育者把特定时代背景下的社会思想道德内容，内化为受教育者自身思想品德的一种实践和理论活动。或者可以更简洁地说：德育就是对德行的培植。

（二）现代德育思想的发展

中华传承千年的优秀传统文化的转化和发展，是习近平总书记始终关注的内容。习近平总书记从精神命脉的角度分析了其重要性，多次指出优秀传统文化的根本性推动作用，中华优秀传统文化在发展过程中，保存了诸多值得参照的德育理念，在古代还没有思想政治教育这一说法的时候，道德教化就已经形成较完善的体系。德育思想作为其中主要内容之一，在古代的道德教化中起到重要作用，也是现代思想政治教育实践中的理论根基。

自党的十八大召开之后，在诸多公开场合下，习近平总书记均指出要全力推进立德树人根本任务的落实，这在传统文化中可以找到对照。孟子的"修身、齐家、治国、平天下"，便告诫我们要注重修德，品德修养是基础，当做好品行修养后，方能够做好家庭及国家的治理；在儒家思想中，孔子的"君子怀德"（《论语·里仁篇》）都强调人"品德"的重要性；从知识学习、立德二者联系上，孔子强调"行有余力，则以学文"（《论语·学而篇》），强调与知识学习比起来，更应该关注德行培育工作。换句话说，结合传统教化理论，其中始终关注以德行来引导知识学习，知识的习得应该建立在道德力量基础上开展。

在德育的原则和方法上，"因材施教"原则从古代传承至今，树立典范的方法在现代思想政治教育中同样适用，依然是思想政治教育原则和方法的重要参考，"己所不欲，勿施于人"（《论语·颜渊篇》）的教育意义在当代社会仍具有较强的适用性，在《论语》《大学》《中庸》等经典著作中都不乏关于立德修身及德育重要性、原则的论述。当然，不仅是儒家，道家、墨家、法家同样强调"德"的贵重。

在德育的内容上，古人强调爱国情怀、个人品德修养，在家国关系中、家庭关系中都具有丰富的教育资源，为习近平总书记关于思想政治教育的相关论述的内容提供了有益的借鉴和参考。比如我们熟知的"天下兴亡、匹夫有责"（《日知录·正始》），其中蕴含着的爱国情怀在目前依然有着非常强的现实意义，引领青年增强爱国热情，主动承担保家卫国的责任。

（三）德育的社会功能

德育价值观在德育中占据核心与主导地位，它引领着整个德育体系的改革和发展，影响着德育理论和德育实践活动。德育价值观的有效培育能够引导和整合个体道德和社会道德的形成和发展，发挥着与一般的教育不同的特殊社会功能，具体而言主要有以下两方面内容。

其一，规范功能。德育价值观培植在高校德育中起着明显的规范功能，这主要表现为：对德育对象价值观的有效培植能够将我们社会的价值理想内化为受教育者个人的理想追求，为其提供明晰的善恶、是非等价值观念，促使其自觉生成对社会的普遍道德规范和主流价值理想的认同。而这种认同意识恰恰能够起到规范受教育者行为活动的作用。受教育者会根据自己所认同的观念中的价值标准，形成自己的价值判断，从而作出道德选择，实现个体的道德价值。

必须强调的是，德育价值观培植能否发挥社会定向功能，主要取决于德育价值观所体现的价值取向、价值标准能否为德育对象所接受和认同。这一点也是个体价值追求能否与社会价值理想贯穿融通的关键。因此，学校德育的责任就在于通过传授这些符合真善美，且被已有的社会实践证明可以为青年学生所接受的道德价值观，推动落实立德树人根本任务，培养德才兼备的时代青年。倘若我们高校德育价值观培植的内容不适应社会道德发展状况和当代青年学生的道德发展水平，不能使他们对社会主流道德共识产生较高的认同感，那么，我们的德育价值观培植就是失败的，有效地发挥德育价值观培植的规范功能也就无从谈起。

其二，引导功能。德育价值观培植对受教育者的影响是全方位、多方面的。除了规范功能外，其引导功能也不容忽视。当今全球化的浪潮对我国学校德育价值观产生了巨大冲击，再加之市场经济条件下不可避免出现的功利主义、物质主义、消费主义和工具化倾向等，都对我们的青年学生的思想道德观念产生着诸多消极的影响。这就需要我们尤其重视德育价值观培植之引导功能的发挥。概括地说，这里所谓的引导功能具体表现为以下两点。

一是引导价值取向，使受教育者形成道德信仰。价值教育是受教育者价值观形成的根本途径，也是促进人的价值观发展为信仰的高级社会活动。这一点正如德国著名教育学家卡尔·西奥多雅斯贝尔斯（Karl Theodor Iaspers）在价值教育上所强调的：教育须有信仰，没有信仰就不能成为教育，而只有教育的技术而已。我们今天高校德育价值观的培植，一方面要引导受教育者具有正确的价值取向。学校德育的根本目标是培育受教育者的道德修养，提升其道德水准。德育价值取向就是道德主体依据正确的价值观,在道德行动中有所取也有所舍,通过有所为和有所不为来塑造自我的道德品性。可见,道德价值取向是主体满足自身成为"道德人"这一精神需要的价值实现活动。另一方面,价值取向作为个体道德实现和精神满足的导向和人类生命价值自我实现的一种方式,它在不断积累和体验的过程中会形成一种道德信仰。这种信仰的生成又反过来成就道德主体更自觉、更坚定、更无条件的鼓励自我,成就更高的"道德人"境界。这样,德育价值观培植活动便获得了理想的状态,即受教育者通过道德价值取向,并形成价值信仰,最终在实践中确证了自身在这个世界中的真实存在(真)和自身这个存在的价值意义(善和美)。

二是引导教育者在道德冲突中作出正确选择。德育价值观培植之引导功能还有一个重要的体现,那就是引导受教育者如何在经常要面对的道德冲突中作出正确选择。

道德冲突是社会矛盾的特殊性质和表现形式,从某种程度上而言它是不可避免的。事实上,行为主体恰恰是在勇于解决冲突的过程中实现道德价值的。正如孟子说的:"生,亦我所欲也;义,亦我所欲也,二者不可得兼,舍生而取义者也。"(《孟子·告子章句上》)其强调的就是道德主体在面临道德冲突时要坚持内心价值观,勇于进行道德抉择。先秦法家代表人物韩非子则把道德冲突双方的对立具体化,比如他认为做官的讲道德仁义就会导致社会执法不严,做儿子的讲孝道就不能以身报国。这一点还反映在我国古代一直存在着的"忠孝不可两全"的说法上。也因此,历史上那些在面临道德冲突却仍为了坚守心中道义而引发的诸多可歌可泣的故事,一直被作为一种精神的推崇和学习的榜样而流传后世。

事实上,除此之外道德冲突还有一种情况,即有时候一种有效的道德实现方式它不一定是道德的,这时,人们就面临着如何化解道德实现方式与道德目标产生冲突的难题。

为了解决这一矛盾和冲突,我们认为可以确立以实现"最大的善"为目的的遵循原则,即为了实现"最大的善"的道德目标,在道德实现方式上采取非道德行为以减少对善的牺牲,而这种妥协应被视为是道德的。事实上,伦理学的许多两难困境正是因为"最大的善"的目的而得以解脱的。我们试以"不说谎"的道德规范为例。"不说谎"之所以是"善",那是因为它可以保证日常交往的正常进行。但是,正如自古以来的许多学者指出的那样,在某些特定的情形下,事实的陈述却会导致灾难性的后果。例如当一个歹徒想杀死一个无辜之人,并问你被追捕人的下落时,倘若我们仍以"不说谎"为原则,那就很可能会直接助推一场悲剧的发生。显然，为了保护无辜者而进行"说谎"是更"善"的选择。因为这里的"说谎"恰恰符合珍惜和保护生命价值这一"最大的善"的目的。

可见，在道德行为实践过程中有时为了实现最终的道德目的而采用某种妥协性道德手段的选择，这也是被允许的。但这种妥协的行为必须是在我们迫不得已的前提下所作出的，并且这种选择必须是能够最大限度减少"善"的牺牲和带来最小限度"恶"的后果。否则，任何对非道德行为的妥协都是不道德的。

第三节　高校思政课程的必要性及价值

一、开展高校思政课程的必要性

（一）高校思政课程涵育大学生文化自信

1. 大学生文化自信的深层意蕴

大学生文化自信是由"大学生"和"文化自信"两个概念组合而成，也就是以大学生为限定主语，研究文化自信的问题。笔者基于学界对该问题的解释，认为大学生文化自信是指大学生群体对中华文化的高度肯定、崇高信仰和坚定信念，能够对外来文化保持开放包容的心态和清晰辩证的认知，并积极对文化进行传承和创新，促进中华文化发展。具体来说，大学生文化自信既表现在意识层面，又表现在行为层面。在意识层面上，一是大学生对中华文化高度肯定、认同和信仰，对中华文化的发展前景充满信心，并有为促进中华文化发展作出积极贡献的坚定意志；二是对外来文化有正确的认知，能够保持理性的态度，不崇洋媚外，能够警惕文化渗透。在行为层面上，首先，体现在大学生在充分了解中华文化的基础上，能够以积极的姿态传承、弘扬、创新中华文化，并积极进行文化交流，以实际行动提升中华文化魅力，在实践中感知中华文化、体悟中华文化；其次，大学生群体能够尊重差异，以开放包容的心态对优秀外来文化进行借鉴吸收，丰富中华文化内容，提升中华文化竞争力，同时也有高度的文化警惕和文化鉴别力，能够积极勇敢地同各种不良文化思潮做斗争，自觉抵制不良文化的侵袭和渗透。

2. 高校思政课程涵育大学生文化自信的重要意义

（1）传承和创新中华文化的现实保证

如果丧失了文化根基，一个国家就无法实现长远发展。历经数千年的中华优秀传统文化在今天仍然散发着强大的光芒，其拥有顽强生命力、能够源远流长的一个得益于文化的传承。近代社会由于民族危机使传统文化遭遇了剧烈阵痛，中国共产党成立后带领人民顽强拼搏，取得了民族独立的同时在传统文化的基础上创造性地开创了红色革命文化，改革开放以来又形成了社会主义先进文化，这些都是文化创新的结果。由此可见，中华文化的繁荣不是自然而然就实现的，文化需要世世代代的不断传承和创新才能充满生机与活力。

任何领域的发展都离不开文化的传承和创新，而文化传承需要具备文化自信，文化创新更是需要具备高度的文化自信。大学生作为接受高等教育的群体，他们思维活跃，具有更高的文化素质、知识储备和创新意识，是中华文化十分重要的继承者、弘扬者和创新者，他们作为将来社会上各行各业的人才支柱，只有具备高度的文化自信才能更加从容、更加理智地对待外来文化，才能更加自觉地继承中华文化，才能更加坚定地将自己学到的文化知识进行弘扬传播，并利用自己的聪明才智进行文化创新，延续中华文化的生命，实现中华文化的繁荣与发展。

（2）实现中华民族伟大复兴的必然要求

要实现民族复兴，文化须先复兴。文化记录了一个国家和民族的发展轨迹和发展成果，国家是否强大与文化是否强盛息息相关、如影随形，璀璨的文化必然产生强大的发展因子，必然为经济社会发展带来强大的动力源泉和思想武器。从世界历史进程看，如果丢掉了文化传统、失掉了文化根基，国家和民族就会被多元文化的激流湮灭。换言之，文化是实现中华民族伟大复兴的必然因子，是支撑着国家前行的永恒动力。新时代大学生成长于改革开放黄金期，迎来了新时代，见证了中国取得的累累硕果，享受着前人创造的更优渥的物质条件和资源，同时也承担着民族复兴的艰巨责任，他们能否树立高度的文化自信会直接影响国家的兴衰和中华民族伟大复兴目标的实现。坚定文化自信是大学生成长为担当民族复兴大任的时代新人的必要前提。

实现中华民族伟大复兴不能缺少精神力量的支撑，文化自信正是支撑我们努力前行最本质、最根源的精神力量，是促进文化大发展、大繁荣的深层源泉。青年大学生是国家发展、民族复兴的中坚力量，必然成为接受文化自信教育的最主要的靶向群体。因此，大力涵育大学生的文化自信，提升大学生的文化涵养和责任意识，是实现中华民族伟大复兴目标赋予我们的且必须要完成的时代任务。

（3）大学生自我成长的现实需要

新时代大学生渴望通过文化自信培育来促进自身的全面发展。新时代大学生是正接受社会主义高等教育滋养的青年，具有一定的思想自觉、政治自觉、行动自觉，通过学校的文化教育，最终成为一个能堪当时代大任的社会主义建设者，把自己所学的知识或技能运用在祖国最需要的地方。百年前，正是那个时代想挽救民族于危亡之中的有志大学生发起了声势浩大的五四运动，而今时间的年轮进入了新时代，虽然大学生人亦不同，但是那个时代的青年的爱国精神传承了下来。新时代大学生自知身负民族复兴之重任，争做有理想、有本领、有担当的时代新人，更应该自觉加强文化自信培育。

首先，大学生渴求增强自我的思想定力。在多元文化环境之下，新时代大学生在大是大非面前尚缺乏辨别力，渴望通过学校的文化素养熏陶提高自身的文化判断力、鉴别力，以便在面对多元思潮的纷扰时，保持清醒的头脑，抵御各种错误思潮的侵蚀。其次，大学生期盼强劲自我的发展动力。新时代大学生尚处在价值观形成的关键期，需要不断在社会主义文化的浸润中坚定理想信念，激发他们持之以恒的学习和实践的动力。最后，大学生希望激活自我创新活力。大学生深知需不断积累马克思主义理论和中华文化知识以激活自我的创新活力。新时代大学生希望通过高校的文化润泽，激活他们让中华文化"活起来"的创新活力，激活他们让革命文化"火起来"的创新活力，激活他们把社会主义先进文化"用起来"的创新活力。

（4）建设社会主义文化强国的关键所在

新时代是我们奔向"强起来"的时代。所谓强起来的中华民族，从文化的发展层面来讲不仅仅是繁荣兴盛的体现，更是向文化强国的转变。当前，世界范围内的文化较量越来越激烈，哪个国家拥有了强大的文化软实力，哪个国家就占据了发展优势和话语权优势。虽然我国拥有悠久的文化历史和丰富的文化资源，但是我们尚未将这些优势完全转化为强大的文化软实力，大学生的文化自信程度离文化强国的目标要求还有一定的差距，我国还有很长的路要走。这些残酷的现实要求我们必须加快文化建设步伐，早日建成社会主义文化强国。建设文化强国需要牢牢掌握中华文化的历史轨迹和发展规律，对中华文化充满自信，以强大的定力、智慧和勇气创造中华文化新高度、新辉煌，而实现这一切的后备军就是青年大学生，他们在不远的将来必将担任实现文化强国目标的伟大使命。接受了中华文化洗礼、树立起高度文化自信的青年大学生拥有极大的施展热情和责任意识，能够充分发挥主观能动性参与社会主义文化强国的建设。所以，只有涵育大学生的文化自信，强化大学生对中华文化的认知与认同，才能更好地激发大学生参与文化建设的积极性、主动性及实现文化复兴的责任意识，进而提高中华文化的竞争力，加快实现文化强国目标。

(5) 守牢社会主义意识形态安全的重要保障

意识形态是核心文化力量。随着世界各国文化交流、思想传播的日益密切，价值冲突、思想碰撞、文化霸权等不良现象浮出水面，频繁的文化渗透使我国的意识形态领域迎来了前所未有的挑战。大学生群体由于社会经验匮乏、文化辨析能力尚未养成等因素，致使部分大学生受不良文化影响而信仰缺失、信念弱化、信心不足，逐渐迷失自我。在这样一个文化杂糅的时代背景下，帮助大学生以理性客观的态度对待西方文明，学会处理和明辨各种文化，坚定文化自信显得异常重要且十分迫切。

坚定文化自信是做好价值引领的关键，更是新时代掌握意识形态领域安全的重要基础。青年大学生由于其群体的特殊性，引导他们树立和增强文化自信的重要性不言而喻。为此，通过高校思政课这一重要渠道突出文化基因传承、创新文化自信教育，能够更好地促进大学生文化自信的生成，进而提高大学生抵御不良文化侵袭的能力，守牢社会主义意识形态领域的安全。

(6) 新时代大学生全面发展的内在要求

促进大学生的全面发展是高校的育人目标，亦是国家建设和民族发展对人才培育的要求。只有真正强化青年大学生文化自信，才能实现大学生全面自由的发展。高度的文化自信能够充盈人们的精神面貌、激发人们的内在潜能，进而转化为强大的物质力量，促进人与社会的发展。

新时代的开启意味着要实现新的发展，意味着有更高的要求。在人才发展方面，新时代更加需要心理素质好、文化认同度高、道德修养高的综合素质过硬的全方位人才。也就是说，作为未来社会建设的栋梁之材，青年大学生需要德智体美劳的全面发展，不仅要具备过硬的专业素质，更要有健康的体魄和高尚的品格。增强大学生的文化自信，使之成为大学生价值观的基础及其成长成才的价值导向，这能够从理论和实践层面完善大学生的价值观念、人文素养和道德品格。具备高度的文化自信的青年大学生能够更好地从中华文化中汲取养分，从中找到精神归属和心理支撑，成为拥有健康人格、扎实学识和远大理想的时代新人，能够更好地适应时代变化，争做时代的弄潮儿，助力社会建设，从而实现个人的自由全面发展。

(二) 意识形态教育的迫切要求

1. 高校意识形态教育的重要性

高校师生具有高学识及国际化、网络化办学，高校培养的人才将会流动到社会各阶层，辐射全社会，尤其是高校培养的思政课人才，将承担起各自负责的意识形态教育工作，进而影响国家的意识形态教育，关乎整个国家的意识形态安全问题。因此，加强高校意识形态教育十分重要，要重视起来。

2. 高校思政课程是意识形态教育的主要载体

高校思政课程作为高校意识形态教育的课程载体，承载着高校意识形态教育的主阵地和主要抓手的功能，顺应时代变迁需要，高校思政课课程体系不断与时俱进，不断发挥其在高校意识形态教育中的载体作用。这一课程体系经历了"老四门""新四门""两课"，以及新"两课"、"新课程体系"变革，逐步形成现行的思政课课程体系。那么，新课程体系是如何承载高校意识形态教育功能的呢？

"马克思主义基本原理"课程，立足于马克思主义的整体性、科学性、系统性，全面整合了马克思主义的三大科学构成部分的内容，对学生进行系统教育，用马克思主义理论引领学生思想意识制高点，指引学生构筑科学的世界观和方法论，夯实理论之基、坚固理论自信，坚定对马克思主义的信仰，确保马克思主义理论功效在学生群体成功的"内化"与"外化"，达到用科学理论武装头脑、指导实践的目的。

"毛泽东思想和中国特色社会主义理论体系概论"课程，主要进行马克思主义中国化的理论成果教育，一方面，向学生传授理论与实际相结合的实事求是的精神，讲述了为什么选择马克思主义；另一方面，指出为什么其能够指引我国革命、建设、改革事业不断取得胜利，告诉我们这一切是因为马克思主义理论是科学的、革命的、中国化的马克思主义。极其重要的是，新时代的高校意识形态教育，必须要把中国化的马克思主义理论的教育重心聚焦于马克思主义中国化的最新成果的教育上，因为习近平新时代中国特色社会主义思想是解决当前和今后一定时期我国社会建设发展问题的科学理论，在这一理论的教育上必须不遗余力并一以贯之，培育和坚定学生的理论自信。

"中国近现代史纲要"课程，立足于我国近现代的史实，向学生传授了我国为什么会选择马克思主义、选择中国共产党等一系列根本性问题，用史实教育学生，培育学生正确而厚重的历史感，最重要的是培育学生的"五个认同"意识，不断扩大党的执政基础，巩固党的执政根基。

"思想道德与法治"课程，"综合运用马克思主义的基本立场、观点和方法，以正确的人生观、价值观、道德观和法制观教育为基本内容，在理论与实际的结合上，对当代大学生面临和关心的实际问题予以科学的有说服力的回答，帮助大学生牢固树立以社会主义核心价值为主要内容的社会主义荣辱观，培养良好的思想道德素质和法律素质，为逐步成长为全面发展的社会主义事业合格的建设者和可靠接班人，打下坚实的思想道德和遵纪守法的基础。"①

此外，"形势与政策"课程等帮助学生了解国内国际时事，培育学生应有的国内国际视野，确保学生不仅在理论上有高度、有深度，同时又脚踏实地，实现学生全面发展。

高校思政课对于高校学生来说是意识形态教育的主干课，通过思政课这一课程载体，高校意识形态教育可以顺利展开。

二、高校思政课程的价值

高校思政课担负着一定的文化责任和文化使命，具有十分重要的价值功能。具体来说，其具有文化传承、整合创新、育人和引导四个功能。

（一）对中华文化的传承和发展功能

高校承担着重要的文化教化任务，高校思政课的实施过程实则是一项文化教育活动，其发挥的最明显的文化作用就是中华文化的传承与发展。首先，高校思政课的根本任务是立德树人，其通过开展具体的教学活动将我国的主流意识形态和主流文化传递给青年大学生，教育大学生、培养大学生、塑造大学生，使大学生了解中华文化，在文化的熏陶下形成正确的价值观念，促进大学生成长成才。其次，高校思政课是马克思主义理论课，在坚持马克思主义指导的同时，其又以中华文化为思想资源，向青年大学生输送文化知识，从某种意义上讲，这也是对中华文化的传承与发展。最后，高校思政课对大学生进行文化教育的目的一方面是促进大学生成长为高素质人才，另一方面是培养大学生的创新意识，引导大学生在对文化消化吸收的基础上进行创新和发展。正是在这样的一个过程中，高校思政课实现了其文化的传承功能。

（二）对古今中西文化资源的整合创新功能

高校思政课作为一门严谨的政治课程，其具有的一个重要特征就是与时俱进，能够有效融洽各种文化资源并进行整合创新，显示出强大的包容性。一方面，对于国内的多元文化，其能够进行有效的整合，保留和吸收同质文化因子，批判和扬弃异质文化因子；另一方面，其能够对外来文化中优秀的、符合我国发展的内容进行采纳、整合和吸收，并纳入其课程内容之中，实现文化的更新与发展。通

---

① 忻平，吴德勤，等．高校思想政治理论课改革发展研究[M]．上海：上海大学出版社，2015．

过这种方式，高校思政课有效地减少了文化冲突和文化诘难，同时又及时更新了课程内容，实现了文化的丰富和发展。高校思政课在对多元文化进行整合的过程中，必须处理好多元文化与我国主流文化的有效接洽，这就意味着高校思政课要对原有的体系和内容进行一定的调整和再创造，也就是进行文化内容的创新。经过一系列的操作处理，高校思政课实现了对文化资源的整合创新。

（三）激励大学生成长成才的育人功能

高校思政课是青年大学生在人生关键时期"三观"养成和内在精神世界形成的重要途径和主要课程，直接事关高校"为谁培养人、培养什么样的人、怎样培养人"这个根本问题。可见，高校思政课承担着培养青年大学生价值观、充沛青年大学生精神世界的重要职责，其利用文化的力量和各种方式熏陶大学生、感染大学生、鼓舞大学生、塑造大学生，解决大学生精神迷茫、信仰缺失、价值混乱等意识形态问题，帮助他们建立正确的文化价值观念和行为取向，激励他们成长成才，实现思政课"以文化人"的最终目的。因此，高校思政课的育人功能就是通过将文化输出给大学生，充沛大学生的精神世界、完善大学生的知识结构、涵养大学生的道德品格，帮助和引导大学生形成正确的价值观念、成熟的人格品质，实现大学生由"自然人"向"社会人""文化人"过渡。

（四）增强文化认同的引导功能

思政课的性质、任务及内容决定了高校思政课具有增强大学生文化认同、提高大学生文化认知的引导功能。首先，中华优秀传统文化是高校思政课的重要资源支撑，且高校思政课的教学目标及它所提倡的道德理念在很大程度上与我国传统文化相融合。因此，在这一过程中，能够自然地提高大学生对传统文化的认知，进而增强文化认同。其次，革命事迹、革命理念和革命精神等革命文化是高校思政课的教学内容之一，课堂讲授的过程也是弘扬革命文化的过程。同时，高校思政课通过实践教学，使大学生在亲身体验中感受革命文化的力量，产生文化共鸣，迸发出真挚的情感归属。最后，高校思政课的一个重要任务就是弘扬我国的主流文化，即社会主义先进文化，引导大学生理性的分析和明辨当下各种文化，形成正确的文化价值观，坚守我国主流意识形态阵地，形成文化自觉和自信。

第二章 高校思政课程教学的现状研究

高校思想政治理论课的课堂是马克思主义理论教学目标实现的主渠道，是学生认知并且认同中国特色社会主义理论的主战场，是落实立德树人根本任务的关键课程。发展至今，高校思政课程取得了一些成绩，但也面临一些新的问题需要我们关注。本章就对学生主体性的发挥、高校思政课程与高中思想政治课程的衔接、"泛娱乐化"教学环境下的发展现状进行了讨论，并对"八个相统一"视阈下的高校思政课程的现状进行了研究，寻找新的发展契机。

第一节 高校思政课程学生主体性的发挥现状研究

一、高校思政课程学生主体性的相关理论概述

（一）学生主体性的相关概述

1. 主体与主体性

主体和主体性是两个密切相关但又不同的概念，主体性是主体属性的集中体现，是指人具有的、能使其成为主体的能力。对主体性的认识通常都是从主体开始。主体是西方哲学的基本概念，具有历史性，在不同时期具有不同指向，不同时期的哲人也有不同的理解。

主体这一概念发端于古希腊哲学，其中最早使用这一概念的是亚里士多德，他认为"主体是属性、状态和作用的承担者。[①]"这里的主体是在实体范畴内应用，任何实体都可以作为主体而存在，既包括人又包括其他事物。这时他并未意识到人与其他存在物的区别，主体概念中也没有凸显出任何与人或者自我的特殊关系。物质世界作为统一的整体，其中的存在物不是彼此孤立的，而是相互作用、相互联系的，任何物质都有可能是主体，也有可能是客体，也就是说主体并非专属于

---

① 亚里士多德.范畴篇，解释篇[M].方书春，译.上海：上海三联书店，2011.

人的概念。

直到近代哲学，主体专属于人的概念才出现。笛卡尔的"我思故我在"论题拉开了近代主体性哲学的序幕，萌生和确立了人的主体意识，从主体具有思维推出主体的存在，将人作为主体与活动对象、客体分化开来，从此，人的主体地位确立了下来，主体由物的范畴转向人的范畴。康德的"人为自然立法"，将客观世界纳入主体人的认识范围，肯定了人的主体地位和主观能动性。随后，黑格尔、费尔巴哈等哲学家对主体进行了补充修正，进一步巩固了人的主体地位，但都存在着一定的缺陷，未能真正理解主体的深刻内涵，为接下来马克思的探索提供了基础与空间。

受前人思想成果的启发，马克思在批判反思的同时，逐步形成了自己的主体性思想。马克思认为"主体是人，客体是自然[①]"但不是所有人都能成为主体，只有具备认识和实践能力，从事对象性活动的人才是主体。马克思指出，"从前的一切唯物主义（包括费尔巴哈的唯物主义）的主要缺点是：对对象、现实、感性，只是从客体的或者直观的形式去理解，而不是把它们当作感性的人的活动，当作实践去理解，不是从主体方面去理解。"[②] 他意识到了以往旧唯物主义的缺陷，看到了主体是处在社会关系中、发展着的、现实的人，开始从人的实践活动出发来理解主体。在他看来，作为主体的人是能动性、实践性、社会性和历史性的统一体。首先，人具有目的性和主观能动性，能够能动地认识世界和改造世界，这是人与动物相区别的重要标志。其次，人在本质上就是实践的存在，通过物质生产生存和发展，实践性真正实现了主客体的统一，从而在人与自然、社会和自我的关系中确证了人的主体地位。再次，马克思认为人的本质"不是单个人所固有的抽象物，在其现实性上，它是一切社会关系的总和[③]"人不是抽象的自我，而总是处在一定的社会关系中，与周围发生这样或那样的联系，并通过不同的社会关系表现出人的主体地位。最后，主体人是社会历史中的人，随社会的发展而变化并不断推动历史的发展。

通过以上分析，首先，我们认为主体是一个关系范畴，是相对于客体而言的，只有在同客体的相互关系、相互作用中处于能动、主动地位的一方才是主体，离开客体的主体只能算是本体。其次，主体有广义和狭义之分，广义的主体是指作为普遍存在的事物在相互作用的过程中处于主动地位的一方。在广义概念下，人

[①] 韦建桦. 马克思恩格斯选集：第二卷 [M]. 北京：人民出版社，2012.
[②] 韦建桦. 马克思恩格斯选集：第一卷 [M]. 北京：人民出版社，2012.
[③] 韦建桦. 马克思恩格斯选集：第一卷 [M]. 北京：人民出版社，2012.

既可以是主体，也可以是客体；狭义上的主体是活动着的、现实的人，是在对象性活动中，具备认识和实践能力，能够对认识和实践活动起推动作用的一方。通常我们从狭义上来理解主体，只有人才是真正意义上的主体。

对主体有一定的了解后，我们进一步分析主体性。古往今来，人们对主体性的思考从未停止过。在中国古代，诸子百家从不同的侧面，在不同程度上阐释了个人、群体和国家的主体性。尽管古希腊哲学中"主体性"的提法不多见，但与此相关的概念却不少，其中蕴含的主体性思想也是显而易见的。发展到今天，主体性问题依然备受学者关注，有学者认为"主体性是关系性范畴，离开了被认识、实践的对象就没有人的主体性[①]"；还有的学者认为人之为主体的主体性，是由人的现实性、有效性、能动性、创造性和自主性构成的；还有人认为人的主体性就是实践性；等等。

虽然学者对主体性的理解各不相同，但大多数学者都认同的一点就是：主体性是一个关系范畴，是在主客体的相互关系、活动中界定的。通过对已有研究成果的分析不难发现人的主体性不完全等同于人的属性，但却是人性最集中的体现，是人之为主体，与动物相区别的重要特性。在此基础上，我们认为主体性是主体的本性，是人作为活动主体在实践活动中生成和发展的，是相对于活动对象，在多种交互关系和相互作用中所表现出的功能特性，是作为客体依赖、自发、被动的对立面被提出来的，具体表现为自主性、能动性和创造性。

2. 主体性教育

主体性教育是培养受教育者独立自主地认识世界和改造世界的实践活动。随着时代的不断发展，我国应试教育遗留的弊端日渐暴露出来，应试教育束缚了人真正的发展，而社会所需要的人才更加注重创新精神和全面发展的培养，主体性教育成为教育事业的发展方向。"所谓主体性教育是指教育者根据社会发展的需要和现代化的要求，创设和谐、宽松、民主的教育环境，有目的、有计划地规范组织各种教育活动，通过启发引导被教育者内在的教育需要，从而把他们培养成为能够独立地、主动地创造性地进行认识和实践活动的社会主体，是培育和发展被教育者的主体性的社会实践活动。"[②] 总体而言，主体性教育是指教育活动中以学生为中心，师生之间和谐互动发挥彼此的主动性，以培养学生成为全面且个性的人才为目的的教育。

---

① 孙迎光. 主体教育理论的哲学思考 [M]. 南京：南京师范大学出版社，2003.
② 尚爱林. 关于思想政治课的主体性教育研究 [D]. 北京：首都师范大学，2000.

（1）孔子主体性教育理念

从古至今的教育家们大都提倡主体性教育理念，我国古代著名教育家孔子在众多教育理念中强调"不愤不启，不悱不发"（《论语·述而篇》），意思就是说教师要让学生学会自己思考，等学生思考到一定程度时在恰当的时机对学生进行启发和开导，充分发挥了学生的主体性，这也是主体性教育的体现。同时，孔子也是最早提出"因材施教"的教育理念的人，以学生为中心，尊重每个学生的个体发展。因材施教是指教师要从学生的实际情况、个别差异出发，进行具有针对性的教学，使每个学生都能获得最佳发展。孔子就是针对不同弟子不同的个性，采用不同的教学方法。孔子的"有教无类"的教育思想也是从学生的角度出发，教学面向全体学生，以学生为主体进行教学。孔子的教育理念以学生为教育主体，引导学生发挥自我潜能，师生之间形成良好的互动关系。

（2）西方主体性教育思想

一是，苏格拉底"对话式"教学法。有关主体性教育的思想，不得不提到苏格拉底。苏格拉底和孔子的教育思想的相同点都在于注重学生的主体地位，以循循善诱的方式引导学生产生思考，而不是直接给予知识。苏格拉底的"对话式"教育中就体现了教育者与受教育者之间平等、和谐的交往方式。"对话式"教学需要教育者和受教育者都要发挥各自主体性，一起思考、一起探讨，从而得出问题的答案，好奇心和求知欲都在促使学生迫切地想得到问题的答案。

二是，柏拉图的主体性教育理念。柏拉图在《理想国》中所描绘的教育是以苏格拉底为主角和别人产生的一系列谈话，以此体现启发式的教育理念。书中主要以苏格拉底与其他人的谈话内容为主，对各种话题进行探讨，从而反映教育观点，批判了以往的灌输式教育。柏拉图尊重受教育者的主体性，积极倡导受教育者发挥自我思考和自己以往构建的相关知识内容。

三是，亚里士多德的"自由教育"思想。知识的传授并不是转让物品，也不是占有性的学习方式，亚里士多德"自由教育"思想也体现了受教育者的主体性。亚里士多德认为自由是教育的最终目的，人的灵魂与生俱来，分为理性部分和非理性部分，教育的目的是为了发展灵魂并达到自我实现。所以，教育者要给受教育者足够的空间去发展自我灵魂，亚里士多德的"自由教育"充分体现了受教育者的主体性，强调了个人发展的重要意义。

四是，杜威的"儿童为中心"的教育思想。杜威的实用主义教育学主张儿童是教育的中心，他强调要尊重儿童的主体地位，主要体现在教育过程中一切以儿童发展为主，让每个学生都能发挥自己的特长。但杜威过度地强调了学生的自由，在实际的教育活动中很难实施,既要学生学到知识,又要给足学生自由,这是不现实的。但不可否认,杜威以"儿童为中心"的教育思想对我国今后的教育事业有着很大的启发和教育作用。

(3)目前我国的主体性教育

主体性教育从古至今一直被教育家所提倡,我国直到今日都没有真正达到教育家们所提倡的充分发挥学生主体性的教育理念,这不光是理论和实践的差距,还有传统的教育观念等很多原因。"所谓教育,不过是人对人的主体间灵魂交流活动(尤其是老一代对年轻一代),包括知识内容的传授、生命内涵的领悟、意志行为的规范,并通过文化传递功能,将文化遗产交给年轻一代,使他们自由地生成,并启迪其自由天性。"[1]教育并不是单纯的知识灌输和死记硬背,也不是教师主体意识的孤立活动,教育是人与人之间主体性的灵魂交流。所以我们现存的教育要双方都处于平等的交往关系中,也就是双方都要处于主体地位。自我教育是主体性教育的体现,在教师与学生在进行教学活动时、教师与学生之间的相处方式中,学生是否学到知识?学习的成效很大因素取决于学生是否主动学习,学生如何做选择,如何汲取自身需要的东西,这就是学生自我教育时主体性教育所需要解决的问题。所以教学应由传统的"教会学生知识"转向"教会学生学习",这才是我们现在所需要的主体性教育。总之,不论是国内还是国外的教育家都强调主体性教育的发展,可主体性教育要在实践中真正实行是很困难的,特别是在当今快速发展的中国,以往应试教育带来的影响及传统的教育观念都在限制着主体性教育的发展。

3. 学生主体性

主体性研究不仅是哲学与社会科学领域讨论的热点,也是我们教育学界争论的焦点。研究教育教学当中学生的主体性对增强教学针对性,促进学生发展具有重要作用。

教育教学是师生共同参与的双边活动,以实现学生德智体美劳的全面发展为目标,既离不开教师对知识的引导,也离不开学生的全面参与、认知和体验。教什么、怎么教需要教师作出科学规划,发挥好主导作用,而学多少、对知识的掌握程度如何更多地靠学生主体性和能动性的发挥。教师传授的知识、施加的影响只有为学生内化吸收才能真正被学生所掌握,才会产生实际作用,因为学生在教学过程中不是被动接受知识的灌输,而是有意识地接受来自教师的影响,能够根据自身和社会发展需要积极主动选择、内化所学知识,满足自身成长和发展需要。

---

[1] 雅斯贝尔斯.什么是教育[M].邹进,译.北京:三联书店出版社,1991.

可见，承认学生在教学中的主体地位，尊重学生的成长发展规律，是确保教学活动顺利进行并取得良好效果的重要因素。

总之，我们认为学生的主体性是学生在教育教学中表现出的自主性、能动性和创造性的特征，即有明确的主体意识和学习目标，积极主动参与教学活动，通过认知、判断和选择，实现知识内化与外化的统一，能够充分激发潜能，调动自主性、能动性和创造性，进行自我塑造和自我超越。

4. 思想政治理论课中的学生主体性

思想政治理论课教学中的学生主体性是学生主体性在思想政治理论课这门学科中的具体体现，是在思想政治教育教学活动中生成、实现和发展的，除了表现出学生主体性的一般特点外还要表现出与思政课相结合的特殊性。思政课教学中的学生主体性是学生作为主体在思想政治理论课教学中处理与教师、学习及其他教学关系时表现出的自主性、能动性和创造性。

第一，学生在思政课教学中表现出自主性。自主性是学生主体性的基本表现。首先，学生有较强的独立自主意识，能够意识到自身主体身份，自愿参与教学活动，与老师平等对话，合作学习，而不是将思想政治教育视为外在的强制和约束，在家长、老师的逼迫下，迫于外界压力才学习。其次，学生有着积极的学习态度和明确的学习目标。信息化条件下，学生已经获得了一定的知识、信息和经验，对自我和社会也会形成一定的认知和看法，不再是空着脑袋进入课堂，也不再迷信盲从于教师的权威，而是在自觉认同教育目标和要求的基础上，根据自己的发展需要，有意识地吸收和改造教育内容，从而提升自己的思想道德水准，自主调节思想和行为，进行自我教育、自我完善和发展。

第二，学生在思政课教学中表现出能动性。能动性是学生主体性的本质特征。学生在思想政治教育中的能动性表明学生是有意识、有情感、有个性的社会人，是能够发挥主观能动性、参与教学活动、接受思想政治教育影响的主体性存在，而不是盲目、机械、被动地接受教师的灌输。其一，学生具有认识的能动性，能够认识到自身思想品德水准和社会要求之间的差距，通过确立一定的追求目标和理想信念，调动各种主体性因素，激发积极性来改变现实存在，形成符合社会需要的思想品德，实现自身全面发展。其二，学生具有行为的能动性，为满足自身思想精神和物质等多方面的发展需求，提升自我实现能力，学生会在思想政治教育实践中以饱满的热情、强烈的学习兴趣和动机主动参与活动，自觉能动地面向生活，深入实践，将所学理论知识用于指导实践并在实践中巩固所学知识，提高认识、分析和解决现实问题的能力，进而在认识和改造客观世界的同时改造主观世界，使自身得到完善和进步，最终实现改造客观世界与主观世界的统一。

第三，学生在思政课教学中表现出创造性。创造性是学生主体性的最高表现，也是能动性发挥最深层次的体现。当代学生好奇心强，勇于突破，敢于创新，不再拘泥于教师所讲和课本知识，也不再对传统说教和教师权威轻易地附和。他们能够摆脱思维定式，敢于向课本提出质疑，向老师提出疑问，善于另辟蹊径，寻找新的解决问题的路径方法。在实践中能够创造性地整合教育内容，灵活应用所学思想政治理论知识，对社会现象提出独到的见解分析，应对复杂多变的社会环境，并能在已有认知的基础上不断提出新观点。

（二）学生主体性的理论基础

1. 马克思关于人的主体性理论

（1）主观能动性使主体能够认识世界和把握世界

人的主体性是人作为世界的中心，对在人之外的客观世界起着主导作用，人是世界的主宰。人作为世界的主宰主要体现在人通过主观能动性作用于客观世界，并作为世界的主体而存在上。作为主体的人的主观能动性特征并不是马克思首先发现的，但是在马克思看来，人的主观能动性是在实践基础上形成的，并不是源自"理性"或者"绝对精神"的，发挥人的主观能动性必须与尊重客观规律相结合。

人的主观能动性不仅能够使人与动物区别开来，而且能够使人从客体中分离出来，人区别于其他一切存在物，即使是最聪明的动物也只是直观地模仿人类的动作，而不具有主观能动性。人在实践过程中意识到主体自身的存在和力量，并能够在主观能动性指导下形成自我意识，这是人主宰世界、成为世界主体的前提。人可以在主观能动性指导下形成感性认识和理性认识，从而把握世界的本质和规律，并在改造世界的过程中获得真理性认识，从而指导新的实践活动。作为主体的人所具有的主观能动性使人成为世界的主宰，人不再是受动地、被动地认识世界和把握世界，而是加入了人的目的和需要，主动地、能动地面向客观世界。相比于在人之外的其他存在物消极被动地改造世界而言，人的主观能动性具有绝对的优势和领先地位，人从客观世界中脱颖而出，成为主宰世界的主体。

在马克思看来，发挥人的主观能动性要遵循客观规律，将主体性原则和客体性原则结合起来，但客观规律本身也是发挥人的主观能动性的结果，人可以在主观能动性指导下透过现象看本质，从而形成关于事物发展规律的知识，以便更好地指导实践活动。

（2）实践性确证主体的本质和生存方式

实践在人与自身关系中确证主体人的本质。传统形而上学认为理性是区别人与动物的依据，构成了人的本质，对此，马克思认为是人的实践活动决定了人的社会本质。正如马克思所指出的，"他们是什么样的，这同他们的生产是一致的，既和他们生产什么一致，又和他们怎样生产一致。[1]"人在实践过程中形成了人的社会本质，人的本质是社会性的，人通过实践活动发展自身、提升自身，确证主体人的本质。正如高清海所说的："人通过自己的生产劳动去创造自己所需要的生活资料，这样就改变了生命本身的生存方式，改变了生命和外部环境的关系，由此开始才生成了人性。[2]"

作为主体的人的本源性的存在方式就是实践，人的实践本性是区别于动物的。人的生命活动是能动的，人能够将人的生命活动作为自己意识的对象，从对自身的生命活动的省察中确证主体的人的存在。动物的生命活动直接生成自身，在动物眼里是没有自身的，它依照自然的因果规律和生物本能的规定进行活动，动物是受动的；人的生命活动是丰富的，人不仅可以按照物的尺度改造对象世界，还可以按照美的规律作用于客观世界，生产出自己需要的产品，动物只是按照"种"的特性改造自然界，按照动物的肉体直接需要进行生产；人通过实践可以改造自身、完善自身，自由地面对自己的生命活动，动物则只是依赖于物质自然界的特性去生产，它只是按照生命的本能僵硬地活动，它是没有创造性的。

人的实践活动，不仅是改造对象世界的活动，还是人自我创造、自我生成的活动，在这个活动中，人不断确证主体的力量和人的主体地位。正如马克思所说，"人正是在实践中，即对象化中才证明自己的存在、自己的类本质，人在实践中实现了对象化和自我确证的统一[3]"。因此，实践性是区别人与动物的特殊本质，是人之为人的深层依据，实践在人与自身关系中确证主体人的社会本质。

主体人是思想和行动的统一体，即认识和实践的主体。思想政治教育教学作为培养人、教育人、发展人的特殊实践活动，更应该促进学生主体性的发展，培养出具有思考、实践和创造能力的人。思政课教学中我们要以马克思主义关于人的主体性理论为指导，充分发挥学生的主观能动性，通过主体选择和内化，形成符合社会发展要求的思想道德素质，促使学生在实践中提升主体意识、增强主体能力。

---

[1] 韦建桦. 马克思恩格斯选集：第一卷 [M]. 北京：人民出版社，2012.
[2] 高清海. 找回失去的"哲学自我" [M]. 北京：北京师范大学出版社，2004.
[3] 韦建桦. 马克思恩格斯选集：第一卷 [M]. 北京：人民出版社，2012.

2. 西方马克思主义关于主体间性理论

随着人类文明的不断进步和发展，人的主体性呈现出片面、极端的发展趋势，人与自然、社会及人类自身的矛盾加剧，迫使人们开始反思，重新审视主体性并寻找解决办法，主体间性应势而生。西方马克思主义便由研究单独、个我的主体性转向研究人与人之间的交互主体性，并为思想政治教育由主体性思想政治教育向主体间性思想政治教育的转变提供了理论依据。

埃德蒙德·古斯塔夫·阿尔布雷希特·胡塞尔（Edmund Gustav Albrecht Husserl）在认识论层面上提出了先验的交互主体性，在他看来，这个世界连同他人在内，是一个交互交流、作用的世界，已经先验地存在于内部了，从而使绝对自我到达其他自我，形成"我们"的共存的世界。马丁·海德格尔（Martin Heidegger）认为主体间性即交互主体性，指主体间在平等互利和相互尊重的基础上，通过对话、理解和沟通，在达致共识的交往实践过程中表现出的整体性与和谐性。[①] 尤尔根·哈贝马斯（Jürgen Habermas）是主体间性理论的集大成者，他关注的是主体间的交往关系，他在《交往与社会进化》中指出，交往行为是两个及两个以上的主体以"语言"为媒介，以达到人与人之间的相互理解为目标，在社会活动中产生的行为[②]。并且在他看来，交往的目的不在于获得物质财富，而是要达到人与人之间的相互理解，如果交往行为主体不能相互理解、彼此信任那么交往活动就不可能继续下去。

总之，主体间性不是对主体性的否定，而是对以自我为中心，将他人和外部世界视为客体的狭隘、独占主体性的批判和扬弃，倡导的是多主体间的平等对话、相互改造、相互理解，达到一种和谐共生的动态平衡状态。受主体间性理论的启发，思政课教学中教师和学生的关系有了新的发展方向。传统模式下，强调师道尊严，教师起主宰作用，学生在教学中成为老师教育改造的对象，无主体性可言。而在主体间性理论看来，教师和学生作为独立的主体，师生之间是平等、共生的主体间性关系，不存在一方主导、支配和凌驾于另一方的问题，而是双方共同参与教学活动，达成相互理解、激励和促进，致力于共同发展，这样就为思政课教学中确立学生主体地位，尊重和发挥学生主体性奠定了一定的理论基础。

[①] 苏令银.主体间性视域的思想政治教育主客体关系研究[D].上海：华东师范大学，2013.
[②] 尤尔根·哈贝马斯.交往与社会进化[M].张博树，译.重庆：重庆出版社，1989.

二、高校思政课程学生主体性发挥的意义

学生主体性的凸显是深刻把握教学规律的使然,是加强和改进教学工作,满足学生自身发展需要的必然要求。正确把握思政课教学中学生主体性对于增强教育的针对性、完成立德树人的根本任务、提升教学效果、促进学生全面发展具有重要意义。

(一)有利于完成立德树人的根本任务

习近平总书记在全国思想政治理论课教师座谈会上指出"思想政治理论课是落实立德树人根本任务的关键课程[①]",要帮助学生形成良好的思想品德,成为全面发展的人才。要想圆满地完成育人目标和立德树人的根本任务,就需要各方参与,形成合力,其中学生的主体参与是完成根本任务的关键要素。

思政课是对学生进行思想政治教育的主渠道,主要教育对象是学生,必然要尊重学生的主体地位,关注对学生思想政治素质和品德的培养,因为外界对主体的刺激和影响,只有通过主体自身内在的思想矛盾运动,才能被主体所接受。教师的引导、带领对学生思想品德的形成和发展有着重要影响,但学生并不是消极被动地、单纯地接受知识,成为被教育、被改造的对象,而是具有自主性、能动性的个体,通过自己的认知和判断,对思想、知识、道德的观点进行选择、整合和强化。换言之,无论是知识的传授还是价值的引领,只有学生主动接受,才能真正起作用。正所谓"师傅领进门,修行在个人",不论教师讲得多么好,对思政课多么重视,如果学生置身课堂之外,持有"与我无关"的态度,不融入课堂,不以主体的角色参与其中认知体验,便很难认同、欣然接受教育内容,更不能做到内化于心、外化于形。因此,在教师正确合理的引导下,学生的主动参与和自我教育是提升思政课教学效果,完成立德树人根本任务必不可少的方式。浓厚的学习兴趣、强烈的学习动机和长久的学习动力能够使学生充分调动自身积极性,自愿学习、乐于学习,用坚定的毅力和恒心自主克服学习过程中的困难,由"要我学"转变为"我要学",自觉做到入耳、入脑、入心,将所学、所感潜移默化为品德修养和意志行为。教师不仅要教学生学会,更要教学生会学,发挥学生在教学中的主体作用。同样,教师的引导作用也不容忽视。只有在教师的引导下充分激发学生的主体意识和学习兴趣,帮助学生确立正确的学习动机,增强学习的自主性才能使教师的"教"和学生的"学"达到最优效果,才能完成立德树人的

[①] 习近平:用新时代中国特色社会主义思想铸魂育人 贯彻党的教育方针落实立德树人根本任务 [N]. 人民日报,2019-03-19(01).

根本任务，培育好社会主义建设者和接班人。

（二）增强学生对教育内容的认同感

思政课的教学目标之一就是增强学生对教授内容的情感认同和理论认同，进而积极践行。大学生对思政课内容的认同感并不会凭空产生，总要经历一些内在因素的积极促成，比如说产生积极的情感体验。思政课大学生主体性发挥的意义在于把"要我学"转变为"我要学"，学生一旦产生正确的学习内在驱动力，即在学习过程中发挥了主体性，整个学习状态较之被动学习是完全不一样的。主体性发挥必然会促使大学生端正学习动机、正确认知思政课的重要性、主动建构符合社会要求的价值体系、主动学习党的一系列方针政策、主动用马克思主义的理论观点分析解决问题。在整个教育过程中表现出自主性、能动性、创新性，进而对教育内容产生认同感。

（三）有利于提高思想政治理论课的教学效果

思想政治教育教学是师生共同参与的活动，离开任何一方都不能称为完整的教学过程。在确保教师发挥主导作用的前提下，学生的主体参与尤为重要，其参与程度直接影响着教学效果和自身获得感、体验感，正如教育家巴班斯基所说："如果没有学生的自己的学习，任何教学也不会产生预期的教学效果。[1]"也就是说思政课教学能否取得良好的教学效果，很大程度上取决于学生能否自主实现知识的内化和外化。

一方面，学生发挥主体性，参与教学是提升获得感的必要条件。思政课要想提升学生的获得感，取得真正实效，就必须提高学生参与意识，让思想政治教育成为学生自己的需要。需要和动机理论表明学生主体性的发挥与其需要和动机成正比，动机越强，参与教学的能动性就越高，主体性的发挥就越充分，教学中的获得感、体验感也会越强。学生只有意识到思政课于个人生存发展的意义和价值，对思政课形成正确认知，对教育内容、价值标准自觉认同、认可后，才会产生强烈的情感认同，进而调动积极性，进行教育和自我教育，提升思想道德境界和理论知识修养，在教学中有所收获。反之如果学生不能对思政课的教学内容、教学价值产生认同和共鸣，难以积极参与教学活动，配合教师完成教学任务，那么教学效果必然也不会太理想，学生的收获感也甚微。因此我们认为，学生只有充分

---

[1] 尤·克·巴班斯基. 教学过程最优化：一般教学论方面[M]. 张定璋，译. 北京：人民教育出版社，2007.

发挥主体性，实现知情意行的全面参与才能真正有所学、有所得、有所获，才能将教育内容内化为意志信念，外化为行为实践。如果不能主动地认知体验，从内心情感上认同、接受教育内容，就不会将所学知识植根于自己的价值体系，自觉转化为行为习惯。

另一方面，学生主体性的彰显也会促使教师提升教学水平。学生主动接受教育的行为反过来会以一定的方式诸如提问、质疑、对话等影响教师，促使教师反思教学中存在的问题，不断改进教学方式，提升教学热情、动力和水平，进而又对学生主体性的增强起到促进作用，使学生主动将外在的观念和规范内化为自身的信念素养，将所学知识、方法用于指导现实工作，做到知行合一。最终形成"教"与"学"的合力，实现教师乐教、学生乐学的良性循环，为提高思政课教学效果、发挥好育人功能注入双向动力。

（四）有利于促进学生的全面发展

马克思关于人的全面发展理论告诉我们，人的发展根本上是人的主体性的发展。那么在思政课教学过程中培养学生主体性将有利于促进学生的全面发展。传统思政课教学过分强调教师的中心地位和作用，忽视了学生的主体参与、情感体验和观点表达，极大地遏制了学生主体性的发挥，一定程度上抑制了学生的全面发展。价值多元的当今社会，呼唤个性和创造力，对学生的综合素质和能力提出了越来越高的要求，只强调价值准则、行为规范、道德要求显然是行不通的，还必须为学生个性化和人格的发展创造空间。学生作为自我发展的主体，主体性的发挥有利于实现个性化发展、塑造健全人格、促进良好品德的形成和发展。

第一，实现个性化发展。个性发展是指学生在思想、性格、兴趣等方面形成的不同于他人的特质，是个人内在潜力的张扬。马克思关于人的全面发展的学说内容之一就是个性的自由发展，个性发展是人的全面发展的应有之义，我们的教育要培养全面发展而富有个性的人。换言之，思政课不仅要传授给学生满足个人成长发展和适应未来社会发展需要的专业知识和技能，使学生形成相应的思想道德素质，还要为学生个性的发展提供空间，使其既德才兼备又保持个性。当代青年学生思维活跃、思想超前、问题意识强烈、想象力丰富、观点新奇，经常以批判性眼光和思维审视社会现象和问题，具备一定的甄别和选择整合能力。只有更好地发挥自身主体性，积极参与教学、主动探索知识，才能在思考、合作交流、争辩中提升能力、展示自我，实现自由自主发展和个性的张扬。

第二，塑造健全人格。人格是指人的性格、气质、能力等特征的总和，培养学生的健全人格，使学生拥有较高的思想素质、良好的道德品质、高尚的人格修养和积极进取的意志，是我们思想政治教育的重要目标之一。在教学中充分发挥自主性、能动性和创造性，有利于学生意识到自身的主体地位，促使学生主动学习、自主实践，形成正确的自我认知，掌握自我调控和管理的方法，提升主体能力，塑造主体人格。同时学生主体意识的增强还有助于学生找准自我定位，丰富精神世界，自觉增强责任感、使命感，自教自律，勇于面对挫折和困难，树立正确的奋斗目标和人生理想，不断激发自身潜能，实现自我超越，做一个自尊自信、乐观向上的青年。

第三，形成良好的道德品质。"育人为本，德育为先"和立德树人的根本任务揭示了德育的重要地位，强调了德行的发展是人的全面发展的根本保障，同时也说明了道德品质的发展对于学生的全面发展具有重要作用。思政课课堂教学是实现学生道德品质发展的主渠道，学生积极参与又是实现自身发展的关键因素。因此只有充分发挥学生的主体性，从马克思主义理论中汲取智慧，掌握马克思主义的立场、观点和方法，涵养道德认知，将道德规范内化为自身的信仰与德性、外化为德行，才能增强道德判断能力，提高遵守规范的自觉性，做到知行合一、言行一致。

三、高校思政课程学生主体性实践现状

（一）取得的成绩

1. 大学生主体地位得到提升

学生的主体地位就是指学生在学习活动中处于主体位置。当前很多高校越来越重视大学生、主体性，会培养学生的主体意识和主体能力，让大学生积极参与到教学活动中。随着主体性教学在思政课程中运用的频率增多，方式也越来越多样化，大学生的主体地位得到了一定提升，师生之间不再像传统思想政治理论课教学那样过于强调"师道尊严"，主体性教学实现了师生平等交流互动，更多的时候教师在教学活动中扮演一个评论员的角色。

2. 学生的创造性凸显

创造性是人最深层次的潜能开发，是人的主体性的最高表现形式。在学生学习的能动性和师生间教学及情感互动性不断增强的基础上，学生的创造性得以凸显。目前思政课教学中学生创造性仍然不足，但总体上有向好趋势，表现为能够在学习和实践过程中对所学知识进行创造性整合和应用等。

一方面当代青年学生思维开放、想象力丰富、涉猎关注面广，能够在融会贯通的基础上对思想政治教育知识进行创造性整合。目前思政课课堂教学很多采用教师讲与学生讲相结合的方式，在教师的引导下给予学生更多自主权和发挥空间。老师给定主题，学生结成小组，相互配合，合作完成，在准备和呈现过程中学生大多能够突破思维定式，发现新知识、新思想，将生活或是当下热议话题结合自己的知识经验进行创造性整合，最终呈现出多种多样、各具风格和特点的内容。再比如河北大学将思政课教学与微电影相结合，创新了思政课教学，为学生创造性的培养提供了机会与平台。在微电影拍摄过程中，学生以自己的专业背景为依托，以思政课知识为主导，将自己的专业所长与思政课和微电影相融合，将所学思想政治教育知识在认知、体悟的基础上实现创造性整合和发展。

另一方面，学生能对知识进行创造性应用和践行，在实践中培养创造能力，实现自我超越，以此巩固和发展自己的主体地位。比如通过参加寒暑假的社会实践调研及一系列志愿服务活动等将知识与实践结合起来，在实践中也会不断遇到新情况、新问题，进而对知识进行检验、创造性践行和发展，培养和发展了自己的创造性思维和能力。总之，无论是在学习中对知识进行整合、应用，还是在社会实践中找寻个人价值，本身就需要学生发挥主体性，同时也有利于学生创造能力的培养。

（二）遇到的问题

1. 部分学生学习过程中的自主性不强

自主性学习是学习者能够根据自己的学习能力、学习任务的要求，自觉、主动地调整自己的学习策略和努力程度的过程。学生思想品德的提高、能力素养的提升既离不开教师的引导，也与学生的主观努力密不可分。而在思政课教学中学生的自主性并未充分表现出来，存在一定程度的依赖性和惰性，具体表现为以下三点。

第一，缺乏自我教育的自主性。自我教育顾名思义即把自己当作客体进行教育，通过自我认识、自我监督、自我控制、自我调节和自我评价，使个体得到自我完善、发展和提高。自我教育体现了学生主体的自觉性和能动性，在整个教育过程中占据重要地位。只有通过学生的自我教育，才能将思想政治教育中所蕴含的思想、政治、道德等内容，内化为德行修养，外化为个体的行为实践，才能增强他们的主体意识和主体能力。然而在思政课教学中部分学生缺乏自我教育的自主性。受传统教育的影响，学生已经习惯在教师的带领下通过灌输的方式学习，而不愿进行自主学习，自我教育意识不强。少有学生能够做到课前预习、课后复习，对思政课的学习有明确的规划，只有极少数的学生经常提前预习教材，有一部分学生从不提前预习教材，完全依赖于老师提供的教学内容，缺少积极钻研教学内容、阅读大量书籍的自主性。

第二，缺乏学习自律的自主性。严格的自律是学生规范自身言行和学校开展教学工作的现实需要，对个人的成长发展和社会主义建设者、接班人的培养具有重要意义。学习上的自律对提升学生的综合素质尤为重要，处于青年期的大学生身心发展相对更成熟，具备了一定的自我约束和自律能力，能把学习当成主要任务，但大多是靠外在规章制度的强制约束，依赖于他律的监督，缺少自律的自主性。相比高中时期，大学生活相对自由，管理宽松，外部环境的约束力减弱，加之部分学生意志力不坚定，易受外界环境的诱惑，会更容易放松对自己的要求，把更多的时间花费在学习以外的生活中，导致出现在思政课课堂上睡觉、打游戏、看课外书、迟到早退甚至旷课等现象，部分学生自我约束能力较差，缺少自觉、主动学习的习惯。

第三，学习意志不坚定，急于求成。思政课的学习是一个长期的过程，教学效果具有内隐性和长期性的特点，不像理工科可以通过具体的实验操作直接检验对知识的掌握程度。思政课的学习成效不是通过简单几节课的学习就能判断的，或许通过课堂学习可以习得一些理论知识，但思想观念、道德品质和行为的形成需要学生长时间的学习、积累和实践。而部分学生对学习效果急于求成，迫切想要提升自我效能感，最初急于通过思政课提升自己的思想道德素质，积极发挥主体性参与教学，一段时间后发现学习成效不显著，便开始放弃思政课的学习。大部分学生一开始对思政课很有兴趣，进入教学过程后却逐渐失去兴趣，上课不认真听讲，不再有盼望和期待，丧失了学习动力，严重削弱了积极性，甚至开始怀疑自己的学习能力，失去自信心和进取意识，不愿付出过多努力。

2. 学生在思政课中的能动性无法体现

学生在思政课中缺少能动性。有些学生不能根据自己在思政课上所获得的知识进行整合、归纳，对自身的学习进程和学习方法进行自我调节的能力还有待提高，缺乏自我意识，导致学生在思政课中的能动性无法体现。自我意识是人对心理和生理的自我认识，以及周围人与事物之间的关系所处的位置，也就是自己认识自己的意识。学生并没有清晰地对自己产生认识，缺少自我调控的能力。"他已清楚地意识到要成为完整的人全在于自身的不懈努力和对自身的不断超越，并取决于日常生活的指向、生命的每一瞬间和来自灵魂的每一种冲动。"[①] 雅斯贝尔斯认为青年都有自我完善的意识，每个青年学生都能意识到现在对于自己的将来更具有现实的决定意义，而且认为现在的生活是严峻的，对自己发展有指向、有规划。学生学习不光需要老师悉心指导，学生也要充分发挥自我能动性，善于运用学习策略，对自己学习的进程、方法能做到自我调节。总体而言，当人想要去做某件事之前，已经在自己的脑子里提前想好即将要完成的事物，以及怎样去完成，会结合自身情况和客观条件在思想政治课的理论学习和实践过程中不断地完成规划，这就是人的能动性表现。

3. 学生在思政课中的创造性有待提高

一是，有些学生缺乏质疑精神。在部分学生的观念中，他们认为书本上的知识及老师说的话都是对的，缺乏质疑精神，不利于学生创造性思维的发展。传统的中国式教育中，更加注重对知识的记忆，以及对师长的尊重，但不鼓励学生挑战权威，长此以往学生会潜移默化地认为权威是不可挑战的，这就错失了培养学生创造性的关键。因此，传统的教育方式不仅影响到教师的传授方法，还有学生的学习习惯及学习方式，导致学生的思想受到了束缚。传统教育思想让学生把教师放在崇高的位置，对教师言听计从，认为教师所说的内容都是对的，以至于大部分学生都被动地听从教师的讲解和管教。学生的思政课问题意识和创造性的缺乏不仅与学生自我思想的禁锢有关，还和思政课教师的教授方法息息相关。

二是，学生在思政课上缺乏问题意识。学生在思想政治课中缺乏问题意识、发散性思维不强，导致缺乏创造力，主要体现在缺少对问题的提出。提出问题比解决问题更有价值，解决问题只需要找到合适的方法让问题得到解决，而提出问题面临更多未知的不确定性，更需要发挥人的创造性。主体性的外在特征中创造性是最高表现，只是一味地追求高分数的应试教育让学生选择对课本知识死记硬背，缺少对知识的理解，没有真正掌握原有知识，更难以说有创造性可言。

4. 部分学生知行不一

众所周知，思政课的学习突出强调学生的学以致用、知行合一，即将所学知识用以指导实践，做到理论和实践相结合，思想和行动相统一，这本身就需要学生发挥主体性。然而现实中部分学生并未充分实现有所学、有所知向有所行的转化，忽视了自己的实践主体性，行为表现存在知行不一的现象。

第一，重知轻行。思政课是理论性和实践性的统一，既要用科学的理论培养人又要引导学生在理论学习中深入实践，将思政小课堂与社会大课堂相结合。我

---

① 雅斯贝尔斯. 什么是教育 [M]. 邹进, 译. 北京：三联书店出版社，1991.

们的思政课教学以正面教育为主，目的在于使学生将正面的认知内化为意志情感，外化为个体行为，而在现实中部分学生过度强调认知主体性忽视实践主体性，将思政课单纯地看作学习马克思主义理论知识的课程，接受思想政治教育也只是为了最后卷面上的分数，忽视了思政课的道德教育、思想教育功能，以及对自身信念的确立和行动的引导作用，产生"说起来重要、做起来次要、忙起来不要[①]"的观念，说一套做一套。

第二，知而不行。绝大多数同学对思政课有强烈的求知欲望，对其所传达出的道德观念、价值准则也表示认同，但一到实践层面就会出现这样或那样的问题，不能将所学知识在吸收的基础之上正确输出，表现为思想观念与实际行动不统一，道德认知和行为价值取向相脱节，有时过于以自我为中心，缺乏社会责任感。例如反感别人乱扔垃圾，但却极少有人愿意主动捡起；都知道要乐于助人，但是"不扶""不救"的现象依然存在；将理想信念挂在嘴边却不愿付诸努力；等等。还有的学生知而不能行，理论联系实际能力不足，学习成绩虽然优异但却不能很好地指导实践，面对现实生活中出现的问题，缺少正确认知和解决能力，抗挫折能力弱。

第三，知而错行。比知而不行更严重的便是知而错行，明知故犯。有的学生明知要讲究诚信，但却为了个人利益仍然铤而走险，如考试作弊，伪造假学历、假证明。如明知要抵制享乐主义，但仍然追求物质享受，思政课上打游戏、看视频等。这些事例不胜枚举，反映出学生在思政课学习和实践中没有履行自身职责，没有充分发挥主体性、感悟真知，没有实现知情意行的统一。

四、高校思政课程学生主体性发挥问题的原因

（一）部分学生主体意识淡薄

现代教育论认为，学生是学习的主体和内因，其主体意识的强弱对主体性的发挥有着重要影响，学生的主体意识是指关于自身的自觉和明晰的认识，它包括学生对于自身在整个思想政治教育中所具有的主体地位、主体性作用，所担负的具体使命、自身能动性活动对于社会所具有的现实与长远意义的全面而深刻的认识。强烈的主体意识是其发挥主体性，主动参与教学的内在驱动力。

目前部分学生主体意识淡薄，他们已经习惯于被动接受老师的灌输，潜意识里认为上课是老师的事情，自己只需要坐在课堂上，动笔抄抄PPT，不用动脑思

---

① 胡玲.提高新建本科高校德育实效性的实践探索[D].武汉：华中师范大学，2015.

考，缺少学习的积极性和主动性，意识不到自身在思政课教学中的主体地位和主体性。造成这种情况的主要原因有以下两点。

第一，对思政课的认知出现偏差。思想政治教育除了具有传承马克思主义理论知识的作用外还具有个体发展功能，即满足学生个体成长发展需要的作用。通过思想教育、政治教育、道德教育等对学生进行价值引领，以期学生的思想、态度、行为发生积极转变，向着社会要求的方向发展，成为合格公民。现实中学生大多认同思政课对于个人成长所起的重要作用，也承认接受思想政治教育的必要性，但是他们更倾向于认为自己的思想品德没有什么问题，也就没有继续学习的必要，常持有思政课与自身无关、可学可不学、不像专业课一样直接对自己工作和职业选择产生作用的看法，只把它当作完成学分的一门公共课，只有在临近期末时才会机械地记忆知识点，而平时基本不会翻看相关书籍，更不会把思政课与自身发展联系起来，缺少对思政课的价值认同和情感认同，消极被动接受思想政治教育。

第二，学习动机多元化。目前学生的学习动机取向多元化，一些学生学习思政课的动机存在问题，导致学习缺乏动力，难以激起自身的学习兴趣和积极性。有的学生带有一定的功利主义色彩，之所以学习思政课是因为这门课是不得不上的必修课，关涉到自己的学分和奖学金评比，更有甚者因为自己要出国直接要求老师给优秀成绩，而不是为了提升自己的人文素养和思想道德素质去学习思政课。还有的学生抱有侥幸心理，认为期末考试老师会勾画出重点，平时根本不用花费精力听讲，考试前背背知识点就能稳稳地通过，导致在课上玩手机、学习其他专业知识的情况屡见不鲜。

（二）应试教育忽略了思想政治教育

一是，应试教育缺少人文关怀。随着社会的不断发展，人们对于教育的要求也越来越高，学生和教师都面临着很大的升学压力，导致缺少了对学生的人文关怀，忽略了思想政治教育的重要性。作为教育者要确保教育具有人文关怀，思想政治教育必不可少，要让教学以人为本、以学生为本。不可否认的是，教育本身的确具有一定的局限性，"教育提供了这样一些机会，唤醒我们来自历史性基础的深沉感，保存传授的内容；但教育也可能彻底地阻断了传承，把人类文化作为废墟堆，从那里人们可以挑选出所需要的石头来堆砌新建筑物。[①]"把人类的文化作为废墟堆，在这个废墟堆中我们再挑选出合适的石头然后再继续堆砌出新的建

---

① 雅斯贝尔斯.什么是教育[M].邹进，译.北京：三联书店出版社，1991.

筑物，这样的建筑物和以往的废墟堆具有差异。这一比喻充分体现出了应试教育的现实状况，而这种教育不是真的历史传承，这反而使我们更加远离原本历史的深沉和伟大。概言之，应试教育把学生的学习成绩作为选拔的重要条件，认为教育看重社会对人发展的需要，忽略了学生作为人的个性发展，从而忽略了思想政治教育的重要性。

二是，应试教育过于重视分数。不论是教师还是学生都不太重视思政课程。对于部分大学生来说思政课程只是自己提高成绩的工具，为了达到这一目的会通过各种方法和手段提高学习分数，有的学生为了拿奖学金过于注重学习成绩。简单来说，工具理性行为就是为了快速达到某种目的采用的最有效、最快速的途径和手段。工具理性行为带来的不光是学生学习成绩的提高，其后果是学生自身的压力增大且忽略了思想政治教育的发展，这也是应试教育产生的影响。教师要具有正确的育人观念，注重学生思想教育的发展，不仅仅局限于学生的学习分数，而是要把学生看作是具有感性意识的人，尊重学生想法开展教学，以学生为教学的主体。教师要时刻牢记立德树人的职责使命，强化思想政治教学模式，增强高校思想政治核心素养发展。

（三）传统教育理念忽视了学生主体性

一是，传统教育理念认为学生是客体。传统的思想教育观念中教师是课堂教学的主体，教师引导学生的思政课堂学习，教师在思想政治课堂中支配学生的学习并起着主导作用，而忽略了学生在思想政治课堂的主体性。主体一词来自哲学领域，主体是指人，相应的客体类型分为自然客体、精神客体和社会客体，这些客体都是指一定的事物，主客体关系更多的是指人和物的关系。传统的教育学认为教育者就是教育主体，受教育者就是教育客体，这是因为哲学概念中主体是具有自然属性和社会属性的人，而客体是作为主体认识和实践活动中的对应范畴的物体存在的。传统的教育学派就把哲学概念中的主体概念生搬硬套到了教育学中，却忽视了哲学概念中的客体是指主体认识活动中的实践对象，指的是被实践的物体。以上要求正确把握哲学概念中的主客体关系及教育学中教育者和受教育者的关系，并以此为理论基础来研究思想政治教育主体的培养，以思想政治教育实践活动为实践基础，正确把握思想政治教育的主体，践行思想政治主体性教育。因此，学生作为教育对象并不意味着学生是教育中的客体，相反，学生是教学的受益者，更要把学生放在教学的中心位置，以学生为主体。

二是，传统师生关系的影响。虽然现在的思想教育提倡的是以学生为主体进行思想政治的教学活动,但是中国上千年的传统文化形成的思想传统教育对人们的影响根深蒂固。任何的交往活动都需要参与活动的双方平等地相处,长期不平等的师生关系会禁锢双方的思维,从而影响教学质量。传统教学中,教师是教学主体的思想观念形成了师生不平等的关系,导致教学达不到真正的以学生为主。"教育者和受教育者作为德育实践活动的'剧作者'和'剧中人'既是德育的主体也是德育的客体,是德育主体和德育客体的辩证统一体。"[1]于光认为教育者与教育对象都可以看作是主体,也可以看作是客体,主客体之间不是固定不变的,而是以辩证统一的形式存在,两者之间在教学过程中相互转换。在教育活动的过程中,教育者要对学生进行了解、要备课,这时学生就成为教师的客体,教育者就成了主体。因此,思政教育活动中师生的交往是相互的,不能只是思政课教师的一味知识输出,学生也要对教授内容进行选择和分析,了解和认识教师,在思政课堂中形成主客体间相互转换、辩证统一的关系。

(四)部分教师改革创新意识不强

学生主体性的激发是内外多重因素共同作用的结果,除了自身主体意识的驱动外还有赖于教师的引导,在思政课教学过程中教师的引导是最直接的外部驱动力。教师的主导作用主要表现为根据社会要求和学生发展需要,合理制定教学目标,围绕教学目的选择教学方法、确立教学内容,通过知识传授对学生进行价值引领等。

随着时代的进步,教育教学规律在不断地丰富和发展,学生也在不断变化,他们对教学的诉求也在改变。而面对这些变化,部分思政课教师难以完全适应,表现为创新观念不强、能力不足、专业化水平一般,不能实现对教学的改革创新,导致教学中没能坚持以学生为本,忽视学生主体性这一问题的存在。

第一,教学理念更新不及时。经历了"教师中心"与"学生中心"的两极摇摆以及"双主体"论的混沌不清之后,"教师主导,学生主体"冲出迷障,成为人们普遍遵循的教学原则。遗憾的是,一付诸实践,对学生主体性的理解在某种程度上就陷入误区。要么一味以学生为中心,迁就学生的喜好、兴趣,实行"放养式"教学,将课堂完全交给学生,放任自流、追求热闹,任其自娱自乐,忽视对学生知识和价值的引导,忽视教师自身的主导作用;要么打着以学生为中心的幌子仍然以教师为中心,仍然沿用传统的教育理念,唯我独尊,忽视学生主体性的参与,将学生看作知识接收的容器,导致学生沉默寡言,不动脑、不动口,抑

---

[1] 于光.德育主体论[M].北京:中国社会科学出版社,2010.

制其主体性发挥。这些消解教师主导权威或排斥学生主体性的做法不仅不利于学生主体性发挥，反而在一定程度上抑制了学生主体性的发挥，究其原因不外乎是对教师主导性和学生主体性的错误理解。教师主导不等于以教师为中心，学生主体也不等于以学生为中心，教学是"教"与"学"、教师主导性与学生主体性相统一的过程，任何弱化或者强化一方的做法都是不科学的，因为离开学生群体，教师就失去了主导的对象，教育教学活动也会偏离育人的目的，同样离开教师的主导和引领，学生的发展也会失去方向。

第二，教学内容未能紧密贴合学生实际情况。目前一些思政课教师来自不同的专业背景，他们术业有专攻，对自己的研究领域有着浓厚的兴趣和独到的见解，但对马克思主义理论和经典著作理解不够透彻、理论功底不够扎实，存在"照着讲""绕着讲"的现象。有的教师不能平衡科研和教学的关系，缺少对教学内容的研究和对学生的关注，难以做到"教"和"学"内容上的契合。还有的老师不能全面分析、认识学生，大搞"一刀切"，忽视不同专业背景学生的认知规律和接受特点，简单依照党的理论成果和方针政策，照本宣科，讲授内容单调枯燥、浮于表面，只注重理论灌输，缺少现实关照，不能及时深入、透彻地对学生的关注点和困惑进行解答，难以满足不同学生的成长需求，更不能激发其内在驱动力参与教学，与教育者一起完成教学任务。

第三，教学方式方法不够优化。当前学生的思想和行为发生了深刻变化，教学方式方法的选择和运用都要体现一定的时代性和针对性，把握正确的方向，确保教学活动朝着教学目标有序发展、顺利进行。然而部分思政课教师仍然沿用传统的单向灌输式教学，教师提出问题、分析问题、解决问题，学生完全没有自己思考的时间，也没有发表意见的过程，记笔记、抄写PPT便成了上课唯一要做的事情，课堂上保持沉默，抬头率不高，缺少对教学的参与。同时教学方式较为单一，实践性教学环节得不到充分落实，难以形成与学生的良性互动，极大地抑制了学生主体性的发挥，阻碍了学生的个人成长。还有的教师虽然紧密关注时代特征和学生发展特点，创新教学方法，运用现代化教学手段，采用案例教学、情景剧等方法来吸引学生兴趣，激发学生主体性，但往往只顾着学生主体性的调动，一定程度上弱化了思政课本身的思想性、理论性和政治性，忽视了对学生的理论武装和理性思考能力的培养，消解了思想政治教育功能。这种看似意在发挥学生主体性的做法，实质上却是对学生主体性发展的限制。

五、高校思政课程学生主体性发挥的路径改革

（一）充分发挥思政课教师的教育主导作用

1. 基于学生需求对思政课进行教学设计

（1）教学活动要紧贴学生实际生活

以学生为主体的思政教育是根据学生及社会的发展需要开展的教育活动，为了思想政治教学内容更加具有实效性、针对性，教师对思政课堂的教学设计必须基于学生需求。马克思指出在手工业的发展当中，因为分工的不同所以需要不同的劳动力，不同的劳动力需要不同的教育程度，随之就会形成不同的劳动力等级制度和相适应的工资等级制度。这说明了教育需要具有一定的针对性，学生需要不同的教育方式，要基于学生实际开展教学活动。"因为总体工人的各种职能有的比较简单，有的比较复杂，有的比较低级，有的比较高级，所以他的器官，即各个劳动力，需要极不相同的教育程度，从而具有极不相同的价值。因此，工厂手工业发展了一种劳动力的等级制度，与此相适应的是一种工资的等级制度。"[①]传统的教育中教师过于注重学生的整体性发展，忽视了学生的个性发展，长此以往形成的教育方式抹杀了学生作为独立个体人的发展需要。教师设计的教学活动要紧贴实际生活，提高学生课堂参与能力、增强思政课的实效性。因此，思政课程教学设计要尊重学生的主体地位，设计的教学活动要符合学生需求，紧贴学生的实际生活。

（2）优化教学设计，因材施教

每个学生本身就是独一无二的个体，都具有不同的特性，所以自身的发展需要也不同，教师在进行思政课教学设计时不能忽略学生的发展需求，应该采取因材施教的教学方法。古人常说"龙生九种，各不相同"，不同学生的具体情况是不一样的，学生的心理状态、家庭背景情况导致学生之间性格也不一样，教师在对思想政治课进行教学设计时要关切不同学生的发展需求，以便进行针对性教学。比如在课堂教学中，教师在创设多个课堂问题时要考虑到不同学习层次的学生，并选出适合该问题的学生，问题在激发学生学习思考的同时亦能提高学生的学习能力。因材施教需要教师更加关注学生各自不同的情况，其中包括学习情况、性格特征、思维方式等，在这些因素影响下优化教学设计。总之，教师对思政课教学设计要在教材的基础上，基于学生的需求合理设计教学步骤、优化教学设计，

---

① 韦建桦. 马克思恩格斯选集：第二卷[M]. 北京：人民出版社，2012.

紧贴学生生活进行因材施教。

2. 坚持以学生为本的教育理念

教育理念是贯穿教育活动始终,为全部教育活动所遵循的基本准则。思政课教学中要坚持以学生为本的教育理念,巩固学生的主体地位,保证学生全身心参与到思政课教学当中,发挥自主性、能动性和创造性。

第一,树立师生平等观念。思想政治教育过程是教师和学生共同参与、相互影响的过程。"教"与"学"相互依存,密不可分。教师的主导作用主要表现为根据社会要求和学生发展需要,合理制定教学目标,围绕教学目的选择教学方法,确立教学内容,通过知识传授对学生进行价值引领,用深厚的知识学养和宽广的眼界学识在纵横比较中教育、引导学生,帮助学生在智力、能力、人格和品德等方面获得相应发展。

不可否认教师作为教学的主体在知识、能力、经验等方面都要先于学生,但同时二者又具有人格上的平等性。这就要求思政课教师树立师生平等的观念,对自身精准定位,在教学中尊重学生的人格和自尊心,不应以唯我独尊的姿态俯视学生、操纵学生,而应尊重学生的个体差异性,平等地对待每一位学生。以朋友身份与他们沟通交流,动之以情、晓之以理、导之以行,这样才能使学生在思政课的学习中有愉悦感,才会欣然接受老师的观点,积极配合教学工作,进而激发潜能,发展能力。

第二,营造民主的学习氛围。民主、宽松的课堂氛围是学生摆脱被动消极参与,实现主体性参与的必要条件,需要思政课教师给予学生自主学习的空间,保护学生的积极性,多给予肯定和表扬。亚伯拉罕·H. 马斯洛(Hbraham H. Maslow)的需要层次理论揭示了人们只有在获得外界认可和肯定的基础上才能实现更高层次的自我超越。处于青年期的学生迫切希望受到老师的重视和关注,教师的激励和认可可以充分激发学生的积极性和主动性,使学生充分发掘潜力,因此教师要平等对待每一位学生,加强与学生的沟通交流,为每位同学提供公平的参与机会,使学生体验到被尊重、被鼓励、被认可的满足与愉悦,让学生在教学参与中展示自己、表现自己、欣赏自己。同时教师还要鼓励学生大胆提问,积极表达自己的想法和观点,使学生处于轻松、和谐的氛围中以极大地调动积极性,减轻外界环境造成的紧张和怕说错、不敢说的心理压力,勇于突破自我,树立起"我能行,我可以"的自信心,增强应对挫折、困难的能力,从而激发学习热情和求知欲,树立个人理想目标并为之努力,不断进取,真正善学、好学、爱学、乐学。

第三，加强与学生的情感交流。良好的师生关系是有效教育教学活动的必要保证。思政课教师不仅要做教师，还要善为人师，做一名有温度、有情感教师，倾注一腔爱心，用心浇灌、滋润学生的心田。一句鼓励打气的话语，一个肯定信任的眼神，都会在学生心中激起涟漪、泛起浪花，拉近师生关系。教师的人格是最有说服力的思想政治教育，学生会因为喜欢某个老师而爱上他的课并产生积极的情感体验。亲其师，更易信其道，情感的互通和交融更容易调动学生的积极性和主动性。

3. 关注学生的现实生活

第一，必须充分认识到学生的现实生活世界在他们主体性发展中所发挥的重要作用，以学生的现实生活为基础，来丰富、扩展教育活动，让思想政治教育活动焕发生机、充满活力，以有效地、充分地发挥其对学生主体性发展的积极作用。

第二，要把思想政治教育理论知识与学生的现实生活紧密结合，积极挖掘学生现实生活中的教育资源，将其运用到理论知识的讲授中，丰富思想政治教育的内容，以促进现实生活与理论知识的融合。"教育者只有真正走入学生的现实生活世界，从关照现实生活世界中的学生出发，教育才会真正具有生命的活力。"①

因此，教师应当处理好学生的现实生活与思想政治教育之间的关系，让教育贴近学生生活，使学生认识到思想政治教育在现实生活中的作用和价值。

4. 引导学生主体意识的发展

一是，主体性教学要求教师成为学生学习的促进者、学生成长道路的引路人，而不是传统意义上的灌输者。新课标要求教学活动要以学生为主体，学生怎样在学习活动中实现主体地位，不仅需要教师单方面的改变，还需要学生具备最基本的主体意识，在双方的共同作用下改变学生的学习方式。从学生自我出发提高自我的主体意识，改变自身以往的学习方式。教师只是教学的促进者，学生学习成绩的提高主要是靠自己，教师引导，学生自我学习，养成自我学习的主体意识，转变传统死记硬背的学习方式。因此，学生具备主体意识后，在以后的教学中即便遇到学习困难也会先独自寻找解决方法，而不是马上求助老师，以自身促进自我发展。

二是，主体意识的发展是培养学生主体性的基础。主体意识能让学生具有自觉性、自主性、能动性、创造性，对自己的学习进程、学习节奏进行规划，能作出自己的判断、扩宽自己的思维，有了这些意识，学生才能在思政课中找到属于自己的学习方式，班级整体的思政课学习效率才能提高。在教师的引导下，学生

---

① 张天宝.走向交往实践的主体性教育[M].北京：教育科学出版社，2005.

的自主学习能力得到不断的提高，主体意识不断增强。总之，学生的主体意识和学习方式除了能从教师的角度出发，最为主要的是学生自我的主观能动性的培养，学生自己提高自我的主体意识才是重要突破点。

（二）强化学生主体素质

1. 培养主体精神

雅斯贝尔斯在《什么是教育》中强调，教育的过程先是主体精神成长的过程，而后才成为科学地获得知识的一部分。教育作为培养人的社会实践活动，首先要培养的是具有主体精神的人。主体精神是指在实践活动过程中，主体对客体作用时所显示出来的心理倾向和行为表现，是学生在认识和改造客观世界和主观世界的过程中所表现出来的自主精神、创新精神和协作精神等。

第一，自主精神。自主精神是指个体在不受外在力量控制的条件下，对自己活动所具有的自觉意识和独立精神。大学生的自主精神是发展自我主体性，提升综合素质，不断进取的持久动力，为个性化的发展提供了良好的生长点，因为无论是对自己进行认知、评价、反省还是对社会、国家乃至人类的使命感和责任感都离不开自主精神的支配。自主精神使学生摆脱依附关系，自主判断、自主选择、自主承担，独立地、主动地追求自我完善和发展；帮助学生最大限度地调动积极性，自觉主动地在学习和社会实践中找寻自我价值，实现个人社会化和自我全面发展。

第二，创新精神。所谓创新精神是指在综合运用外部信息条件的基础上提出新观点、新方法的思维能力和进行发明创造、革新的意志、勇气和智慧，是当代大学生不断更新自我，推动社会发展进步的重要素质。创新精神是素质教育的重要内容，是推动大学生发挥主观能动性，参与创新活动的内在驱动，没有创新精神的内在推动，创新便很难实现；同样没有创新的实践活动，凝结在其中的创新精神也难以形成。因此，我们要运用一定的途径和方法加大力度培养学生的创新精神，使学生在创新的实践活动中开拓进取，发展批判性思维，成为创新型人才。

第三，协作精神。所谓协作精神是指为达到既定目标，团队成员相互之间形成的协同合作、团结互助、同心协力的精神。学生作为具有社会属性的人，良好的协作精神是适应社会现代化的现实需要。俗话说"众人拾柴火焰高"，在我们的学习和生活中也是如此，单个人的能力是有限的，依靠个人单打独斗的时代已经过去，如果没有良好的协作精神，个人的主体性和本质力量很难充分发挥出来，只有融入团队、集体，相互协作、取长补短，才能实现个人价值的最大化，产生

"1+1>2"的效果。

2. 开发主体能力

学生要成为完全意义上的发展主体，不仅要具备主体意识，还要具备自我发展的主体能力。所谓主体能力，是指主体积极地认识客观世界，能动地利用客观世界、改造客观世界以利于自身的发展，促进主体性充分有效发挥的能力。主体能力是学生成为"社会人"，发挥主体性的基本依据，与主体性辩证统一。

一方面，主体能力是主体性发挥的基础和前提，制约着主体性的发挥程度。学生之所以能够实现自己的主体性，实现对客观世界和主观世界的改造，就在于他具备一定的主体能力。主体能力使主体性的实现成为可能，因为主体地位和主体性只有在改造客体的对象性活动中才能彰显，而对象性活动的完成离不开对对象的认识、把握和改造，也就是离不开主体能力的参与，如果不具备相应的主体能力，便不会有认识和改造主客观世界的活动，主体性也就无从显现。同时主体能力也在一定程度上制约、影响着主体性的发挥程度。我们通过对客观世界的改造来满足自身需求，离不开已有的知识、能力和经验的支撑，当主体能力不足时，很难顺利从事契合主体需要的实践活动，主体性的发挥必然受到阻碍。

另一方面，主体性的发挥推动主体能力的发展。主体性不仅促使主体能力在社会实践中发挥作用，从事改造世界的物质性活动，而且还是激发主体不断完善能力结构，提升主体能力的重要动力。正是在主体性的不断推动下我们不再满足于认识世界的本质和规律，而是渴望运用这些规律来改造世界以满足自身需要，在实践中消化吸收新知识，逐步增强主体能力。

在思想政治教育中，不乏存在学生因为能力不足而影响自身主体性发挥的情况。为促使学生充分发挥主体性，完善自我、发展自我以更好地适应社会发展需要，我们要加强对学生主体能力的开发，在知识学习的过程中提升能力。注重培养学生批判性思维能力、独立思考和解决问题的能力、自主选择的能力；鼓励学生在教师指导下主动发现、主动探索，提升独立自主探究的学习能力；敢于推陈出新，革故鼎新的创新能力和理论联系实践的能力；等等。

3. 在思政课教学实践中培养学生的创造性

目前社会最需要的是创新型人才，思政课教学不光是传授理论知识，教师还要培养学生的综合素质，其中，学生创造力的培养极为重要。学生创造力的发展离不开教师正确的育人观念，教师要以学生发展需要为主，以学生为主体培养学生的创造能力。传统的教育理念中，当学生在课堂上突然说出什么反常规的话语，教师就会加以制止，甚至批评，这种教学方式抑制了学生思维的碰撞，限制了学生创造能力的发展。在面对这种情况时，教师应保持一个宽容、理解的心态，鼓励学生积极思考，对学生的行为进行正确引导，培养学生的创造能力。因此，思政课教师应充分发挥学生的主体性特征，营造良好宽松的思政课堂氛围，充分利用思政课特点与学生的好奇心，培养学生的创造力，鼓励学生提出问题，大胆发挥想象。

（1）利用思政课特点，唤醒学生创造意识

教师灵活运用思想政治课的特点，引发同学们对思政课的兴趣，唤醒学生的创造性意识。比如可以让学生观看典型外交事件的相关视频，并伴随老师对事件生动有趣的讲解，让学生对政治事件充满好奇，自然产生好奇心和求知欲。学生在学习过程中表现出来的想象力、对未知事物的好奇、接受新事物的能力都是未来学生形成创造力的潜能。

（2）利用学生好奇心，激发学生创造激情

大学生对外界事物充满好奇，教师可利用学生的好奇心，抛出问题，引发学生思考，从而激发学生的创造激情。要为学生创造良好的课堂氛围，环境不仅能影响人的心情，还能影响人的思维活动，良好的教学环境需要教师进行把控。

（三）完善思政课管理保障机制

目前，发挥大学生的主体性已经成为思政课的重要使命，仅仅依靠教师和学生的力量显然是不够的，还必须构建立体的保障体系，完善思政课的协调管理体制，加强和改进思想政治工作。为此高校党委、马克思主义学院、教务部门都要"守好一段渠、种好责任田"[①]，为学生主体性的发挥提供保障。

1. 落实高校党委的主体责任

高校党委是大学生思想政治教育的责任主体，是思想政治教育工作的领导人和指挥者，担负着领导全校思想政治教育工作、抓好思政课建设和教师队伍建设的重要职责，自然而然对激发思政课教学中学生的主体性有着重要责任。高校党委书记作为落实思政课教学工作的"第一责任人"，要发挥好带头作用，将思政课摆在重要位置，紧紧围绕立德树人的根本任务，直接或间接地为学生主体性的发挥创造条件，提供保障。

一方面，党委书记和校长要带头抓思政课建设。老师重视思政课，学生才会重视，如果领导、老师都不重视，学生又怎么会重视呢？党委书记和校长要带头

---

① 习近平：把思想政治工作贯穿教育教学全过程　开创我国高等教育事业发展新局面[N]. 人民日报，2016-12-09（01）.

走近老师、走近学生，深入课堂教学环节听思政课，了解学生的思想动态、学习情况和诉求，同思政课教师一同备课，集体研讨。严格落实以学生为本的理念，根据学生的心理特点和专业情况，用生动的语言和鲜活的案例，结合自身经历讲思政课，重视言传和身教的统一。在内容上加强正面引导，坚持以理服人，用思想理论魅力打动学生、教育学生、武装学生、赢得学生；方法上与学生积极互动，坚持理论深刻性与授课生动性相结合，善于运用学生喜闻乐见的方式方法将原理转化成道理，抓本质、击要害，触及学生心灵，使其入脑入心。这样才能使思政课活起来，才能调动学生积极性。

另一方面，要加强思政课教师队伍建设。目前，思政课教师队伍的综合素质不断提升，但仍然存在着数量短缺、结构不合理等问题影响学生主体性的发挥。为此，各级党委要着眼于制约学生主体性发挥的不合理因素，切实采取有效措施，着力解决这些矛盾和问题。具体来说高校党委要为思政课教师的培训和进修创造条件，资金投入上优先保障、资源配备上优先满足，鼓励思政课教师到知名院校参加专题研修和实践研学，在职攻读博士学位等。同时高校党委还要壮大教师队伍，严格按照师生比1:350的要求配齐专职教师，积极推动高层次人才的引进，打造高素质教师队伍。只有这样思政课教师才会更有底气、自信和激情讲好思政课，才能对学生产生真影响，学生也才会更有学习的热情和动力。

2.落实好马克思主义学院的重要责任

马克思主义学院是马克思主义理论教学、研究、宣传和人才培养的主阵地。统一管理思政课教师，开设全校思政课，对办好思政课和激发学生的主体性具有直接责任。因此，要不断提升马克思主义学院教学单位的工作水平，打造人才培养的坚强阵地。

一方面，健全、完善集体备课制度。《礼记·中庸》中说："凡事豫则立，不豫则废。"备好课是上好一堂高质量课程的前提条件。开展集体备课有利于充分发挥思政课教师的积极性、主动性和创造性，汇集集体智慧，取长补短，实现资源信息共享，促进教学质量提升。思政课各教研室要定期组织实行集体备课，紧紧围绕课程重难点、学生关注的热点和国内外重大事件将党的最新理论成果、最新的路线方针政策融入教学环节，集中研讨教学中的共性问题，完善教案讲义，形成统一的参考教案。备课不仅备教材还要备学生，教材在不断地修订完善，学生也在不断地成长发展，要深入研究学生的思想特点、接受能力、情感需求和价值取向等以便于因材施教，更好地帮助学生解决思想困惑，增强教学针对性。同时还要创新集体备课形式，提升教学效果。比如邀请知名学校专家学者、党政干部或经验丰富的教师同思政课教师一起参与备课；组织骨干教师讲示范课，传授经验，形成一人主讲，全员讨论的模式；举办教师说课比赛，将说课作为集体备课的一种形式，提升备课效果等。另一方面，加快马克思主义理论学科科研建设，以科研促教学。科研能力是思政课教师更好地组织教学活动、激发学生主体性、抓好立德树人根本任务的重要素质。只有搞好科研才能提升教学内容的理论性和思想性，才能"以透彻的学理分析回应学生，以彻底的思想理论说服学生，用真理的强大力量引导学生[①]"。马克思主义理论学科的特点决定了思政课要不断提升科研育人能力，巧妙地寓价值观于知识传授过程中，起到春风化雨、润物无声的作用。为此，学校要对马克思主义理论学科的科研立项优先支持，马克思主义学院也要积极举办学术论坛会议，努力营造学术氛围，鼓励思政课教师到其他院校进行学术交流，为教师进行交流和研究提供更多的机会。要使教师认识到科研对于提升教学效果的重要作用，从而热爱科研，做好学术研究，以科研成果巩固教学阵地，实现教学与科研的相互促进，相得益彰。

第二节　高中思想政治课与高校思政课程的衔接现状研究

一、相关概念和理论界定

（一）概念界定

1. 高校思政课程

高校思想政治理论课以其深厚的价值底蕴和科学的育人导向直接关系着高校培养什么样的人、如何培养人及为谁培养人的问题。高校思想政治理论课包括"马克思主义基本原理""毛泽东思想和中国特色社会主义理论体系概论""中国近现代史纲要""思想道德与法治""形势与政策"五门必修课程。五门课程以其科学的内容对于建构大学生形成良好的思想道德意志品质有着不同的价值和使命。

2. 高中政治课

高中政治课是高中生必修的政治课程，课程的内容安排，以必修课和选修课相区分的形式，涵盖了普及与提高两种不同的教学维度。必修课内容注重从较为

[①] 习近平：用新时代中国特色社会主义思想铸魂育人　贯彻党的教育方针落实立德树人根本任务[N].人民日报，2019-03-19（01）.

宏观的视域，对学生进行经济学基础、政治学常识、文化知识概述及哲学基本原理的普及性教育。四个必修模块分别是必修一"中国特色社会主义"、必修二"经济与社会"、必修三"政治与法治"与必修四"哲学与文化"。而选修课程则以必修课内容为基础，对经济学、国家和组织制度、科学思维、法律常识、道德伦理及科学社会主义常识进行较为细致、深入的讲述和解读。选修模块作为必修课程教学的延伸与拓展，具有前瞻性与广泛性特点。三个选择性必修模块主要包括选修课程一"当代国际政治与经济"、选修课程二"法律与生活"、选修课程三"逻辑与思维"。

3. 课程衔接

课程衔接即实现性质相同课程间的优化组合，使不同阶段却性质相同的课程形成一个有机整体，实现课程衔接能够使课程的功能最优化。课程衔接主要包括学科课程、教学目标、教学内容、教学计划，除此之外，教学方法及教育主体，教育客体等因素均属课程衔接范畴之内。课程衔接需立足于教学规律及学生的成长成才规律。课程的衔接不仅在于拓展不同学段间课程的难度、深度、广度，且需体现其层次性，使两个学段间实现良好过渡。

（二）理论基础

1. 系统论

路德维希·冯·贝塔朗菲（Ludwig Von Bertalanffy）认为，系统是由相互联系、相互作用的若干要素组成的表现为新功能的有机整体，其不是多个要素的简单集合，而是由一组相互联结的要素构成的，能够实现某个目标的整体。

首先，系统论的重要原则之一就是系统的整体性。系统包含若干组成要素，这个由若干要素组成的整体所具有的性质是系统中各个独立要素所不具有的，其性质也不同于各个独立要素的简单叠加。系统中的要素和系统是一个相互依赖、相互影响、不可分割的整体。高校思政课程与高中政治课程分属于两个阶段的思想政治理论教材体系，是教材体系中两个重要组成要素，对思想政治教育课程体系的建设发挥了重要作用。其次，系统论体现了层次性原则，系统中的要素各不相同，在系统中的作用也不尽相同，这种作用的区别和差异性体现了系统的层次性。高校思政课程与高中政治课程的课程内容既相对独立又相互关联，二者在整个课程体系中虽承担着不一样的教育任务，但最终都是为落实"立德树人"的总任务而努力。因此在研究两门课程的衔接时，要始终坚持系统论的指导，遵循系统论的思想和方法原则，既保证所研究的课程的整体性，又独立分析高校思政课程与高中政治课程的区别和联系，才能有效地实现高校思政课程与高中政治课程的衔接，共同推动课程内容的完善与进步，增强高校思政课程与高中政治课程教学的实效性，助力提升学生思想道德水平。

2. 建构主义理论

建构主义理论的流派多、观点颇杂，但是共同之处在于其强调学习者内部认知过程，认为教育的目的就是帮助学习者将习得的外部事物及其特征内化为学习者内部的认知经验。建构主义的基本观点是：个体所习得的知识是个体主动建构而非被动接受的结果，这种建构需要通过新旧经验相互作用来实现。虽然建构主义自身也存在一定的缺陷，但是时至今日仍能给我们带来许多启发。首先，建构主义强调学习者的主体性，提倡教师为主导，学习者为主体的主动学习的过程，它认为知识不是教师灌输的结果，而是学习者主动学习、建构的结果。其次，其倡导教师要构建教学情境以帮助学习者更好地学习，建构主义认为学习情境有利于学生对所学知识的意义构建，新经验是在一定情境下，学习者通过教师或者其他同伴的帮助意义构建所获得。最后，与维果斯基的"最近发展区"理论类似，建构主义认为知识的建构是一个已有经验和新经验相互作用的过程，教师在教学的过程中不是将知识简单地呈现，需要考虑到学生在以往学习过程中所积累下来的丰富经验，引导学生从原有的知识经验中获得新的知识经验。

因此，我们在探究高校思政课程与高中政治课程衔接时，也应当考虑到以下几点。首先，必须认识到学生是学习的主体，我们在编制教材时，应当选择适合学生学习的，能够激发学生学习主动性的教学内容；其次，教师在教学的过程当中只有根据学生所处的不同学段、所面对的不同环境建构合适的学习情境，才有利于学生把晦涩难懂的知识和学生当前已有的知识经验相结合，帮助学生进行意义构建；最后，高校思政课程与高中政治课程分属于不同学段的知识，学生进入大学所学的思政课属于"新知识"的分类，而高中政治课则属于"旧知识"的分类，要使二者能够更好地构建衔接的整体，就要清楚地了解学生在高中阶段掌握知识的程度，才能够在学生"旧知识"的基础上帮助学生对将要学习的"新知识"进行更好的建构。总而言之，建构主义对大学思政课和高中政治课衔接有重要的意义，把握好建构主义的原则才能实现更好的衔接。

3. 道德发展理论

美国著名的道德教育理论家劳伦斯·科尔伯格（Laurence Kohlberg）构建了自己关于道德发展哲学、道德发展心理学及道德教育实践策略的庞大的理论体系，其道德发展理论方面的研究成果不仅对美国而且对世界各国的学校道德教育活动都起到了很好的指导作用。道德发展阶段理论是科尔伯格道德发展理论的核心。科尔伯格通过对儿童设置在道德价值上存在冲突矛盾的两难故事情境，启发被试儿童积极思考道德问题，从道德冲突中寻找答案，通过被试儿童对故事问题的回答判断儿童的道德发展所处水平及其判断是非的原则，这种方法称为"两难故事法"，具有代表性的道德两难故事如"海因茨偷药的故事"，通过设置丈夫为救治危在旦夕的妻子，无法负担高额药费的情况下无奈偷药的情境，随后提出一系列问题让被试者参与讨论海因茨应不应该这么做，通过大量两难问题的测试结果，科尔伯格得出了道德发展的"三水平六阶段"理论。科尔伯格认为道德判断是道德发展的主体，我们所说的道德阶段的提高其实质就是个体道德判断结构的改变。科尔伯格的道德发展理论对于当代道德教育工作具有较大的启发，尊重学生道德发展规律是开展道德教育的重要前提。

二、高中思想政治课与高校思想政治理论课的区别

（一）教学内容理论层次不同

相比于高中思想政治课程的教学内容而言，高校课程内容的理论性更强、专业程度更高、逻辑性更强。首先，从其名称上就可做简单辨别，高中阶段以"思想政治课"作为德育教育课程统称，大学阶段则名为"思想政治理论课"，显然二者的理论程度是不断加深的。其次，从教材的分配布局上来看，高中教材中每课内容都附有图片、案例、探究活动，相比于大学教材纯文字的内容来说更容易理解与意会。最后，从具体课程内容上看，高校与高中思想政治课程的内容虽不同程度上有所重合，但其理论深度却有所不同。如同样讲中国特色社会主义理论体系的内容，高中政治必修2"政治生活"第三单元第六课第二目"坚持中国特色社会主义理论体系"以一目的内容做了简单的介绍，而在大学"毛泽东思想和中国特色社会主义理论体系概述"中用第五、六、七这三章的篇幅对中国特色社会主义理论体系进行了详尽的理论解读，对学生的理解能力要求更高、理论层次更深。

（二）教学任务各有不同

从教学任务上看，高中思想政治课的教学更具基础性，重常识性学习。课程内容紧密结合学生生活经验，讲授马克思主义基本原理，引导学生通过学习增强对所处时代的理解，通过对四个必修模块的学习来提高学生参与政治、经济、文

化生活的能力，从而提升学生的政治素养，打牢思想基础，树立正确的世界观、人生观、价值观，形成做社会主义建设者和接班人的思想意识。大学阶段学生思想趋于成熟，相对高中会面对更多的信息刺激和思想碰撞，因此大学阶段思想政治教育重在增强大学生的使命担当，此时的课程理论性、思想性更为突出，重视大学生思想水平、政治觉悟、道德品质、文化素养全面而有个性地发展，教学更趋向于培养大学生的时代责任感、使命感。

（三）教学方法具有差异性

教学内容、教学任务的不同及学生个体思想意识的不断发展决定了两个学段在教学方法上存在明显差异。一方面高校采取的教学方法较于高中更具多样性和灵活性。高中面对升学的压力，课堂讲授贯穿整个学期，教师讲、学生听，教师问、学生答，教师说、学生记成为中学生学习思想政治知识的主要途径，导致教学方法单一，形式死板。高校学生处于自由开放的学习空间，接受外界新生事物变多，思想较为开放，不再对课堂上教师的讲授言听计从，因此高校为满足学生个体全面发展，在以课堂教学为主的同时，重视学生课外实践活动，积极采取多样的教学方式如社会调查、实地参观、社会服务等，使大学生知其然的同时知其所以然。另一方面，高校采取的教学方法较于高中更具自主性和人文性。高中课堂教学教师按部就班遵从课表设计，课课随教材、时时讲背诵，多知识灌输，重视学生对知识的掌握，忽视学生思想素质和能力的提升，很少具有创新。高校相对更重视生本课堂的建立，教学内容紧扣时代发展，教师更关注学生的思想动态，重视学生个性品质的完善和塑造，教学方法的选择与运用上体现人文性。

（四）教学评价具有差异性

受高考指挥棒的影响，高中阶段的教学评价以试卷分数为评判学生思想道德水平高低的标准，以及格率和所带班级该科平均分为评判教师教的好坏的准则，以总结性评价为主要的评价形式，以绝对评价法为主要评价方法，仅以学习成绩的好坏把同样富有个性价值的学生简单划分为优生和差生，贴上等级标签，分为三六九等。至此，学优生便以成绩为盾牌，一好百好；而学困生只因没有漂亮的成绩单，便一无是处，对其他闪光点视而不见。相比之下，高校为了培养有信仰、有思想、有尊严、有担当的新时代青年一代，在教学评价中增加了对学生的行为考核和综合素质的评价，注重评价主体的多元化，评价类型及方法的多样化，在对基本学业成绩的考查之外，同时重视学生思想品德、社会责任感、理想信念、个性潜质的考核。回归了思想政治课程设立的根本目的和意图。

三、高中思想政治课与高校思政课程衔接的可能性

（一）课程性质的统一性

高中政治课主要以社会主义物质文明、政治文明与精神文明的建设常识为基本内容。在高中政治课的学习中，教师在夯实学生理论基础上进一步引导学生参与社会实践，并通过学习、实践逐渐掌握辩证唯物主义与历史唯物主义的基本观点和方法，初步形成正确的世界观、人生观与价值观，为促进个人的全面发展奠定良好的思想政治素质基础。高校思政课对大学生进行的道德与法制教育，体现了国家培养时代新人的基本要求。

高校思政课与高中政治课的课程性质具有统一性。其一，体现在两者的课程地位上，其二，体现在两者的课程作用与课程任务上。由于两种课程所针对的不同学生群体的年龄与认知能力存在差异，所以两者的教学目标的层次与教学内容的广度、深度也会存在一些不同。但两门课程的性质的统一，为实现高校思政课与高中政治课的衔接提供了可行性。

（二）教学目标的一致性

在思想政治教育过程中，以实现思想政治教育的根本目的为长远目标，而为了实现此长远目标，需要教育者与受教育者长期协同努力。但是实现长远目标仍需经过层次分解，化为具体的阶段性目标。高校思政课与高中政治课属于思想政治教育过程中的不同阶段，不同阶段教学目标的设定需以实现思想政治教育的根本目标为基础。

高中生通过高中政治课的学习，初步形成了正确的世界观、人生观与价值观，对基本的社会现象逐渐具备一定的实践认知能力。但是，由于大部分的高中生年龄较小且缺乏社会经验，并且大多正处于青春叛逆阶段，思想道德修养方面仍然具有很大的可塑性，所以还需进一步加强这一方面的教育。大学生与中学生相比，无论是学识水平、思想道德修养方面，还是社会阅历均有大幅度的提升。因此，在不同教学阶段设立的教学目标具有阶段性与层次性，也体现了高校思政课的设立契合思想政治教育过程规律、学生成长成才规律与教育教学规律。在教学目标上，高校思政课程与高中政治课相比更加深入，但两者的总体目标具有一致性，即协同实现培养时代新人的任务。

高校思政课与高中政治课的教学目标是相互联系、相辅相成的有机统一体，思想政治教育目标的一致性有利于实现两个课程间的有效衔接。

（三）教学内容的连贯性

由于高校思政课与高中政治课的教学目标兼具阶段性、层次性特点，因而要求两者之间的教学内容有其连贯性。否则，当学生进入高校学习思政课时，可能会因缺少过渡而导致对该课程难以引起思想上的共鸣。

高中政治课主要是对我国当前的经济、政治、文化生活的介绍与引导，教学内容侧重于对基本政治概念知识的解读；而高校思政课则偏重于知识的系统逻辑性、时代性与前沿性。在教学内容上，高校思政课较高中政治课而言，其广度与深度有所拓展和延伸。但是两个课程的教学目标具有一致性，教学内容的连贯性是实现两门课程相互衔接的基础。

（四）教学方法的相似性

高校思政课与高中政治课的教学均以课堂教学为主、实践教学为辅。所以，两门课程的教学方法存在相似性。高中政治课的教学方法多以讲授法为主；高校思政课的教师同样以讲授法为主，高校的讲授法也包括讲述、讲解、讲演、讲评四种不同形式，一般高校的讲授法将讲述与讲解相互结合、交替使用。虽高校思政课与高中政治课的教学方法存在相似性，但两者教学方法的相似性也为课程之间的衔接提供了基础。

（五）教育阶段的连续性

根据学生年龄、认知思维能力的发展及身心发展的不同我国将教育划分为幼儿园、小学、初中、高中、大学等前后相连但各有侧重的教育阶段，前一教育学段教育活动的顺利达成为后一阶段有序教学工作的实施提供基础，后一教育阶段教育工作的有序推进又保障学生在前一教育学段的基础上实现更深层次的发展和提升。前后教育阶段表面来看是割裂开来的，实际各个教育阶段的教育目标、教育内容、教育方法等联系紧密。高中和大学分别从属于中等教育和高等教育，显然二者是前后连续的，高中阶段学习的顺利完成是步入大学的前提，大学的学习内容又与高中连通，是在高中学习的基础上引导学生将入耳、入脑的知识做到入心。两个教育阶段在时间上是无缝承接的，并没有发生断层或跳跃，这为二者的有效衔接提供了依托和基础。

（六）教育对象的特定性

教育对象是教育活动的主体，教育作为一种有目的的培养人的社会活动，只有在认真剖析、准确把握教育对象的基础上，才能真正达到教育的最终目的。同一阶段的教育对象在身心发展水平、认知水平、思维能力、接受能力等方面大体上一致，作为青年初期阶段的高中生在理智、道德、情感、社交方面还未达到成熟，随着第二信号系统作用的不断增强，与社会环境接触得越来越多，学生心理不断成熟。学生从高中步入大学时，在已经具备基本的思想政治知识和素养的基础上进行下一阶段的教育。面对特定的教育对象，要想将系统连续的知识传授给他们，高中、大学两个学段的紧密联系、相互配合显得尤为重要。教育对象的特定性也为高中与大学思想政治课程实现顺利的衔接提供了可能。

四、推进高中思想政治课与高校思政课程衔接的必要性

（一）推进思政课一体化建设的应有之义

随着课程改革的不断发展，思政课的一些问题逐渐显现出来，比如课程内容交叉倒置、课程方式创新性不强、不同学段之间教师缺乏交流沟通等，影响着思政课的实效性。新时代思政课的改革创新，要正确把握学段与全程的关系，做好课程衔接工作，统筹推进思政课一体化建设。

一方面，思政课作为实现立德树人根本任务的关键课程，要贯穿大中小学教育的全过程，细化落实到各个学段、各个环节。培养中国特色社会主义建设者和接班人，是新时代思政课建设的前进方向和奋斗目标，一体化建设作为思政课的总体布局，有利于推动思政课开启新一轮综合改革、实现内涵式发展。高中和大学每一阶段都是青少年学习生涯的重要阶段，具有重要的意义，因此，高中和大学思政课一体化建设是目标，思政课程衔接是实现一体化建设的路径。自改革开放以来，思政课为适应新时代的快速发展，与时俱进，思想政治教育体系也在不断完善，彰显着独特的育人价值。与此同时，在教学实践过程中也逐步显露出来一系列新问题：大学和高中思政课之间未能实现有效衔接，各个阶段思政课全程育人不足等。这就要求我们及时了解新情况、新变化和新要求，树立问题意识，完善思政课的顶层设计、优化思政课总体布局，实现思政课程资源跨学段合理流动，提升思政课程衔接有效性，助力思政课一体化建设，实现思政课内涵式发展。

另一方面，注重把握思政课的阶段性特征。在思政课一体化这一系统中，课

程衔接便是一个关键的要素。课程是否具有生命力，在一定程度上由教学决定，不同学段相互独立又相互作用，低学段为高学段的学习做坚实基础，高学段对低学段的学习进行巩固加深，高中和大学在课程目标、方法和对学生的能力培养等方面存在的断层，影响着思政课的整体质量。思政课伴随着学生学习成长的全过程，发挥着铸魂育人的重要作用。"十年树木，百年树人"，要落实培养人才的重要工作，就必须遵循学生的身心发展规律和教育教学规律，把握思政课的阶段性特征，树立系统性思维，循序渐进地进行教育教学，抓住不同学段课程衔接的关键点，优化配置思政课程内部各要素，实现课程各部分的功能最大化。要提升高中和大学思政课程衔接的有效性，发挥各个要素的协同作用，助力推动思政课一体化建设，为将思政课塑造成一个紧密联系的跨学段有机整体强基固本。

（二）有利于实现思想政治教育的根本任务

新时代思想政治教育的根本任务在于立德树人。高校思政课与高中政治课均为实现思想政治教育主要任务的关键一环，通过有效实现两者之间的良好衔接，不仅能够培育时代新人，而且能够真正落实立德树人的根本任务。

2019年习近平总书记在学校思想政治课理论课教师座谈会上强调，一定要推动思想政治理论课的改革创新，并且为思想政治理论课的改革创新提出了一系列的方法。高中政治课教学的良好实施能够为高校思政课的学习奠定良好的学习基础，只有两个课程做好衔接，课程的育人效果才能真正发挥。那么，为了实现思想政治教育立德树人的根本任务，促进高校思政课与高中政治课的有效衔接至关重要。

（三）有利于提高思想政治教育的实效性

高校思政课与高中政治课的衔接，有利于提高思想政治教育的实效性。高中政治课与高校思政课之间需要良性过渡，好比高中政治课属于文章的上篇部分，高校思政课属于文章的下篇部分。因此，只有做好两个课程间的衔接，高中阶段与高校阶段的思想政治教育才得以落实，进而提高思想政治教育的实效性。

当前，多数教师反映，对于其他学段教材熟悉程度不是很高；大量学生认为高校思政课教材与高中政治课的教材出现了很多内容重复的现象，导致他们对该课程的学习兴趣大大减弱。正因为当前高校思政课与高中政治课未进行有效的衔接，所以才导致此类问题频出，高中政治课的基础作用也未得到充分的发挥，继而进一步影响了高校思政课育人功能的展开与升华，同时也不利于我国思想政治教育实效性的提高。因此，应实现高校思政课与高中政治课的有效衔接，并且相应补充当下最新的时事政治，与其他相关科目的教学及其他德育工作相互配合，协同完成思想政治教育的总任务，提高各学段的思想政治教育实效性。

（四）有利于促进学生的德育发展

首先，高中政治课主要以未成年阶段的学生为教育对象，以促进学生的德育发展。学生学习该课程也不仅仅是为了通过理论考试，而是为了培育他们初步形成正确的"三观"。目前高中阶段的政治课也在进行不断改革，其目的是为了促进学生的德育发展。

其次，高校思政课理论传授主要是以马克思主义理论为主，较高中政治课的理论知识传授而言，其理论的难度、深度都更高。同时，此阶段德育的责任也更加重大，要求学生不仅要提高自身的理论素养，还要认识人类社会发展的规律。高校思政课不仅注重理论知识的教育，更加重视实现大学生的健康成长与全面发展，这也使教师契合教书育人的职能。

最后，不同学段的学生无论是他们的身心发展规律，还是他们对于知识的接受能力都是有所区别的，每个阶段各有其不同的特点。根据人的思想品德认识规律来看，人的思想品德形成发展需要不断地学习、实践，且呈螺旋上升式发展，应当把握学生不同学习阶段的特点促进学生的德育发展。因此，做好高校思政课与高中政治课的衔接有利于促进学生的德育发展。

五、高中思想政治课与高校思政课程衔接的问题

（一）目标衔接缺乏一体化的宏观规划

第一，"铁路警察，各管一段"。高中思想政治课程教学目标是由基础教育管理部门所制定的，大学则由高等教育主管部门制定，这种各自为政的分散管理方式，加之缺乏交流、沟通和合作，必然会导致目标衔接上出现层次不清、相互脱离的情况。

第二，"唯分数""唯升学"现象难以扭转。高中与大学阶段思想政治教育目标在衔接过程中的具体落实和实施情况并不理想，高中思想政治课围绕高考开展教学，偏重知识的掌握，对于道德、情感、价值观的教育培养相对较弱。余立就曾经在对大、中、小学教育衔接的实践研究基础上指出，在大学中暴露出的教育

衔接的诸多问题，并非大学教育的缺陷，而是中小学教育的"后遗症"[1]。应试教育"唯分数""唯升学"的长期影响，阻碍了思想政治教育三维目标的贯彻落实，几乎所有目标都让步于高考。知识目标的达成获得了最大的关注和最多的投入，使得过程与方法、情感态度和价值观这两个目标比重失衡、成效偏颇，目标衔接上出现断层、脱节现象。

第三，忽视了目标衔接的动态性。目标是动态的规范，随着学生年龄、知识、经验、意识、思想水平的提高而提高。这种提高总是前后衔接、承前启后的，所以才能构成序列。此为目标衔接内在逻辑的动态性，而在外部环境方面，目标衔接又是学校、家庭、社会三管齐下的联动，这就决定了其外部联系的动态性。新时代大学和高中思想政治教育目标衔接的内外部环境都发生了剧烈的变动，目标衔接必须适时调整、及时革新，才能适应新时代学生思想政治教育的需求。

完整的思想政治教育目标衔接体系缺一不可，中学是关键，大学是升华和实践化。要构建完整的思想政治教育目标衔接体系大厦，就必须一砖一瓦，注意垒砌，总体衔接目标一以贯之，学段衔接目标各有侧重，年级目标衔接具体明确，衔接过程情意兼顾、知行统一。

（二）教材衔接缺乏整体性的内容安排

教材是国家事权，"十三五"期间以习近平同志为核心的党中央高度重视教材建设，为了加强党对教材工作的全面领导，不仅专门成立了高规格的国家教材委员会，而且教育部还新组建了教材局以规划和管理教材体系，对新课程教材体系进行全流程把关。

"十四五"国家教育事业发展规划正处于紧锣密鼓的编制阶段，如何科学编制和部署好教材体系，对于推动我国教育事业走向更高质量、更优效率、更加公平、更可持续发展的中国特色社会主义道路具有重要的意义。

然而，就思想政治教育系列教材而言，其衔接和内容安排的整体性方面仍有待完善。

高等教育教材紧跟学术前沿，积极探索推进党的理论创新成果融入学科专业教材中的有效路径，但是目前教育部负责的 96 种工程重点教材，投入使用的仅占三分之二，仍有三分之一处于编写和审核阶段。

另外，在一些特殊地区，比如民族地区、贫困地区，这些地区囿于条件和资源的限制，在思想政治教育各阶段的衔接上，既有切实的特殊需求，但又缺乏相

---

[1] 余立.教育衔接若干问题研究[M].上海：同济大学出版社，2003.

应的整体性内容规划和衔接,这就需要有关教育部门针对这些特殊地区组织专家和相关出版单位研发一批更具针对性的教育资源。

思想政治教育教材的另一个重要组成部分之一,就是数字教材。根据国家"十四五"规划和教育部《2020年教育信息化和网络安全工作要点》,"十四五"期间不仅启动了教育信息化的规划编制工作,而且将"互联网+"上升到国家战略的地位。2019年,《中国教育现代化2035》提出了推进教育现代化的总目标,指出加快信息化时代教育变革是面向教育现代化的战略任务之一。数字教材的开发、编订、评审、安全标准等问题,不仅有政策研究的需要,更具备理论和实践上的迫切需要,加上疫情防控期间国内"停课不停学"的教育实践,数字教材业已引起教育部门的足够重视且已投入系统、深入的整体性研究,但是思想政治教育相应数字教材资源的整体性开发设计和运用,仍有相当长的道路要走。

新时代新形势,教材工作格局正在发生历史性的变化,借此契机,思想政治教育系列教材统编、统审、统用工作更应该创新教材工作体制机制,推动思政教材"五大体系"建设,即创新思想政治教育教材领导体制和工作体系,构建思政教育规划管理制度体系、把关思政教育教材运行体系、完善思政教育教材保障体系,最终形成合理完备的新时代思想政治课程教材新系统。

(三)教师衔接意识的薄弱

一是教师的衔接意识不强。大部分的高校思政课教师,无论是经验丰富的老教师,还是新教师,他们对高校思政课与高中政治课衔接的关注程度还不够高。大部分教师的衔接意识较为薄弱,对另一方教材内容的了解程度也不是很高,部分高校思政课教师对高中政治课的必修、选修全称也不是非常清楚。而且部分经验丰富的高校思政课教师对高中政治课的教材并没有进行深入的研究分析,只是进行了简单的泛读,只有极少数经验丰富的高校思政课教师对高中政治课的相关教材进行了研究性的阅读(精读)。

二是教师的衔接意识滞后。大部分的教师对课程衔接的认识还不足。部分高中政治课教师依旧注重传统的灌输式教学,对学生的政治素质培养并未引起充分的重视;还有一部分高校思政课教师,未及时随着教材的更新而备课,导致部分教师对新增的知识点未及时进行扩充和更新,出现了一套老教案用很多年的现象。

三是教师对课程衔接的主动性及研究不足。"课程衔接"这一概念对于大多数高校思政课与高中政治课教师来说,暂时未能引起他们的充分重视,由于"课程衔接"相关概念未完全普及,导致了两个课程的教师在教学的过程中,很少将衔接理念融合进去。其一，由于教师的衔接意识不够且衔接理念滞后，造成了教师在授课过程中忽略课程衔接的问题。高校思政课教师与高中政治课教师互相研究对方教学方法的人数较少。以高校思政课教师为主要调查对象，发现他们对高中政治课全套教材（包括必修与选修）的研究还不够充分。因此，可以发现教师对高校思政课与高中政治课的衔接问题主动性不足，多数教师甚少主动去钻研对方课程教材的内容及教学方法，这样的问题其实是普遍存在的。其二，前期关于课程衔接的相关研究表明，虽然相关学者对于课程衔接的研究取得了一定的成果，但研究还不够深入，有待进一步加强相关研究成果。

（四）教学方法与教学设计的笼统

高校思政课与高中政治课在教学方法与教学设计方面的衔接出现了一些问题。主要问题是教学方法与教学设计过于笼统，具体体现在教学方法笼统缺乏创新性与教学设计笼统缺乏针对性。

其一，教学方法笼统缺乏创新性。长期以来，人们把教学方法片面理解为仅包含"教"的方法，而忽略了学生学习的方法。高中政治课作为高中学习阶段的主科课程，要求全体学生必须进行学习。通过研究发现，部分高中课堂中的教师的教学方法主要以讲授法为主。而其他教学方法，如讨论法、案例教学法、实践教学法等由于部分原因，较少得以体现，创新则更是难上加难。多数高中政治课教师以教材、教学辅导书、考试大纲为主，由于课时有限且教学进度过快，教师也较少使用网络教学与多媒体教学。基于此，若此类问题继续存在，学生就难以提高学习高中政治课的兴趣。高校思政课教学方法的选择较高中阶段而言更为多样化。随着教师与学生能力素养的进一步提高，同时也为了更好地响应我国思想政治教育改革的号召，教师不断地对新的教学方法进行探索。随着国家对思想政治教育的进一步重视，学生的基础更加良好。当前，高校思政课的教师需根据每学期的授课计划进行授课，通过学生对高校思政课的看法可知，高校思政课教师在课堂上教学方法多以讲授法为主，辅以多媒体课件等手段教学。多媒体教学好处良多，但若过分依赖于此手段，同样也会带来一些消极影响。例如高校思政课的课堂学习过程中，学生主要以观看多媒体课件为主，那么，学生对知识的理解记忆就会仅停留在表层，不能深入钻研，随着本堂课的多媒体课件的放映结束，部分学生甚至摸不清本堂课所学习的主要内容。部分高校思政课教师对多媒体课件具有依赖性，难以钻研其他的教学方法与技巧，致使学生难以提高学习积极性。虽然高校思政课较高中政治课而言，教学方式有所改进，但主要教学方法的选用差别并不是很大。其他教学方法甚少发挥实际作用。若两个学段的教学方法的选用没有实现衔接,那么两个课程的衔接就会难上加难。

其二,教学设计笼统缺乏针对性。高中政治课的新课程理念要求,教师的教学设计需要做到真正地"面向学生",且强调学生各方面素质的提高,要求教师教学的设计需要与学生的心理发展特点相对应,并且鼓励教师综合运用多种教学方法。而部分高中政治课教师的教学设计依然较为单一,致使课程的讲解方式同样非常单一。因此,高中政治课的教学设计应当需要体现生活化、尊重主体差异性等特点。

部分学生在学习高校思政课时,同样认为授课教师的教学设计非常单一。由于高校思政课教学内容较高中政治课教学内容而言,与社会变化发展更加息息相关而且更加贴近学生的现实生活,而随着大学生知识面与视野的进一步扩展,学生将进一步关注与重视社会时政热点问题,因此,高校思政课教学设计不能仅仅体现教材的知识。若教师的教学设计仅仅以教材内容的呈现为主,甚少进一步研究与关注学生的实际需要,教师教学设计的单一将会导致枯燥的理论堆砌教学,学生在课堂上缺乏主动学习与探究的精神,学生对高校思政课的学习兴趣将会大打折扣,两个课程同样难以实现有效衔接。

六、高中思想政治课与高校思政课程衔接的优化路径

(一)突出德育关键地位,促进德育工作专业化

现阶段要想实现高中思想政治课与高校思想政治理论课的顺利衔接,深化德育改革、提升德育地位是重中之重。针对现阶段重智轻德的应试教育弊端,必须整体推进德育工作建设,为思政课程衔接提供保障。

1.深化德育改革,加强德育课程建设力度

(1)改进考核方式,优化人才选拔机制

以分数作为唯一人才选拔的依据是我国长期发展以来最普遍的考核方式,道德品质的优劣似乎在中、高考面前微乎其微。正是这种以拿高分才是王道的人才选拔机制导致学校、家长甚至社会都只抓智育、忽视德育,每年对中高考状元的大肆宣传正是其表现。因此,教育部门应建立除注重智育发展外学生德、体、美、劳共同发展的教育政策,中高考对人才选拔时不仅要关注分数,同时要考查学生道德品质、心理素质、政治素养等方面的表现,重点考查学生运用所学知识分析问题与解决问题的能力。要宣传真正德才兼备的优秀学生,不可片面化只看成绩,

忽视品德。在试题的设置上应注重与现实情境的联系，增加探究型、应用型、综合型试题。这样才能真正培养出社会所需要的高质量人才。

（2）完善课程体系，加强德育课程建设

依照新课改和素质教育的基本理念，德育课程在进行马克思主义最新成果教育时，也要重视学生理想教育、信念教育、道德教育等方面的课程内容，依托课程载体、生活载体、实践载体进行内容正确、思想深刻、形式活泼的思想政治教育，结合地方特色开展心理健康教育、生命安全教育及法制教育，不断形成内容涵盖齐全、教育方式多样、学习过程愉快轻松的德育课程体系。同时要研制每本思政课教材详细的教学指南和与之相配套的课件供教师参考学习，积极构建"思政课程＋课程思政"同心同向发展的大格局，积极挖掘其他各学科德育素材，同时与日常思想政治教育相配合，构建全面同向的德育课程体系。

2. 明确德育地位，加强德育教师队伍建设

（1）健全工作制度，落实学校主体责任

建立学校党委、校长带头抓思政课建设的工作制度是保障德育工作顺利实施的保障。落实学校主体责任，学校应建立一套分工具体、职责明确、举措合理的德育工作机制，把德育贯穿于教育、管理、后勤等各个领域，让各部门、各教育主体各司其职、各尽其能。党委书记、校长作为第一责任人，要带头重视德育课程、走进德育课堂、讲好德育故事、做好品德示范。积极引导学校领导干部带好头，理论课教师讲好课、日常实践活动显深意、各科课程明德意，同时积极创设文明示范校园，开展健康向上、高雅脱俗、形式多样的校园文化活动。实现对学生从课内到课外、从知识到素质、从感性到理性的全面引导、提升，既有惊涛拍岸的声势又要注重"润物细无声"的巧妙，打好提升德育地位、提高德育实效的组合拳。

（2）组织培训研修，提升德育教师素养

要想德育工作达到塑造学生高尚品德和健全人格的目的，德育教师的专业素质、人格作风等都会通过潜移默化的方式影响着学生的品德培育，只有传道授业解惑者先明道、有道、信道，才能真正成为中国特色社会主义先进思想的传播者、中国共产党坚定的拥护者、学生高尚品德的塑造者。因此提升德育教师素养就成为提升德育质量的重要一步。首先，中央或地方党校应面向德育教师举办学习习近平新时代中国特色社会主义思想的专题研修班，提升教师理论功底和政治素养；其次，适时开展德育相关知识竞赛活动，促进教师对国家政策文件、最新德育教育前沿动态的及时了解和学习，让教师在学习交流中不断汲取养分、更新思想；

再次，学校应定期开展德育课程教学评比大赛，让德育教师通过竞赛机制，不断提高优化自己的教学技能；最后，学校应建立完善、全面的德育培训体系，定期、定点组织培训，力争建立一支思想觉悟高、教学技能过硬、忠于教育事业的德育教师队伍。

3. 重视德育评价，丰富、优化德育评价方法

高中思想政治课与高校思想政治理论课同作为旨在培养学生意识形态领域思想政治素养的立德树人的课程，如果仅仅盯住分数下结论、依靠教师下定论，势必无法科学认识这一课程的真正价值所在。建立多元评价体系是真正把学生作为学习主体的要求和体现，既要做到学生自评、小组互评、教师参评相配合，又要注重诊断性评价、过程性评价、结果性评价相结合，还要重视成绩测试、品行评定、心理素质等个体素质发展的全兼顾。只有采取多元化的评价体系，遵循智育和德育两手都要抓、两手都要硬的评价原则，高中与高校两阶段的思想政治教育衔接才会更顺利。

（二）实现教学目标的层次化

实现高校思政课与高中政治课的教学目标层次化，不仅有利于教学目标的整体规划，体现教学的全面性，而且有利于体现不同学段教学的层次性。

1. 规划总体性与阶段性教学目标

高校思政课与高中政治课教学目标的设立应逐层定位，既突出总体课程目标，又要促使不同阶段性目标呈现出逐步深化和递进的态势，促进课程的衔接。那么，高校思政课与高中政治课教学目标需要统筹规划。

一要注重教学目标总体性规划，体现其全面性。教学目标主要以知识、能力、情感态度及价值观这三个维度为主，实现教学目标的全面性即三个维度的教学目标相辅相成、相互促进。其一，设计知识目标。学生在学习的过程中，知识的积累呈螺旋上升的趋势，对于知识点的把握程度从认识到了解也在循序渐进地发展。其二，设计能力目标。高校思政课以高中政治课为基础，在此基础之上目标需呈现由浅入深、由低到高的发展趋势。其三，设计情感态度及价值观目标。通过对相关知识点的学习，教师应引导学生，在掌握理论知识的基础之上，情感态度与价值观方面应进一步发展。不仅使学生掌握基本知识，而且使学生能在学习的过程中形成正确的价值观。教学目标的实现不仅靠对知识的把握程度来体现，还需真正体现在教学过程中注重能力、价值观等方面的培养，无论是高校思政课还是高中政治课应整体规划教学目标，力促双方课程实现衔接。

二要着力教学目标的阶段性规划，体现其层次性。高校思政课与高中政治课教学总体目标相一致，但它们的阶段性目标有所差异。总体目标都是为了将学生培养为符合时代之需的时代新人。高校思政课与高中政治课的总体教学目标具有一致性，但由于高中与高校的学生认知能力与身心发展水平的不同，使得教学目标的设定不能过于笼统，应充分考虑其层次性。因此，国家教育部门在规划制定教学目标的同时，应考虑到思想政治教育的层次性与兼顾性，教学目标的设定应考虑到高中与高校的衔接。优先高中阶段落实层次性建设，为高校阶段的思政教育层次性建设作铺垫，提升思想政治教育的效果，促进高中政治课与高校思政课的有效衔接，进一步提高学生的思想道德水平。

2. 设立实践性的教学目标

教学的目标是教学活动的出发点与归宿点，教学目标突出其实践性是促进课程衔接的内在要求与持久动力。高中政治课主要的教学目标是让学生形成正确的"三观"，学生能够对社会所出现的各种现象有基本的认识与判断，并且为学生奠定良好的思想政治素质基础；而高校思政课，基于学生的现实发展问题而言，理论性与实践性进一步加强，因此，在教学目标设立时，要突出其实践性。

一方面，随着学生思想上的不断成熟，面对的问题与困惑来源于现实生活。因此，不能仅仅依赖理论方式解决而需引入实践。高中政治课与高校思政课的教学目标规划应充分突出实践性，不仅要求学生明事理，更重要的是进一步深化培养实践能力的要求，使学生能够运用所学理论知识解决生活面临的现实问题，在教学过程中也能教育学生了解与关注社会，为学生今后走入社会打下坚实基础。

另一方面，高校思政课与高中政治课教学目标应针对教育主体而精准规划，从而对教育主体施加有影响的思想政治教育，提高教育的实效性，引导学生在学习知识的同时进行相应的思考，全面提高学生的思想道德素质，从而促进他们的全面发展。

（三）统筹编写教材内容，加强教材体系建设

教材作为教师执教的依据和学生学习的依据，是系统知识理论的重要载体。教材的内容关系国家教育目标的实现、学校培养目标的达成、学生知识能力的养成。针对现阶段教材所存在的问题，必须不断提高思想政治理论课教材的科学性与针对性，更好地为思想政治教育服务。

1. 遵循编写原则，提高教材质量

（1）方向性与科学性相统一

思想政治理论课教材承载着党的教育方针和教育思想，教材意识形态属性强，是国家意志和社会主义核心价值观的集中体现，因此，教材的编写应在课程标准的基础上，正确处理思想性与知识性的关系，要注重凸显正确的方向引领，落实政治学科核心素养，教材内容既要科学准确地表述所涉及的有关马克思主义基本教育理论，又要契合青少年的成长特点。

（2）整体性与层次性相统一

为了思想政治内容在各个教育阶段实现完整有序的呈现，更好地为立德树人这一根本任务及学生成长发展服务，大、中、小思想政治教材的编写应由同一部门统一组织编写，统筹教材建设，整体制定教材规划，实现我国大、中、小学教材统编、统审、统用，保持各学段教材总体目标的高度一致及各学段教材内容的循序渐进、层层递进，实现教材内容在不同阶段目标指向一致的情况下难易有别、深浅有度、各有侧重。

（3）发展性与稳定性相统一

教材内容应随着我国政治、经济制度的发展变革不断更新，在教材中要及时融入马克思主义中国化的最新理论成果、中国特色社会主义建设的最新经验、国际国内发展变化的最新动态。符合新时代、新环境下学生不断发展变化的认知追求和情感需要，保持教材内容与时俱进。与此同时，要确保教材始终突出立德树人的根本任务，将社会主义核心价值观作为根本价值标准，在变中求不变，以不变应万变，掌控好意识形态领域的风向标。

2. 把握三个注重，合理设计教学目标

（1）教学目标应注重整体性

教育目标的设计应立足我国德育总目标，从整体出发，纵观大、中、小学生不同的发展特点，统筹规划各学段教学目标。教学目标的设计不仅要关注通过本学段教育期望学生在思想、知识层面达到的目标，而且要立足学生终身发展，考虑相邻两学段德育目标的合理梯次推进，结合不同年龄阶段学生的实际情况，在我国德育目标的总指挥下规划各阶段应当达成的目标，确保德育目标的一致性、连贯性，保证大、中、小德育教学目标一以贯之，最终实现德育教育的总目标。

（2）教学目标应注重层次性

遵循学生的成长规律和教育规律是设计编写教学目标的基本要求，做到各阶段学习内容各有侧重、层次梯度分明，以便学生扎实掌握本阶段内容，为下阶段更高水平的发展打下良好基础。高中阶段的德育目标要根据他们的发展需要着重培养其爱家、爱校、爱国的主人翁意识，而大学阶段的学生，应以培养他们正确的世界观、人生观、价值观为重点，引导他们立志成才。因此，不能站在德育总目标的高度来指导具体某一学段的教学，逐层深入、循序渐进的教学目标在促进两学段德育衔接中异常关键。

（3）教学目标应注重具体化

教学目标作为指导、调控、评价教学过程的重要衡量指标，必须具备较强的操作性。不同教师对教学目标有不同的理解，相应带来的是面对同样的教学内容其教授的侧重点也有所差别，最终造成学生德育发展良莠不齐，因此教学目标应具有可操作性，拒绝"假、大、空"的表述，要明确指出通过本节课的学习，学生应在知识、能力、情感态度价值观、核心素养等方面要达到哪个层次水平，这样才能确保各个阶段学生普遍具备国家所要求的个人品质素养，最终达到德育总目标。

3. 重视教材内容编写，加强内容衔接

德育教材是国家事权，因此教材内容编写应在教育部的统领下，成立大、中、小学德育教材编写小组，小组成员除了大、中、小学的学科知名专家、优秀教研员参与编写之外，还应听取一线教师、家长代表、不同学段学生的意见，做到统筹兼顾，多方人员共同参与交流研讨，从而更好地了解教材使用者的诉求，实现各学段教材内容的整体规划，做到教材内容的有机衔接贯通和合理梯度推进，更好地实现两学段思想政治教育的衔接。

认知阶段理论认为人的认知遵循由简单到复杂、由具体到抽象的规律，因此教材内容为了更好地被学习者理解吸收，在编写过程中应注重教材内容的渐进性。要适量删减大学教材中与高中政治知识中简单无意义重复的内容和中学教材中过于抽象复杂的内容，关注学生的最近发展区，避免学生因内容重复或抽象乏味形成对思政课厌倦、排斥的心理，做到中学与大学教材内容难度逐层递增、理论知识不断深化，更好地适应学生的发展特点，促进学生思想道德知识与素养螺旋式上升。

（四）教师树立衔接意识，不断提升育人水平

1. 加强教师的课程衔接意识

高校思政课与高中政治课教师应该共同以促进学生的全面发展作为教学的主要目标，协同探讨熟悉并了解对方课程的教学情况。两个课程的教师在教学实施的过程中,针对不同阶段的学生具体实施教学,使两个课程的衔接呈现出阶段性、层次性的特点。因此,树立与培养教师的课程衔接意识尤为重要。首先,通过校间的沟通协作,促进教师之间相互交流等,理论的交流与思想的碰撞能够有效地唤醒教师的课程衔接意识,并且促进教师的衔接意识的形成;其次,高校思政课教师与高中政治课教师,双方通过深入了解对方的课堂教学情况,能够系统了解相互的教学的主要内容,如高校思政课教师通过相互的沟通,能够了解高中政治课教师是如何备课、如何讲课的,教学是否规范,教师自身素质是否达标,讲解理论的深浅程度,对学生考核的主要方式等问题,如果两个学段的教师能够彼此深入了解教学过程,通过交流与学习的过程,不断地探讨与反思以促进衔接意识的进一步培养,他们就能够积极探讨促进课程衔接的方法;最后,教师在沟通交流过程中,将学生的理解能力和接受程度纳入交流讨论的范围,高校思政课教师通过与高中政治课教师的沟通与交流,能够了解高中政治课堂上学生的学习状况,如学生对高中政治课的基本看法、学习态度,以及知识的掌握程度,那么,高校思政课教师了解此类教学情况,能够对学生的学习情况有一个大概的预估,便于他们能够更好地确定一个教学起点,这对高校思政课的教学而言是非常有益的,不仅能够有效避免部分知识点的重复灌输,而且两个课程的教师通过交流与学习,也能够基于课程衔接的角度来反思自身的教学。

2. 关注学生心理,引导中、大学生顺利转变

(1) 剖析学生,关注学生心理动态

高中政治课与高校思想政治课衔接的最终目的是促进学生品德素质连续、顺利地发展与养成,因此剖析学生心理,了解接受主体的认知、思维特点是实现这一目标的重要前提。高中阶段学生的道德感、理智感、美感都有了深刻的发展,学生往往愿意接受与自己观念相一致的信息,因此教师要重视与学生心理相融,改变灌输式的单方面知识传授,代之以平等和谐的对话交流,让学生自主自愿地接受课程内容,将理论知识内化于心、外化于行。同时,教师要重视高中生进入大学前的心理准备教育,让学生提前了解大学的学习模式,为进入大学做好充分的心理准备和学习准备。同样的,大学也要注重大一新生的适应教育,结束高中生活的新生刚刚步入大学,在角色转化和生活学习方式上很难快速调整,因此,高校应加强对新生的关怀与帮扶,帮助新生明确大学课程的学习特点、学习内容、学习方法,使学生快速调整自己并投入学习,为思想政治教育的顺利衔接提供保障。

（2）更新理念，重视生本课堂建立

"一切为了每一位学生的发展"作为新课改的核心理念要求我们进行教育活动时首先要注重学生的个体发展，学生是具有独立意义的人。课堂作为学生学习的主要阵地，教师应更新教育理念，改变课堂过于注重知识传授的错误倾向，在建构主义学习理论的指导下把课堂交给学生，为学生营造适于思考、便于探究的学习情境，鼓励学生敢于质疑教师观点、敢于分享自己想法，启发、引导学生发展创新性思维，培养学生自立、自为、自律的学习习惯，使学生在课堂中获得基础知识和基本技能的同时学会学习和形成正确的价值观，使课堂成为学生进行主动、自觉、自愿学习的场所，真正实现课堂从"育分"回归"育人"本位。

3. 提升专业素养，构建学科专业格局

（1）认真负责，完善德育工作资源库

大学相较于中学拥有更优质的教学资源、掌握更前端的教学理论、了解更深层的教学研究，如何使这些教学资源得到最大化利用，这就需要中学教师与大学教师加强协作，利用网络平台建立并完善德育工作资源库，实时将自己所使用的教材电子版、最新素材、优质课件及教学音频和视频上传到资源库中，搜集整理国家级、省级、校级名师名课，不断提高课程资源的有效供给能力。同时也要学习资源库中其他教师在任课过程中的所教所想，不断更新资源库知识，了解不同学段教师和学生"教"与"学"的现状及动态，提高自身的思想政治教学理论与实践水平，更好完成德育的教学与衔接工作。

（2）紧随时代，创新育人方式方法

育人方式方法直接关系到课堂教学的成效及学生获取知识的多少，新时代应贯彻"八个统一"，一方面教学方式和学习方式应遵循素质教育和新课改的理念，要求教师要启发式地引导、学会赏识教育，倡导学生要进行自主学习、合作学习、探究学习，正确处理教师主导与学生主体的关系，改变传统教师一言堂、学生一记到底的说教模式；另一方面，随着现代信息技术的高速发展，"互联网＋德育"不失为一种助力学校思政教育的可用方法，教师应积极打造"线上＋线下"立体式教学模式，开设思政课公众号，以视频、音频、图片、文字等形式及时推送与当天课程内容有关的知识作为补充和拓展，通过知育云管理平台引导学生良好行为习惯的养成及品德素质的提升。应紧随时代，创新育人方式方法，推进新时期思政课的守正与创新。

第三节 "八个相统一"视阈下的高校思政课程的现状研究

一、"八个相统一"的相关内容

(一)提出的时代背景

党的十九大报告中提出:"经过长期努力,中国特色社会主义进入了新时代,这是我国发展新的历史方位。"[①] 新时代的中国成为世界第二大经济体,如期打赢了脱贫攻坚战,承受住了新冠疫情的考验,迎来了"十四五"的开局,比历史上任何时候都更接近伟大复兴的中国梦。"我国处于近代以来最好的发展时期,世界处于百年未有之大变局,两者同步交织、相互激荡。"[②] 处于"大变局"环境中的中国,在意识形态领域更是面临着严峻的挑战。一方面,"变"意味着当今世界的不确定性和不稳定性在增加,对于中国而言,大变局时期面临的是巨大的危机与挑战;另一方面,"变"也意味着伴随世界的发展趋势逐步加快,世界格局出现了大的调整,是当今中国的发展机遇期。

首先是国际力量对比有所变化,以中国为代表的发展中国家和新兴市场国家呈现出群体性崛起的态势。随着中国成为世界第二大经济体,让习惯于"一家独大"的美国打破了以往对中国形成的错误认知,开始将目光投向崛起的中国。

其次是由世界格局的变化引发的全球秩序有了新一步的调整,世界权力的分布从发达资本主义国家向发展中国家转移,"一超多强"的单极世界转向了"协同共治"的多极世界,中国迎来了世界的瞩目。中国秉持着不扩张、不称霸、不结盟的政策,希望寻求全球的共同发展,但是美国仍把中国作为最大的竞争对手,也让中国随之成为各项竞争的"主战场"之一,特别是以美国为首的西方国家在意识形态领域等方面对我国进行的渗透、破坏,让中国的意识形态安全面临着严峻挑战。

在过去的三百多年时间里,从不发达社会跨入发达社会的过程中,现代化是必经之路和目标,但是人们通常认为只有资本主义道路才能实现这一目标,而在苏联解体后,中国作为世界上最大的发展中的社会主义国家,却用几十年就走

---

① 习近平.决胜全面建成小康社会 夺取新时代中国特色社会主义伟大胜利——在中国共产党第十九次全国代表大会上的报告[N].人民日报,2017-10-28(1-5).
② 坚持以新时代中国特色社会主义外交思想为指导 努力开创中国特色大国外交新局面[N].人民日报,2018-06-24(01).

完了发达国家几百年走过的工业化历程，建立起了独立、完整的工业体系和国民经济体系，创造了举世瞩目的发展奇迹。一方面，中国特色社会主义现代化的发展模式表明了西方现代化道路并非人类通向现代化的唯一道路，"中国发展模式"给世界上那些既希望加快发展又希望保持自身独立性的国家和民族提供了一种全新的选择。另一方面，中国在新形势下也面临着挑战，以美国为首的西方国家企图用西方主导的制度模式和价值观念来改造不同于西方资本主义制度的国家，最终实现制度一体化、文化价值一体化。特别是西方发达资本主义国家借由经济全球化的渠道在大力输出蕴含西方资本主义世界观、人生观、价值观的影视音作品、图书信息、新闻媒体等文化产品进入我国市场，这些文化产品尤其受青少年喜爱，大学生在消费这些文化产品的同时，所接收到的不仅是作为商品的文化产品的使用价值，在思想意识层面更加容易被作品中呈现出的西方国家物质富有、生活奢靡、个人自由等景象所迷惑，随之拜金主义、享乐主义等意识会在心里开始萌芽，严重者会对自己的国家发展和民族文化产生怀疑。越是这个时候，越是要将马克思主义理论作为强大的思想武器，坚守住中国特色社会主义意识形态的主阵地。

当前我国处于"两个百年"的交汇期，面临着极为复杂的新任务与新挑战，教育是牵一发而动全身的关键领域，没有教育就无法实现科教兴国，没有将科学技术服务于自己国家和民族的人才，就会在科技上受制于人，也就带动不起来经济的腾飞和改革的发展、稳定。新时代的青年学生是中华民族实现伟大复兴的主力军，大学阶段是学知识、长本领、塑"三观"的重要时期，在高校意识形态的工作中，高校思想政治理论课作为意识形态的前沿阵地，任何环节出问题，都会影响到大局。因此，思想政治理论课在新时代的新形势下，更加肩负着对大学生进行思想引领的艰巨任务，从源头让学生树立起正确的价值观念，帮助学生明确人生的价值选择和价值追求，激励学生把学习的具体目标同民族复兴的宏大目标结合起来，具有攻坚克难的勇气，将学习的具体知识、技术发明、科学创造服务于国家和民族的伟大复兴事业中，把小我融入大我，只有这样，才会有海一样的胸怀、山一样的崇高。

（二）具体内容标准

"八个相统一"是指思政课教学要"坚持政治性和学理性相统一；坚持价值性和知识性相统一；坚持建设性和批判性相统一；坚持理论性和实践性相统一；坚持统一性和多样性相统一；坚持主导性和主体性相统一；坚持灌输性和启发性

相统一；坚持显性教育和隐性教育相统一"[1]。这"八个相统一"既有对教学内容、教学呈现的要求，又有对教学组织、教学方法的要求，还蕴含着对教师理论水平、教学能力和教学艺术的要求，这些要求都是对教学供给端的要求，其最终目的都是提高思政课教学质量，以增强其对需求端的吸引力、感染力和实效性。

（三）内在逻辑顺序

抛开"八个相统一"本身的逻辑来看，主要蕴含着三个逻辑层面，分别是思政课程教育的理论、思政课程教育思想的原则、思政课程教学方法的理论。在这三个层次的逻辑关系中，思政课程教育的理论是其主要的灵魂和关键的核心地位，而思政课程教育思想的原则与思政课程教学方法的理论，是为了更好地贯彻落实思政教育课实施的原则与方法。这种内在逻辑最大的作用，就是结合新时代教育背景，对高校有更多启示，进而发展对思政课程的教育改革及思政课程的创新建设。

二、高校思想政治理论课教学坚持"八个相统一"的必要性

（一）"八个相统一"明确了高校思政课教学的目标要求

高校思想政治理论课是一个完整而有序的课程体系，涵盖着哲学、经济、道德、法律、历史等多个方面的内容，但是贯穿课程的核心就是政治性，不论是讲授理论知识还是进行价值引领都必须坚持正确的政治导向，也就是从理论逻辑到实践依据梳理清楚马克思列宁主义、毛泽东思想和中国特色社会主义理论体系这一脉相承的理论体系，从知识体系到情感价值培育大学生责任和担当意识，做到心怀人民、心怀祖国和民族的发展。

"八个相统一"要求高校思想政治理论课教学要坚持用学理的态度和科学的原则、方法对理论知识进行讲授，增强课程内容的指导性和适用性，提升教学的价值引导作用，培养大学生自觉运用马克思主义的方法论指导行为实践，这是落实立德树人根本任务，在新时代办好高校思想政治理论课的目标要求。教师在授课过程中应始终坚持用马克思主义的基本原理来贯穿理论知识的讲授，根据具体的教学内容的需要，有选择性地将党在不同历史时期如何将马克思主义进行中国化、时代化的创造过程穿插进去，让学生感受到马克思主义的理论是经过现实与

---

[1] 习近平：用新时代中国特色社会主义思想铸魂育人　贯彻党的教育方针落实立德树人根本任务 [N]. 人民日报，2019-03-19（01）.

实践检验的,并在与中国实际结合的过程中实现了伟大的历史性飞跃。通过讲授这一脉相承的理论体系让大学生明白,中国共产党是经历过实践检验的,走在时代前列的、永葆先进性、纯洁性的马克思主义政党,自成立之日起,中国共产党就把马克思主义写在了党的旗帜上高高飘扬,马克思主义代表的是最广大人民的根本利益,所追求的理想是实现共同富裕的共产主义社会,而我们党的价值追求也正是如此,从"五四宪法"到"八二宪法",党和政府以根本大法的形式明确地规定了中华人民共和国的一切权力属于人民,同时将人民代表大会作为我国的最高权力机关,这是从法律到制度双重层面肯定了人民是国家的主人,也是我国坚持人民的主体性地位的铁证。那么,"培养什么人"就是教育需要解决的首要问题,思想政治理论课需要培养的是为社会主义事业、为民族复兴伟业而奋斗和奉献的人。疫情以来,党员同志冲锋在前,医疗志愿者中涌现出很多"90后"的面孔;脱贫攻坚也是党员披荆斩棘,很多大学生村官深入基层,克服难以想象的种种困难。他们都是拥有着崇高政治信仰的人,这些鲜活的事例就是印证思想政治理论课价值的最好的证明,为了继续培养一代代这样的青年,就需要思想政治理论课将政治与学理、价值与知识、理论与实践完美融合,让大学生从心底里信任中国共产党、热爱中国特色社会主义事业,在理论知识的学习中坚定要为祖国实现伟大复兴的梦想作出自己的贡献的信念。

(二)"八个相统一"揭示了高校思政课教学的内在规律

"八个相统一"的八个方面既包含着对我国思想政治教育规律的系统总结,也包含着优秀教育思想中教书育人规律及对大学生的成长成才特点规律的把握。"八个相统一"在总结规律的基础上,有针对性地对思想政治理论课教学提出了要求,在课程建设原则和教学目标上要求思想政治理论课做到坚持政治立场,讲有学理逻辑的政治理论,教学内容要以传播理论知识为主要载体,既有正面的理论知识教育,也有对错误思潮和现象的批判,最终实现马克思主义理论的价值引领作用,在教学过程中坚持统一的教学目标和课程设置,构建以学生为中心的新型课堂,因地、因时、因人制宜地丰富和创新教学方法、手段,真正从大学生实际需求出发,调动各方力量,发挥隐性教育的作用,真正地提高思想政治理论课的教学质量。

"八个相统一"是在坚持马克思主义思想的一元指导的原则下,在思想政治理论课教学中树立"大思政"理念,增强协同育人的效应。一方面是将马克思主义意识形态所倡导的内容落实到现实生活的实践中,坚持马克思主义思想的一元指导的同时增强思想政治理论课内容的实用性;另一方面是明确差异性的存在是事物存在的基础,而多样性则是实践发展的动力,尊重差异是尊重人民的权利,包容多样则是包容学生的认知和要求,最终要在尊重差异和多样中引领差异和多样,这就需要清晰地区分正确与错误、真理与谬误,既坚持正面阐明观点、弘扬主流价值理念,也需要有条理性和有说服力地批驳错误的思想观念,通过不同维度的对比,揭露错误意识形态的真相,帮助大学生辨明是非,积极地阐明社会主义主流意识形态的正确性和必要性。

(三)"八个相统一"提供了高校思政课教学的基本原则

"八个相统一"是在思想政治理论课教学的长期实践中形成的规律,并推动了思想政治理论课教学的进一步发展,也只有在教学实际中坚持每一个"统一"的要求才能真正有利于开展思想政治理论课教学。比如,"坚持政治性和学理性相统一"是因为具备真理性的政治理论知识是必然具备学理逻辑的。因此,在思想政治理论课的教学中要坚持政治立场,讲有学理逻辑的政治理论;"坚持价值性和知识性相统一"则是高校思想政治理论课的教学以传播理论知识为主要载体,最终目的是要实现马克思主义理论的价值引领作用;思想政治理论课既需要对大学生开展正面教育、传播社会正能量、弘扬主流意识形态,更需要结合实际回应社会热点,在坚持正确导向下勇于批判错误思潮,纠正大学生思想行为中的偏差,帮助大学生养成自我审视意识、思辨精神和批判思维,这就是思想政治理论课的"坚持建设性和批判性相统一";思想政治理论课的教学并不局限于政治理论的学习,同时也为大学生进行其他专业课的学习提供了科学的方法论的指导,因此,思想政治理论课在教学中要"坚持理论性和实践性相统一",遵循马克思主义的实践观,即实践是一切认识的来源,要坚持实事求是的态度;"坚持统一性和多样性相统一"是指在把握思想政治理论课统一要求的基础上,探索运用灵活多样的方式更加契合时代要求、适应教学氛围、符合大学生需求;"坚持主导性和主体性相统一"则是针对思想政治理论课教师和学生作为教学活动的两个核心,处在相互关联的教学过程中,因此,教师和学生在思想政治理论课的教学中都要充分发挥主观能动性;"坚持灌输性和启发性相统一"要结合课堂的实际情况及受教育者的思想状况,有针对性地选择教学方法,注重对大学生接收信息方式的选用,进行引导和启发;"坚持显性教育和隐性教育相统一"是实现全环境育人的教学要求,将思想政治理论课的教学延伸至更广阔的范围,实现更全面的效果。

三、"八个相统一"下的高校思政课程优化路径

（一）要理性认识"八个相统一"

思政课教学对学生的思想成长与"三观"培养具有导向作用，因此，思政课教学就必须建立在对国家、对党中央各种决策、对社会中各类热点问题等的清晰认识上，要建立在中国特色社会主义思想及改革开放理念的基础上，以先进思想引导学生科学成长。同时，在思政课堂中，教师还应该讲清楚自然界的发展规律、人类思维的变化历程等，并引导学生通过学理的办法正确审视这些理论，在这些理论中探寻事物的客观本质，进而深化学生对社会主义、党中央的正确理解与坚定支持。要想用理论说服学生，发挥理论的巨大力量，教师必须抓住知识的本质，通过透彻的说理让课本中的政治内涵引起学生的广泛认同，而这就需要各科教师围绕学生，从学生的角度，用摆事实、讲理论的方法引导学生的思想发展。大学生正值思想认识形成的关键时期，在信息大爆炸的现代社会里，很容易产生错误的思想态度，当发现学生出现这一问题时，教师可以借助马克思主义理论，对学生讲述人的本质，这就要求思政课教师在逻辑性地讲述理论知识的同时，要做好价值观与知识性的统一。

（二）坚持旗帜鲜明地讲有学理性的政治

高校思想政治理论课是具有严谨的逻辑体系和理论脉络的课程体系，如果只传授理论知识而不进行学术逻辑的梳理，对于思想意识观念都还尚未成型的青年而言是不能够产生说服力的；就思想政治理论课教学内容而言，传授的不是个别的政治观点，而是具备学术之理的知识体系，是经过了逻辑和实践双重检验的具有规律性的本质结论，只谈学理性没有政治性，就违背了思想政治理论课的教学原则，因此，思想政治理论课教学应该坚持将政治性和学理性相统一，讲有学理性的政治理论。

首先，高校思想政治理论课教学要理直气壮地讲马克思主义科学理论体系，旗帜鲜明地讲马克思主义中国化、时代化的理论成果。历史事实雄辩地证明了，马克思主义的科学世界观指引着先进的、不甘屈服的中国人在对国家出路艰苦探索时找到了引领中国社会变革的科学理论，马克思辩证唯物主义和历史唯物主义的方法论在历史实践的探索中不断与中国实际结合，引导着中国人民找到了正确的革命道路，作为马克思主义政党的中国共产党在始终保持先进性和纯洁性的追求中迈进了伟大复兴的征途。思想政治理论课区别于其他专业类和通识类课程的

最显著特征就是其是为社会主义意识形态服务的，因此，高校的思想政治理论课的教学必须站稳政治立场，讲授具有正确政治导向的理论知识，引导大学生将马克思主义理论知识自觉地转化为坚定的马克思主义信仰，自觉地运用马克思主义的科学方法论思辨事物、指导行为、开展实践，让大学生从马克思主义的真理中汲取精神力量，自觉地运用马克思主义的基本立场——人民的立场，来坚定知识的学习，进而奉献祖国、服务人民、心怀天下。

其次，要坚持对学理性的彻底探索，通过学理性展现政治性，用学理方式讲政治。通过对马克思主义的基本原理、方法论进行学理性的梳理，在学术演绎和实践推理中让大学生感受马克思主义的当代价值，才能真正地为大学生所接受。这就要求思想政治理论课要具有"透过现象看本质"的学术进路，教学是不能够离开中国改革发展的实践和当今世界大势的实际情况而空谈马克思主义的。当前社会中各式各样信息传播极为迅速，夹杂着良莠不齐的社会思潮，大学生由于生理、心理年龄的不成熟，容易被错误思想所影响，产生不当的观念和行为，这就要求教师要结合历史和现实对大学生进行透彻的马克思主义理论讲授，只有实践才能最有说服力地证明理论的真理性。

最后，在思想政治理论课的教学中要"坚持政治性和学理性相统一"，就是系统地传授课程的政治理论并用学理性逻辑将理论进行贯穿和整合，因为在思想政治理论课中，政治理论是根本，学理逻辑是基础，政治导向是目的，学术梳理是手段，两方面配合才能真正解决大学生"学什么"和"听进去"的问题。

（三）教师队伍强化专业知识，提高教学能力

思想政治理论课教师的专业知识是视野的基础，教师的视野要想广首先就是学术和科研的能力要强，而教学能力则是教师主观能动性发挥的基础，需要教师创新思维提高课堂的组织协调能力。

教师队伍强化专业知识包含着三个方面的内容：一是高校思想政治理论课教师的本体性专业知识是基础，扎实的理论知识功底是一位教师的基本功。二是教师要有深厚的历史知识，我国的古代和近现代历史都包含着很多思政元素，对讲好爱国主义、讲好理想信念有很大帮助，以历史事实为依据的思想政治理论课才有说服力。三是思政课教师要有法律基础知识和法律思维方式，要全面深化依法治教，具备法律思维方式可以使思想政治教育者明确界限，尊重教育对象，使思想政治教育更为有效地开展。一方面，思政课教师需要坚持依法施教、依法育人，为大学生提供一定的法律知识普及；另一方面，法律知识不仅可以为思想政治教育提供全新的分析视角，也可以增强说服力和教学的时效性。

（四）优化社会环境，加强校园文化建设

高校的思想政治教育并不是处于学校范围内的"真空"状态，而是会受到广泛而复杂的社会环境影响的，潜移默化地渗透在受教育者的日常学习生活中，因此，良好的社会和校园环境是思想政治理论课教学质量保障的重要前提。

大学生的学习生活大部分都是在高校的校园内进行的，因此校园文化对学生的熏陶是长时间潜移默化的，在坚持打造显性校园文化育人的同时，也要注重发挥隐性校园文化的辅助作用。学生在学校期间的硬件设施、管理制度条款等都是显性的校园文化，发挥着直接的宣传和管理作用，但是其中蕴含的人文关怀、价值引导、精神文化等方面也是日常学习生活中会接触并关注的内容，这就是在发挥隐性思想政治教育的作用。因此，既要发挥物质文化的显性作用，在制度管理中体现以学生为本的核心理念，在物质文化建设上发挥宣传引导的功能性作用；还需潜移默化地植入育人元素进行正向的价值引导，在行为文化上进行价值引领的示范，在精神文化上起到理想信念塑造的教育作用，特别是"校风""教风""学风"的建设。学校在长期的实践中，都会积累一定的办学治学经验，形成有本校特色的教学传统，再结合学校实际情况，通过开展一系列教育活动，如主题党日、团学活动、讲座、会议等，让大学生有更多的机会和渠道接受意识形态教育。只有多方面显隐结合地传播主流价值观念、营造良好校园文化氛围，才能于无声处实现校园文化的思想政治教育功能。

第四节 "泛娱乐化"对高校思政课程教学的影响现状研究

一、"泛娱乐化"概述

（一）网络舆论传播方式

"泛娱乐化"的传播形态主要以网络舆论传播形态为主，网络空间是其主要的栖息地，以网络为出发点向现实扩散"娱乐至上"的思想和行为方式。一句港剧 TVB 当中的经典台词"做人嘛，最重要的就是开心啦"一度成为当下年轻人的口头禅和座右铭。在互联网技术并不发达的时期，这句经典台词并没有什么特别之处，早已被人遗忘，但正是由于互联网技术的发达，一些人得以在网络上找

到资源，重温旧句，才让这一句经典台词再度翻红。这句台词得以翻红正是因为它在某种程度上与当代年轻人的思想观念有契合之处，符合当下年轻人的思维方式和行为准则。"泛娱乐化"利用科学创造出的发达的互联网技术为基础，结合受众在主观精神和心理上的需求，加上后真相时代为其提供一种哲学背景和支撑，才能够在当今时代腐蚀大众的思想和心理。"泛娱乐化"从电视时代的萌芽到科技异化对其的推动，再到后真相时代（当今时代）的盛行经历了三个世纪，科技异化显然是其中最为核心的环节。互联网从2G、3G、4G到现在的5G时代，而4G时代使得互联网每天带来大量的信息，把网络空间变成了人们冲浪的信息海洋，"泛娱乐化"则借助这一项技术占据和引导人们的思想。它通过每天推送大量的信息、图片、视频诱导人们作出选择。4G时代还塑造和成就了一批批带货主播、网络红人、流量大V，这些人的爆红和成名又创造和巩固了一个个新的"圈层文化"，他们在网络舆论中的言论影响着以他们为中心的圈层，"泛娱乐化"的精神和内涵通过他们的语言和行为被更加广泛地传播。即使不是这种普遍意义上的"红人"，在网络舆论空间，人们除了接收信息，同样也成为信息的发布者，这对人们传播"泛娱乐化"提供了有利条件。

（二）"泛娱乐化"的特征

现代社会为文化的发展提供了强有力的技术和资本支撑，文化依托技术和资本得以进入人类日常生活，给予了人们享受文化资源、丰富精神生活、提升生活质量的机会和可能，大众文化的理想发展状态就是尽可能地为人们提供这些机会和可能。但也正因为受制于技术和资本，泛娱乐化的大众文化在很大程度上偏离了文化与人性、生活应有的统一，剥夺了文化原本应有的功能，它的表现形式虽不同，但其基本特征相近。总体来说，泛娱乐的特征可以概括为三个方面，即同质化、"三俗化"和功利化。

首先，同质化。大众文化泛娱乐化的社会中，并没有"我"和"你"之分，大众娱乐的方式虽然花样百出，娱乐的内容却是千篇一律、如出一辙。大众不同于少数的有闲阶层，这些有闲阶层的需求往往是独特且个性化的，而知识水平和趣味判断平均化的大众需求往往缺少个性且具有同质性。因此，每个人的需求都只是多数人需求的一个缩影，所谓"全民娱乐"不过是所有人体验着相同的快乐。娱乐具有同质性，同质性程度越高，娱乐水平就越低，同质化在某种程度上就意味着低质化。如今，大众娱乐就如同被批量开发出来的，我们可以看到，许多大众文化产品尤其是影视产品其实都是一些大同小异的复制品和模仿品，这些文化产品往往抓住大众的低质娱乐点"一哄而上",结果使娱乐变得越来越肤浅和廉价,丧失了本来应该具有的正面功能。

其次,"三俗化"。泛娱乐的"三俗"特征表现于明星崇拜、影视创作和网络传播等领域,通过对这三个大众文化领域泛娱乐化的描述,我们也可以看出"三俗文化"的"俗"不是"通俗",而是指庸俗、低俗和媚俗,与质量意义上的"泛"字等同,精神境界不但不会有所提升反而会大大降低。

最后,功利化。沉迷于泛娱乐的部分人往往带有成名、爆红、暴富的心理,以获取名利为快乐,他们之所以直播各种奇葩不断、备受争议的视频来吸引眼球,就是因为梦想着自己能成为年入百万的播主,像那些已成功晋升为网红的主播一样火遍网络,更有一些男粉丝和女粉丝陷入整容的怪圈,认为只要长得够漂亮、够帅气就能够像自己的偶像那样成为耀人眼目的明星。如今,受泛娱乐影响的大众缺少的是锲而不舍的恒心,往往好高骛远、急功近利,个别人甚至不惜以伤害自己的性命为代价,从而一失足成千古恨。功利化的一个标志和特点就是求"快",受功利之心的影响,很多文化产品生产者为了快速出名和获取利益,不顾产品的质量和社会效益,制造出了大量文化垃圾,众多文化产品沦落成为满足一时之需的快餐品,这些文化垃圾更是让大众陷入了泛娱乐的恶性循环当中。

从生产者的角度来看,大众是文化产品的受众和消费者,从消费者的角度来看,大众是文化产品的生产者和创造者。不可否认,以同质化、"三俗化"和功利化等为主要特征的泛娱乐与大众盲目多变的需求和相对低层次的创造性有关。但是作为受众和消费者,大众拥有的往往是不断被诱导和被规制的需求与创造性,大众文化的"泛娱乐化"给个人和社会均造成了一定程度的负面影响。

(三)"泛娱乐化"的本质

1. 资本逐利的工具

与其他社会思潮的特点相比,"泛娱乐化"明显存在其零散性、不系统性和隐晦性。在社会生活中,任何一种社会思潮都有自己鲜明和独特的主张及观点,并且由概念、判断和推理组成,其逻辑体系十分严密,有高度的概括性,甚至有其代表性人物。新自由主义、民主社会主义等社会思潮的存在形式是明显的,弗里德里希·奥古斯特·冯·哈耶克(Friedrich August von Hayek)等人的理论著作中很容易发现新自由主义的主要内容。"泛娱乐化"作为近几年对我国民众思想产生较大影响的社会思潮,有其独特的存在形式。"泛娱乐化"对于大众的主要影响方式源于视觉和听觉刺激,据相关研究显示,人类主要是靠听觉和视觉进行知识的接收和吸纳，视觉和听觉占比分别达到了 83% 和 11%。[①]"泛娱乐化"利用人类这一接收知识与信息的特点，通过娱乐节目、影视作品、文字词条及电子产品的资讯推送，传播它追求娱乐的价值观念和主张。

"泛娱乐化"在电视时代开始萌芽，声音与影像的结合正好符合了人类利用视觉和听觉接收知识和信息的特质。因此，它在传播过程中大量地使用了震撼的声音效果、带有冲击力的图片或视频，使文字被图像替代，以此来刺激受众的感官，先符合人类的接受特点，再迎合受众的精神需求，获取了大量的浏览和关注。近两年，快手和抖音短视频的火爆程度已然证明了这一点，随后腾讯也将软件功能进行升级，现在的 QQ 和微信同样能够刷短视频，在这之前，微信更多的是作为工作用途的社交软件，QQ 也只是人们进行网络社交的带有文字沟通和语音交流的一款普通社交软件，越来越多的社交软件在被开发和升级时有意迎合大众，加入越来越多能够产生娱乐的因素。资本看到了"泛娱乐化"带来的巨大利益，在资本逻辑的推动下，市场化的运作方式渗透进社会生活的各个领域，披着娱乐的外衣，注重感官上为受众带来刺激，使欲望更加直观地呈现，使文化产品的内涵变得庸俗、贫瘠和低俗，也导致了文化生产的批量化和浅薄化。

资本主义的目的只为追求利益，它的存在就是为了剥削人类。看到在"泛娱乐化"驱动下带来如此巨大的流量和利益之后，资本主义只会推动"泛娱乐化"向前发展，利用科技制造的电子产品，研发出更多有利于"泛娱乐化"传播其价值观念和主张的软件，获取更多的浏览和关注，以此赚取更多的利益。发展至今，资本逻辑的运行无孔不入，娱乐的功能早已被过度异化，片面突出娱乐的属性。娱乐的属性已经遮蔽了事物本身的意义表达，"泛娱乐化"成为资本运行中获取利益的工具和手段。

2. 盲目娱乐的思想潮流

"泛娱乐化"是娱乐没有控制好边界，由"适量"变为"过度"导致量变累积的质变结果。量变质变规律是唯物辩证法的基本规律，它揭示了事物发展的过程和状态，是马克思主义的经典原理之一。"泛娱乐化"作为思想潮流，是一种将"娱乐至上"作为生活态度和人生准则的价值观念，在"泛娱乐化"制造的语境下，除了娱乐，一切都变得不再重要。它超越了人们对娱乐的认知和需求，是一种将娱乐"泛化"之后的结果，大众开始过度注重娱乐带来的精神状态和心理体验，娱乐不再是人作为生命本体发展、丰富和完善的有益补充，而是成为人们思维和行为的主导，它缺乏坚实的思想内核，是一种不具备明显系统性的思想潮

---

① 华琪.思想工作艺术谈[M].北京：解放军出版社，2000.

流，娱乐就是受众遵循的原则和追求的目的。同时，"泛娱乐化"也是娱乐异化后的结果。在马克思看来，异化的关键在于人们丧失了对物的支配能力而反过来让物支配了人。娱乐行为偏离它的本质和规律产生了与娱乐相反的目的，就是娱乐异化，这种娱乐异化将迫使人丧失人性，而不是促进人类发展。被娱乐异化后，人们失去了对娱乐的控制，反过来被娱乐操控，让娱乐由原本作为对生活闲暇时光的补充转移到了作为"为了娱乐"的目的存在。

"泛娱乐化"作为现在大众追捧的生活态度和价值观念，与我国的主流价值观不相符甚至背道而驰，它的价值观念呈现出消极性、悲观性、否定性并且极具破坏力。无疑，"泛娱乐化"是贬义的，它把原本积极、能够缓解人类精神压力和心理压抑的、具有引导价值的娱乐引向极端，导致娱乐的价值走向负面，反向发展，娱乐的功能被异化，娱乐的价值被极端化，娱乐本身的功能被破坏，走上"泛娱乐化"的道路。"泛娱乐化"无法找到明显的代表性人物，它以一种自发性的特点在网络舆论中以夹带的形态向外弥散，把娱乐同质化、标准化，表面看起来无法找到其明显的追随者，实则现实生活中的任何人都可能是它的受众或"粉丝"。现实生活中看似人类对娱乐方式的选择多种多样，追根溯源发现，娱乐的产业化发展、娱乐伦理建设和娱乐从业人员的职业道德建设并没有在实质上给我们过多选择，相反地，娱乐的多样性被摧毁，阻碍了人类的个性自由和全面发展的可能，人类变成娱乐的奴隶，成为美国作家赫伯特·马尔库塞（Hertert Marcuse）笔下的"单向度的人"，人类掉进了娱乐的困局被无意识地束缚。"泛娱乐化"导致社会的发展趋向扭曲和病态，"泛娱乐化"在政治、经济、文化和教育上不同程度地重塑了人们的思维方式、审美标准和价值观念。

3. 消解主流价值观的手段

网络上不乏大量的恶搞事件，"泛娱乐化"借由为大家带来快乐的恶搞精神，使用一些特殊的技术手段，来篡改社会事件的真相，引发人们大笑。恶搞不只是对网络事件和网络名人下手，有的甚至将历史事件和历史英雄也作为其恶搞的对象。如有的通过利用英雄人物形象制作搞笑表情包，虚造"狼牙山五壮士"是不小心掉落山崖而非悲壮地牺牲，以类似娱乐的方式调侃历史和英雄，诋毁和破坏他们的光辉形象，消解他们的崇高精神。崇高精神是指人类在面临灾难、恐惧时，放弃个人的私利，站在大局面前所展现出的超越自我局限性的强大精神力量。英雄作为一个国家的精神、民族的脊梁，是具有崇高精神最明显的代表，是不容诋毁和破坏的。习近平总书记对于英雄有着经典的论述，他说过："祖国是人民最坚实的依靠,英雄是民族最闪亮的坐标。"①"中华民族是崇尚英雄、成就英雄、英雄辈出的民族,和平年代同样需要英雄情怀。"②历史记录了国家的生存和发展,见证了一个国家和民族的兴衰,只有铭记历史、以史为鉴,一个国家才能在发展中不忘初心、经久不衰。显然,恶搞戏弄历史、抹黑英雄,是对崇高精神的侮辱和踩踏。

二、高校思政课程"泛娱乐化"的表现

(一)教学内容存在媚俗化倾向

马克思主义是完整的、科学的理论体系,其主要魅力在于理论的彻底性、思想的真理性和影响的持久性。马克思主义知识普及和价值内化是在理论分析、思辨和论证中实现的,这决定了思政课必须以理论教学为主。但在当前的教学中,有个别教师为取悦学生的审美倾向,在传统授课的基础上采用"段子式"教学吸引学生"抬头";用趣味性、娱乐性甚至是煽动性的语言创造"活跃"的课堂氛围,触发学生的共情效应。更有甚者,在课堂上有意回避艰涩的理论问题,代之以名人轶事、政治八卦等学生感兴趣的话题,把理论演绎成故事、把科学异化为娱乐,使思政课失去了应有的品位、思想深度和教育意义。

(二)教学方式存在综艺化倾向

相较于传统教学方式,娱乐化教学以其生动、形象、直观的特性更能增强课堂的吸引力和教学效果。然而,有个别教师为追求课堂气氛,过度依赖图像、视频等多媒体技术手段,试图以趣味性、娱乐化的形式取代理论知识的讲解和重点内容的分析。例如,一些教师直接回避教材基本理论问题,模拟电视娱乐节目和综艺节目,将课堂演绎为综艺舞台。这种综艺化教学模式尽管受学生喜欢,但是教学内容的思想价值和理论价值难以体现,势必影响学生对理论知识的系统掌握和深入思考,无法提升课程的有效性。

(三)教学语言存在网络化倾向

与传统思政课严谨、规范的教学语言相比,网络语言以其新颖、鲜活、流行等特性更能引起大学生的共鸣,在一定程度上能够增强教学吸引力。鲜明的政

---

① 习近平. 习近平在中国文联十大、中国作协九大开幕式上的讲话[N]. 人民日报,2016-12-01(02).
② 习近平春节前夕赴江西看望慰问广大干部群众[N]. 人民日报,2016-02-04(01).

治立场和价值导向赋予思政课权威性、严肃性、严谨性等学科特色，但在日常教学中，有个别教师引入一些网络流行语，甚至通过调侃、自嘲等方法来活跃课堂气氛，提升学生的兴趣。更有甚者，用恶俗的段子从无聊、逗乐、庸俗的角度进行编排，有意贬损伟人或英雄在人们心目中的固有形象。过度使用网络语言不仅损害思政课的科学性和严肃性，而且会对思政课的思想引领和价值引领产生不利影响。

（四）价值取向存在娱乐化倾向

价值观教育是思政课的重要使命。高校教师特别是思政课教师应该是社会主义核心价值观的坚定信仰者、积极传播者和模范践行者。个别教师为彰显个性，走进了价值选择的误区。例如，有个别教师将思政课变成了脱口秀舞台，他们以解构历史、揭秘伟人隐私为乐，以调侃历史人物的奇闻轶事为趣，以嬉笑怒骂、揭露社会丑恶现象为荣。更有甚者，将思政课变成了宣泄情绪的窗口，对贪污腐败、贫富差距等社会问题进行扭曲讲解，对思政课的理论认同、政治认同和情感认同不足，对思政课应当承担的使命置之不理。

三、高校思政课程"泛娱乐化"的危害

（一）"泛娱乐化"使教学对象政治态度倾向戏谑

"人是最名副其实的政治动物，不仅是一种合群的动物，而且是只有在社会中才能独立的动物。"[①] 马克思很好地阐述了人对政治的需求，这一论述充分证明了人类对于政治生活的需要。个体在长期的政治社会化过程中能够练就良好的政治素质和政治能力，进而形成健康的政治生活。"泛娱乐化"在网络上利用碎片化的信息，故意引导人们产生一些主观、片面的观点。它缺乏真实且全面的资料，未能形成系统性的思考，利用娱乐性较强的议题，扭曲历史人物、政治人物和政治事件，把严肃的政治事件通过各种娱乐和搞笑的网络流行语、表情包、视频配音和所谓的段子进行恶搞，解构了政治的严肃性特征。这对于高校的思想政治教育产生了不良影响，尤其是在对大学生的政治教育上，容易使其产生错误的政治认知、动摇他们的政治情感、降低大学生的政治认同，导致大学生政治态度倾向戏谑。

"吃瓜群众"作为一个网络热词，代表了在网络舆论当中热衷于看热闹的

---

① 马克思, 恩格斯. 马克思恩格斯选集：第二卷[M]. 中央编译局. 北京：人民出版社，2012.

社会群体，其中不乏大学生的存在。"泛娱乐化"利用网络舆论，制造热点事件，传播错误意识形态，将吃瓜群众在互联网上聚集，以此作为误导我国大学生的一种手段。"吃瓜群众"的情绪需要发泄，情感需要表达，情绪化被引入大学生的政治情感当中，他们对待政治的情感显然呈现出主观性和自由性。"泛娱乐化"在对历史人物、政治人物和政治事件的解读上，普遍将其进行娱乐化解构，戏说历史、歪曲政治成为"泛娱乐化"语境构造下的常态。大学生作为高校思想政治理论课的教学主体，在"泛娱乐化"构建的政治态度戏谑倾向下，政治认知被误导，政治情感被削减，政治认同被降低。由于大学生自身对娱乐的需求，且对一些历史事件和历史知识缺乏深刻的认识，便会抱着娱乐的思想和"吃瓜"的心态，进行盲目和情绪化的转发评论。实则"泛娱乐化"利用了娱乐的手段，在消遣大学生的同时，一些目的性较强的政治行为正在逐渐侵蚀大学生群体。"泛娱乐化"伪装下的历史虚无主义借由娱乐的外衣，把严肃的政治内容和公共精神进行解构，引发了教学对象政治态度的戏谑化。

（二）"泛娱乐化"使教学对象价值取向呈现庸俗化

大学生的价值取向在一定程度上决定了他们的价值观念，在马克思主义的理论当中，价值观在很大程度上也影响和决定了一个人的人生观和世界观。大学生的社会主义核心价值观教育是高校思想政治理论课的重要组成部分。社会主义核心价值观是我国的主流价值观，引领着我国的精神文明创建和健康文化产品的创造，对我国大学生的思想政治教育具有重要的作用。习近平总书记曾指出，"社会主义核心价值观是当代中国精神的集中体现，凝结着全体人民共同的价值追求"[①]。社会主义核心价值观不仅是我国的主流价值观，也是我国大学生应当共同构建的精神家园。社会主义核心价值观为全体人民提供了正确的价值取向，大学生的价值观应当是符合自身和社会发展的社会主义核心价值观，他们的价值观除了被主流价值观引导和教育外，也会被具体的社会实践和社会交往影响，会被其他的社会意识干扰。

"泛娱乐化"借由网络传播它"娱乐至上"的价值取向，让娱乐成为大学生第一位的选择。在当今时代的互联网的支撑下，"泛娱乐化"摆脱时间和空间限制，利用大学生所有的碎片化的时间传播"娱乐至上"的思想。当代大学生对电子产品的依赖性极强，手机不离身是他们的常态，"泛娱乐化"借由电子产品，占领

---

① 习近平. 决胜全面建成小康社会 夺取新时代中国特色社会主义伟大胜利——在中国共产党第十九次全国代表大会上的报告[J]. 理论学习，2017（12）：4-25.

了他们大量的课余时间。一部分大学生即使是在上课时间,也沉迷于玩手机无法自拔,无时无刻不在接受"泛娱乐化"的洗脑。现代媒介把娱乐直播平台、短视频、综艺节目和各种标题"新颖"的内容,通过电子产品变成碎片化的娱乐快餐文化呈现在大学生的视野当中。"泛娱乐化"通过在网络上构建一种戏说和调侃式的泛娱乐主义话语,解构了社会公共话语,消解了中国传统文化对于崇高价值的追求。部分大学生在一种无价值、无内涵的娱乐文化当中逐渐丧失深层思考的能力,价值判断能力被降解、价值序列被扰乱,丧失了对崇高价值的尊崇和人生信仰的追求,冲击了主流价值观。部分大学生在"泛娱乐化"的诱导下,将"佛系"奉为准则,对自己毫无人生理想的追求状态沾沾自喜,混淆了中国文化当中"不与世俗同流合污"的价值操守,在无意识中被"去崇高"和"去内涵"的状态同化,价值取向被误导,在庸俗的道路上越走越远,成为"泛娱乐化"的奴隶。

(三)"泛娱乐化"使教学对象人文素养欠缺、审美品位异化

人文素养是大学生应具备的最基本的素质,而且大学生素质的高低直接影响着整个国民素质。当代大学生偏向于碎片化阅读,对于政治学、经济学、历史、哲学、文学、法学等人文类书籍的关注度不够,仅有少部分大学生乐于阅读此类书籍,究其原因,正是泛娱乐化导致"碎片化""庸俗化"的文化盛行,进一步造成部分大学生人文素养的缺失,审美品位逐渐麻木、异化。审美是在理智与情感、主观与客观上认识、理解、感知和评判世界上的存在,是一种价值衡量标准。纵观历史长河,自古代便有仁爱孝悌、谦和好礼、诚信知报等美德,中华人民共和国成立后,勤劳朴实、家庭和睦、爱岗敬业等成为新时代的美德。在这些审美推崇的熏陶下,人们越来越认同真善美,并不断使其内化于心、外化于行。然而如今,人们所能接触到的多是为了迎合大多数群众,而使内容浅显易懂、平铺直叙的快餐式、利益化、低俗的文化,这使得本应具有思考能力的部分大学生逐渐惰于思索,审美认知能力下降,认知结构简单化。部分大学生开始享受感官刺激而逐渐远离高雅的审美文化,导致审美能力异化。更令人担忧的是,部分大学生往往在不知不觉中不仅成为娱乐的附庸,更成为网络"泛娱乐化"文化的传播者、助推人。

(四)"泛娱乐化"淡化高校思政课的神圣感

思想政治理论课是落实立德树人根本任务的关键课程,是培养一代又一代社会主义建设者和接班人的重要保障。它具有鲜明的思想性、政治性。青年是人生

"拔节孕穗期"，最需精心引导和栽培，我们办中国特色社会主义教育，就是要理直气壮开好思政课，用习近平新时代中国特色社会主义思想铸魂育人，引导学生增强"四个自信"，厚植爱国主义情怀，把爱国情、强国志、报国行自觉融入坚持和发展中国特色社会主义事业、建设社会主义现代化强国、实现中华民族伟大复兴的奋斗之中。思政课本身承担的使命和最终目的就是完成对大学生在意识形态领域的引导和教化，将其培育成为合格的时代新人。因此，思想政治理论课在青年学生心中的神圣感是其应有之意。

由于现代科技的发达、互联网功能的强大及新媒体的出现为教学带来了全新的体验，教学设备不再局限于传统的黑板和粉笔，教师对内容的讲解不再依靠传统的授课方式。教师队伍充分利用科技，电脑和投影仪的结合为大学生带来了新的学习体验，五彩斑斓的图片、生动有趣的视频被大量用于教学过程之中，学生的注意力被视觉和听觉带来的刺激大大吸引，开始依赖于这些PPT上的精彩的展示形式，逐渐放下手中的课本和纸笔，对这种只用带眼睛和耳朵的听课方式乐在其中。然而其危害却逐渐暴露出来，教师在图片和视频的选择上稍不留心就进入了"泛娱乐化"制造的场域，而学生只能紧随其后。部分教师为了引起学生关注、吸引学生注意力、迎合学生喜好、跟上学生的时尚潮流，在网络上寻找一些猎奇视频、幽默表情包，使其贯穿整个课堂。部分教师运用一些不恰当的比喻，如将我国历代领导人喻为"中国特色社会主义集团合伙人"、将我国的特色社会主义事业喻为"中国特色社会主义有限公司"等，课后学生对于教师的授课内容记忆模糊，只记得自己开怀大笑的次数，还认为老师的授课方式"幽默有趣"。此时，教师和学生都已经无意中钻入"泛娱乐化"的圈套，高校思想政治理论课的课堂成为取悦学生的地方，思政课的神圣感在学生心中被逐渐淡化。

（五）"泛娱乐化"冲击高校主流意识形态话语权

话语是人类表达自我的载体，是文化和理论的载体，也是传播的重要媒介。有话语的地方，就有价值观的呈现，任何话语都有其话语权，有其暗含的意识形态的蛰伏，马克思主义的传播需要话语权，话语权是意识形态思想领导权的实现方式。高校主流意识形态话语权就是指马克思主义在我国高校当中作为主流意识形态领导权的实现方式，"如果从观念上来考察，那么一定的意识形态的解体足以使整个时代覆灭"[1]。在新时期，意识形态工作已经成为全党一项极端重要的工作，关系到国家的政治安危。高校是我国进行意识形态教育的主阵地、主战场，

---

[1] 马克思，恩格斯.马克思恩格斯文集：第8卷[M].中央编译局.北京：人民出版社，2009.

大学生是国家的后备人才、社会主义的接续力量，大学生的意识形态教育直接关系到"为谁培养人才"的问题。高校主流意识形态话语权决定了主流意识形态在大学生心目中的地位，间接影响了我国人才队伍的培养与建设。马克思主义作为我国的主流意识形态，在高校中主要是以思想政治理论课的形式对学生产生影响，但是由于青春期的大学生带有逆反心理，对网络信息的辨别能力有限，容易受到网络舆论的影响，"泛娱乐化"正是借助它以网络舆论传播形态为主的特点，利用其"娱乐至上"的精神和价值观念，使大学生认为马克思主义是"官方学说"，是"管理手段"，因此对其产生抵触情绪，冲击了我国高校主流意识形态话语权，降低了大学生对马克思主义的主流意识形态的认同程度。

（六）"泛娱乐化"弱化高校思政课吸引力

"泛娱乐化"的特征之一就是以网络舆论为主要的传播形态，传播范围广、受众多，青年学生作为网民的主要成员，必然受其影响。由于经济的发展和科技的发达，我国人民的物质生活条件逐渐改善，我国已基本实现了全面小康。随着人民物质生活得到改善，大学生的物质生活条件也有了保障，智能手机的普及程度基本上实现了大学生全覆盖。许多大学生在入学前，父母就会为其配备智能手机和电脑，即使经济条件再差的学生，智能手机也成为其基本配置。

"泛娱乐化"依靠智能手机和笔记本电脑在大学生群体中肆无忌惮地进行传播，出现了电子产品对大学生的吸引力高于思想政治理论课吸引力的现象，部分大学生为高校思想政治理论课贴上"无聊"的标签，被手机上各类娱乐消息吸引，沉迷其中，不亦乐乎。大学生作为高校思政课的教学主体，"泛娱乐化"带来的信息轰炸使部分大学生沉迷其中，高校思想政治理论课的抬头率被降低，吸引力被弱化。

四、高校思政课抵制"泛娱乐化"的策略

作为实现教育目的的前沿阵地和主渠道，思政课要对泛娱乐化思潮保持足够的清醒与克制。思政课教师尤其不能迷失方向，要坚守底线、坚持标准、明确目标、摆正位置，主要通过真理的力量、灵活的形式、人格的魅力、真挚的情感等作为增强思政课实效性的根本手段。

（一）落实思政课立德树人根本任务

思政课教学必须坚持高标准，实现价值引领。一方面，思政课教学要坚持"三

大原则"：要站稳政治立场，明确政治性是思政课的基本属性；明确教学主体，持续增强学生课堂获得感；推进规范教学，制定并完善各项基本制度。另一方面，思政课要坚持重点发力；要坚定理想信念教育，引导大学生树立共产主义远大理想和中国特色社会主义共同理想；重视爱国主义教育，厚植大学生的家国情怀；增长知识、见识，引导学生求真理、悟道理、明事理；注重艰苦奋斗精神培育，引导大学生树立高远志向；加强道德品质修养，引导大学生明大德、守公德、严私德；增强综合素质，引导大学生练就过硬的业务本领，让体魄强健成为大学生的标配。

（二）在课堂教学中适度融入娱乐性

思政课要坚持价值性和知识性相统一。适度娱乐是提高教学效果的有效手段，但如果娱乐因素偏重，虽能推进知识的普及，但会削弱思想理论教育的价值；如果理论讲解太多，则又会因为课堂内容过于艰深和晦涩，使学生难以理解，实现思想政治教育的目的就无从谈起。因此，思政课教学必须坚持"两条腿"走路，一是坚持底线的适度娱乐，二是以思想和价值为支撑的理论讲解。教师必须牢记授课目标，摆正位置，始终保持娱乐因素和理论教学的动态平衡。只有这样，马克思主义才能实现由"思想真理"向"价值真理"的转变，思政课教学才能回归本真、回归理性。

（三）夯实教师思想政治教育理论功底

思政课教师要勇于直面学校考核压力和娱乐化教学诱惑，始终以"引路人"和"铸魂者"为己任，奋力打造有灵魂的课堂。思政课教师要加强理论学习，认真研读马克思主义经典著作，深入理解马克思主义的核心要义和理论精髓，熟练掌握并灵活运用马克思主义的立场、观点、方法，不断提升自身的马克思主义理论素养；要积极投身社会实践，在理论联系实际中增加自己多学科知识的积累；要强化实践锻炼和综合素养的提升，通过挂职锻炼、培训研修、出国考察等途径让思政课教师增长见识、增强历练，将广博知识融入课堂教学中，对重点、热点、难点问题进行多学科、多角度的分析，增强课堂的知识性、可信度和实效性，以马克思主义的思想说服力和逻辑震撼力感召学生。

（四）立足学生成长成才的发展需要

马克思主义是关于人类解放的理论，关注的是国家社会等重大问题。思政课的教学内容要立足学生成长成才的发展需要，因材施教、量体裁衣，教师备课就要想办法实现理论教学与社会现实的有效结合，实现价值塑造与学生发展的有机融合，进而激发学生兴趣；关注学生发展需要，适度引用当前社会热点作为教学案例，多用学生关心关注的问题和身边的可亲、可近、可学的榜样作为案例，找准学生"最近发展区"是增强思政课实效性的基本路径。与此同时，课堂教学还要尊重学生的主体地位，改变以往灌输填鸭式的单向度教学模式，以讲解启发、课堂互动、社会调查、讨论思辨等方式进行教学，确保学生在潜移默化中听得进、学得懂、能认同。

（五）加强媒体与思政课的有效融合

1. 构建新媒体时代师生互动新平台

新时代下思政课教师对各种新媒体技术的使用已是难以避免，媒体时代到来已是不可扭转的大局势。虽然"泛娱乐化"借助新媒体造势，给教学内容、教师授课和学生思想都带来了不同程度的负面影响，但其本身对教学带来的助益也不容置喙。它打破了传统教学单向灌输的教学模式，缓解了灌输式教学的枯燥和学生的不良情绪。思政课教师要继续用好、用活新媒体，让新媒体持续为思政课教学服务，做到"取其精华、弃其糟粕"。

新媒体的最大特点就是打造了许多交互式的平台，增进了人与人之间的沟通和交流。依靠网络拉近人们的距离，对大学生具有同样的效果，甚至效果更为明显。大学生作为新时代数量最为庞大的网民群体，对网络资源的获取和网络技术的应用十分熟练，高校思政课教师应当高度重视这一现象，利用新媒体技术，用"线上"作为切入点，打造师生的新型互动平台；充分发挥和利用好QQ、微信、微博等社交平台，让其成为师生之间的良好沟通工具，为师生搭建心灵沟通的桥梁。通过各类社交平台上的互动，思政课教师能够更加了解学生的思想状况，明白学生的多样化需求，结合以学生为本的教学理念，根据学生的个性和学习习惯适当调整教学风格，使高校思政课能够更好地展开。

学生对手机的高度依赖是当前高校的普遍现状，教师要充分利用好这一特点了解学生的思想情况。在相应的社交平台建立自己的账号和聊天群，增加师生之间的互动频率，使教师与学生的沟通和探讨不再被课堂时间局限。思政课教师可适当地发布与学生思想紧密相关的问题，用更生活化的语言将课堂上的教学内容进行隐性转化，吸引学生参与讨论，与学生进行沟通。这能够摆脱教师在课堂上的"刻板印象"，增强教师在学生心目中的亲切感，使学生对教师有更为全面的认识，从而更加愿意与教师交流。教师也可利用课余时间在社交平台上与学生互动来解答学生在课堂上未能及时解决的困惑,从而巩固思政课教学效果。

2. 充分运用大数据优化教学活动

高校应当构建独立、完备的思政课教学资源专用数据库,使教师在数据库中精准地找到对教材内容最有针对性、也更具备教育意义的图片、视频、音频等资料,避免教师由于跟不上时代发展的速度而造成的对网络技术应用不熟悉,以及对部分网络资源在教学课堂中的运用不当的问题,使其准备更加符合思政课要求的课件。要建立一个完备的数据库,避免教师在课堂上使用娱乐化案例,严格把关教学案例的选取,为思政课教师的教学资源选择提供了标准和参考,扫清一部分不良的信息来源,为教学过程坚守政治品位和思想深度提供保障。同时,思政课教师可将自己的备课详情上传至数据库,借鉴他人的优点,改正自己的缺点。

在资源丰富的大数据时代,充分发挥大数据的优势有助于优化教学实践活动。通过大数据找到学生相应的兴趣点,如思政课哪一个部分对他们最具有吸引力,最渴望思政课实践活动以哪种方式实现,对教学实践活动中存在的困惑及不足提出相应的问题和建议等,通过对这些问题进行调查分析,能够更好地掌握学生整体的学习情况,能够为今后完善和改进教学活动提供方向。应把课外实践活动与大数据的调查结果相结合,把思政课的政治性、理论性和思想性与学生需求相结合,用学生喜爱的实践形式开展思政课的实践教学活动。这样做的好处在于能够提高实践教学的质量,把实践教学的形式发挥到最好状态,强化实践教学的成果,提升学生的思想性和思政课实践能力,真正做到以学生喜闻乐见的方式上好思政课,让思政课深入学生脑海、扎根学生心灵。

3. 营造教学经验线上共享新氛围

开放与交流是高等教育的内在特质,高校思想政治教育从来不是闭门造车。在互联网并未兴起的时代,各高校之间进行交流和学习具有一定难度。教师需要根据自己的课程时间,与教学管理部门进行协调,抽出足够的时间到其他学校进行考察与学习。对于西部落后地区而言,到教育发达地区进行学习要经过舟车劳顿,导致教师身体疲惫、精力欠佳。同样,由于西部地区相对落后的条件,导致发达地区的教师不愿意到西部地区进行学术交流,教学上的优良经验无法进行有效分享。而互联网时代,这些问题迎刃而解,不再成为高校之间互相学习的障碍。

第三章 高校思政课程教学模式的创新改革

目前，高校思政课程教学的发展面临一系列的挑战，探索思想政治理论课教学的基本规律，寻找科学合理的教学模式迫在眉睫。本章列举了"智慧教学""学生骨干宣讲法"和 STEMP 教学设计三种教学模式，旨在为高校思政课教学的发展提供一些思路。

第一节 高校思政课程"智慧教学"的创新研究

一、思想政治理论课"智慧教学"相关概述

（一）相关定义

1. 智慧探究

智慧体现在知识、方法、能力及美德四个方面。在此基础上，可以从不同的方面来分析智慧。首先，从智慧的内容来看，智慧是一个多方面的内容系统，包括智力、知识、方法、技巧、意志、情感、气质等诸多要素，但总体上可将以上内容归类为智力因素和非智力因素，其中智力因素是智慧的核心，而非智力因素是智慧的灵魂。在智慧生成的过程中，既要注重智力因素，获得解决问题的能力，又要注重非智力因素，使智慧充满灵气。其次，从智慧字面意义来看，"智"是日日知，每天知道一点点，寓意智慧的积累过程需持之以恒；"慧"是有着丰富的"丰"和用心的"心"，寓意智慧的生成需用心去思考，智慧作为一个古往今来的追求对象，其生成过程是需要用心思考的日积月累的过程。最后，从马斯洛的需求层次来看，智慧是人的需求：一方面，人类的需求从低到高可分为生理需求、安全需求、社交需求、尊重需求及自我实现需求，智慧作为一种高层次的需求因素，能够帮助人类满足各层次的需求；另一方面，结合当前中国教育的现实情况来分析，中国目前存在许多留守儿童，其父母常年外出务工使得这些学生有更多

的心理需要。为此，教师的智慧尤其是思想政治课教师的智慧显得尤为重要，因为政治教师作为学生心灵的辅导者，更有责任和义务去引导、关心学生生活，尊重、理解学生人格，并捕捉、鼓励学生闪光点，这样才能让这部分学生以更高的热情和更佳的状态参与学习并生成智慧。

2."智慧教学"

"智慧教学"作为一个新兴的概念，它的研究广度和深度都还比较有限。我们在百度百科上搜索"智慧教学"的概念，没有很明确的解释，出现较多的是智慧、教学智慧、智慧课堂等词汇。单从词的字面意思看，几个词均含"智慧"二字，但这些概念是不同的。字面显现的只是表层意思，但事物的本真意义是需要透过现象看本质，深度挖掘才能实现的，不少的权威人士对这几个概念分别作出了明确的界定。

《教育大辞典》对教学智慧做了如下阐述：是指在面临复杂教学的情况下，教师所表现出来的一种准确、迅速以及敏感的判断能力。例如，在课堂中，教师往往需要应对一些事先没能预设到的问题，当这些问题的处理需要特殊对待时，考验的就是教师随机应变的反应能力。可见，教学智慧强调的是在复杂多变的教学环境中，教师在师生互动中的综合教学能力；是教师在深刻领悟教学理论的情况下，结合教学实践反思所达成的自由教学境界；是能够在千变万化的教学情境下，保证预期教学发展方向的实践智慧。此外，也有学者认为，教学智慧是指以教师作为教学主体的观念运筹、经验调度、操作设计等的主体能动性，这些主体能动性通过种种的努力能够参与进教学的各个环节。从这种解释可以看出，教学智慧是属于以教学为本体的一种主体实践范畴，在实现教学智慧的过程中，教师主体的智能运筹、经验呈现及感性激发等都成为教学自身运转的中介和环节。

当然，在这里我们也可以用不同的视角去解释"智慧教学"。

人的发展视角：从教学主体（教师、学生）出发，教师的教学除了要教会学生掌握知识，更重要的是教会学生思考，即如何转识成智的问题。大学是学生学习的一个特殊阶段，区别于之前的学习，更多是学会将已知转为智慧，即前文所讲的转识成智的问题。应注重学生能力培养，而不是简单的灌输知识，学生有效地将其内化才是思政课"智慧教学"重点。中宣部、教育部印发的《新时代学校思想政治理论课改革创新实施方案》指出，大学阶段重在增强学生的使命担当，培养运用马克思主义立场观点方法分解和解决问题的能力。根据学生发展特征，有针对性地进行个性化教学。要厘清"智慧教学"概念首先要厘清"智慧教学"与教学智慧之间的关系。"智慧教学"与教学智慧是所属关系，教学智慧是"智慧教学"中的一个理念，即教师的教学智慧。"智慧教学"包含了智慧课堂。

信息技术视角："智慧教学"发展分为三个阶段，分别是起步阶段（2009—2013）、发展阶段（2014—2016）与应用阶段（2017至今）。第一阶段主要是理论构建和环境建设阶段；第二阶段是"智慧教学"技术发展和实践应用；第三阶段主要是偏向人工智能发展。从信息技术层面看"智慧教学"，其与智能教学含义一样，即运用人工智能、信息技术为媒介传递知识。除此之外，由于受到信息技术条件的限制，"智慧教学"的开展必须构建智慧校园环境，只有在一定的智慧的环境和条件下，构成智慧课堂，"智慧教学"才能有效展开。

（二）"智慧教学"的特征

"智慧教学"既顺应了大数据时代下社会发展的人才需求，也满足了师生共同发展的需要。与传统的教学相比，传统教学模式以知识、教师、教案为本位，学生处于"被填灌式"的学习状态，重理论与结论，轻实践与过程。而"智慧教学"作为一种新型的教学模式，以学生为主体、教师为主导，重视学生的学习过程，注重学生的能力培养，展现了动态发展的教学过程，呈现出多维互动的教学氛围，从而表现出科学高效的教学效果。

1. 多维互动

互动是主体双方信号发出与反馈的过程，有效的教学互动有助于师生间的信息交流，激发学生学习的积极性，带动学生主动参与学习，培养合作、探究、表达等能力，提升个人素养。"智慧教学"不同于传统的教学方式，不单是教师纯讲授式的单向教学，也不只是纯粹的问答式教学。"智慧教学"通过调节师生关系，形成和谐的师生、生生及人机等多维互动模式，以产生教学共振，提高教学效率。具体而言：第一，智慧教学师生互动要求师生双方需以平等对话为基础，通过组织教学、课堂讲述、创设情景、课堂提问等形式实现师生间的互动，营造良好的学习氛围；第二，营造生生互动氛围，生生互动以小组互动为主，一方面组内互帮，提升学生的协作能力，另一方面，组间互追，激发学生的求知热情；第三，实现人机互动，借助于智慧平台，实现学习主体与教学媒介的互动，引导学生实现从感性认识到理性认识、从抽象认识到具体认识的转变，提升学习效率与质量。

2. 科学高效

"智慧教学"是一项科学性的活动，它会根据学生的认知规律与心理特征等来确定教学内容、创设教学情境，并选择适当的教学方法等，以实现学生智慧的生成、提高与教师智慧的提升。"智慧教学"也是一种具有高效性的活动，其高效性主要体现在教师与学生双方节省时间，在最短的时间内寻求教学效果最大化。"智慧教学"的科学性与高效性相辅相成，相互促进。在教学方法上，"智慧教学"借助现代信息技术，采用多种教学方式，充实教学内容，从而提高教学效率。在教学计划上，"智慧教学"通过教师精心策划与精准实施，与学生平等相处，使学生主动参与教学，增强教学效果的同时也使教学方法更加科学化。由此，科学的教学活动加速了教学效率的提高，高效率的教学也增强了科学性，促使教学活动稳定发展，维持教学的动态平衡。

二、高校思政课程智慧课堂的理论基础

（一）建构主义理论

著名心理学家皮亚杰在研究儿童认知发展的基础上提出了建构主义理论，它是在认知主义和行为主义的这一层面上，针对学生的教学进行相应的研究与分析，他认为老师在教学的过程当中应该发挥学生的主动性，学生是一个具有个性的学习者，每一个学生都有自身发展的特点及规律，在教学过程当中不应该灌输单方面的知识，而应该在相应的社会生活的背景下，对学生进行帮助及学习资源的整合，促进学生对学习的自觉性。

这一种建构主义理论把学生当作一个主体，不同于传统的教学模式。传统的教学模式基本上都是老师讲学生听，主体客体完全颠倒。所以想要改变这种教学的模式，让学生成为主体而不是让老师成为主体，需要不断地进行教学上的改变及创新。

"智慧教学"的一个很重要的特征就是能够形成自己的见解，建立自己的知识体系，这也是智慧生成的关键所在。学生的思维性在于自主建构，一个学富五车的人倘若不能运用这些渊博的知识进行自主思维，形成自己的见解，也仅仅只是学者而已，而不能被称为智者。在现代的社会中，真正需要的不是这些能背诵四书五经的书呆子，而是要那些能进行自主思维，具有很强建构性的智慧之人。为此，在我们的教育中，教师要树立建构主义的学习观、建构主义的学生观及建构主义的知识观，让学生充分地发挥自主能动性，选择合适的学习方式，自主地进行知识建构，形成自己的见解，生成自身的智慧。我们要培养的不是顶级天才，而是学生自主思考且善于思考的能力，让学生即使是离开了学校的学习，也能自主形成学习思考与解决问题的能力与智慧。因此，这并不是一个遥不可及、无法达成的目标，只要我们依据建构主义的教学原则，改善我们的教学环境，并重新

定位我们的师生角色，教师与学生智慧共生的目标是可以达成的，我们需要有这份信心与坚定。

（二）多元智力理论

霍华德·加德纳（Howard Gardner）在1983年提出了多元智力理论，这一理论是以智力作为一个能力的组合过程，学生之间都存在差异性，而每一个个体，他们的发展之间也可能会有一点差异，由于差异的存在就让每一个学生多了不同特殊职能结构的理论化模式。在多元智力理论当中，他们认为每一个学习者都会拥有8种智能，并且这智能的发展是受相关学习环境及许多因素影响才达到不同水平的智力组合。每一个学习者之间都是存在个体差异的，无论是思维还是相关动手能力等都存在不同的差异，所以在学习方面他们的优势也都大不相同。

由于每个人及每个学习者之间，它们存在的个体差异性导致学习能力不同，在不同的学习领域当中也发挥着自己的优势，所以在教学过程当中，老师要注重对学生能力的发展，找到学生的优点并着重引导学生发展自己的优势，才能使学生的个性得到最好的发挥，这样才能促进教育的发展。在传统课堂中挖掘出每一个学生的优势，同时在教学过程当中发挥学生的智力及优势是一个特别困难的过程。但"智慧教学"不同于传统的教学模式，在传统的教学课堂当中，老师只注重对理论知识的讲解而没有发挥学生的主动性，因此在"智慧教学"课堂当中要以学生作为主体挖掘出他们的优势，并提高他们的学习效率，激发他们学习的热情及创新能力，这样才能挖掘出他们的优势，培养社会所需要的高质量人才，再加以正确适当的引导，使每一个学生都能有自由而且充分的个性化发展。总的来说，打造一个具有轻松学习氛围的教学课堂，对于学生的学习来说是非常重要的，这样才能让老师针对学生的智力进行不同的教学设计。取长补短是新时代教师应有的基本素养。

（三）冯契"智慧说"

"转识成智"是冯契在其代表性作品《智慧说三篇》中提出的，其属论述的主要内容就是理论知识到深层次智慧的一个变化过程，它不仅可以视为一种哲学价值取向，而且在教育领域中"智慧说"也是一种极其重要的价值观念。从不知到知，再从知到智，成功实现了"转识成智"。"转识成智"也就是说个体在认知和实践过程中形成的主体与每一个不同的个体之间进行角色的互换及相关角色的转化，促进主体的发展并结合相关学习的情景及实际的客观问题，进行"智慧教学"课堂的设计与研究分析。高校思政课程"智慧课堂"的最终目的即"转识成智"提供一种可行而又简便的方法及不同的学习途径。在传统的教学过程当中，老师一直扮演着主要角色，只是简单地将相关的教材知识灌输给学生，就像机器一样机械地灌输给学生，所以学生成了毫无个性的知识接收机器。因此，教育发展过程中针对学生主体进行不同的设计是德育的重要部分，思想政治教育最终的目的是要实现理论与实践、内化与外化的统一。

三、高校思政课程"智慧教学"的特点

（一）终身发展

"智慧教学"是使学生获得终身发展智慧的教学，终身发展性是"智慧教学"的首要特征。自 1965 年联合国教科文组织成人教育局局长（法国）保罗·朗格朗（Paul Lengrand）在联合国教科文组织主持召开的成人教育促进国际会议上提出"终身教育"以来，这一概念就迅速风靡起来。虽然该理念在科学概念方面，其所必需的全面解释与严密论证之间存在理论和实践的差距，但是综合众多学者的观点，有一点是一致的，即终身教育是人一生所受各种教育的总和。教育起始于生命之初，又终止于生命之末，生命的存在和发展要求人处在一个不断的学习状态之中。正因为如此，拥有有助于终身发展的学习能力十分重要，"智慧教学"的终身发展性不仅能够满足人的高分成绩、职业追求等阶段性需要，而且也能够更加重视教育主体的人格发展、思维发散、潜能开发及个性发挥等长远性的有利于个人终身发展的要素需求。

随着现代社会的飞速发展，许多人为了求得生存和发展，让教育教学局限于一种现实的功利范畴中。虽然科举制度早已经废除，但这长期积淀的考选文化依然深深地影响着人们的观念和行为，许多人尤其是经济落后地区的人总是把考大学当作是转变身份和改善生活的唯一手段，因而过度重视考选，在教学过程中忽略了教学的内在智慧和价值，忽视学生人格、个性及潜能的发展，这让教学活动变得极为狭隘。通过这种方式培养出来的人或许可以获得暂时性的发展和物质满足，但却经不起实践的检验和时间的考验。在每个人唯一一次的生命过程里，不能只用眼前的功利价值来衡量快乐和成就。因为人的终身性发展不仅需要物质生活，而且也需要精神养料，试问一个有着健硕肉体却没有精神活动的人，他的生活又有何乐趣可言？因此，人的生存需要思维，人的活动要有追求，不仅要完成眼前的迫切任务，而且也要顾及以后的终身发展。阶段性学习对于终身发展而言，

二者不是对抗性的，而是相互依存并相互转化的，阶段性学习作为终身发展的一个部分，它的有效完成能够为终身发展奠定基础，但这阶段性学习并不等同于终身发展。"智慧教学"与一般教学的区别就在这里，一般教学仅局限于阶段性学习，而智慧教学是把眼光放到了终身发展的高度，这才使得它成为一种备受认可的、有价值的教学方式。

（二）多维沟通

教育就是一种多维沟通的活动，是一个相互交流思想信息、传递情感意识且培养认知道德的教学场，一个教育者的教育能和受教育者的学习相互辐射的时空，一个个体与个体或个体与群体交往的意识流动圈。沟通作为教学的一个特质，是实现"教"与"学"相互结合的中介，教学本来就是一个多方面参与的培养人的活动，配以智慧二字，教学活动就更是要摒弃过去的"独白"教学方式，要求每一个人都积极地参与到教学之中，实现教师与学生的沟通、学生之间的沟通、学生与团队的沟通。"智慧教学"对现代信息技术的运用，让教学活动参与者之间的交流变得更便捷，也让其受众面急剧扩大，"智慧教学"的多维沟通弥补了一般教学单向性灌输的不足，对教学活动的开展具有重要意义。

一方面，教师与学生之间要实现沟通。因为教学活动会经常性地出现一些突发事件，而这些事件的处理在要求教师具备教学智慧的同时，也要求教师对学生有充分的了解，而这些了解则是从师生的良好沟通开始。因为只有教师与学生进行真心诚意的沟通，教师才有可能切实地了解到学生的个性特点、兴趣爱好、学习情况、道德情感及发展意向等情况，才有可能在突发情况下，对学生对症下药，作出正确的判断，在拟定学生的培养计划时，才能做到因材施教。另一方面，学生与学生之间也要实现沟通。在过去的基础训练中，我们进行的较多的是"听话与说话"，即一位学生说，其他学生听，一个接一个地进行说练的活动，这样的交流方式很明显让效果受到限制，无法达到学生交流互长的要求。为此，我们就要把"听话、说话"换成"口语交际"，把学生的"独白"换成"交流"，利用现代教学技术创设多样的教学情景，让学生在创设的情境下，尽情地进行交流与对话，甚至可以相互质疑和激烈争辩；此外，我们还可以把这个"口语交际"放于团体之中，实现学生与团体的沟通、团体性思维的交流与整合，可以让学生接收到不同的见解，既能够丰富学生的思维内容，也能够锻炼学生的判断能力、表达能力及合作能力等，让学生更进一步地学会并寻找自己在团体中的生存之道。

（三）环境民主

"智慧教学"是在师生平等互动的和谐氛围中，学生个性与共性共同发展的过程。在动态发展的"智慧教学"过程中，思政课程发挥学科的独特性，与实际生活相联系，启发学生用生活实例佐证教材内容，以平等的关系实现师生对话，赋予学生发言权与选择权。思想的熏陶并非从强制性灌输得来的，高校教师为学生提供条件供学生于教学活动中自主发言、表达个人见解，并引导学生在交流活动中达成正确的共识，以实现思想性教育。传统的教学中，思政课堂更多地以灌输给学生强加思想教育，致使部分学生产生抵制心理，不愿接受思政课程所蕴含的内容和要表达的思想。在"智慧教学"中，政治教师以平等的心态，通过创设情境，让学生充分理解思政课的内涵，使学生发自肺腑接受思想品德教育，认同正确的价值观，以实现学科的目标。

"智慧教学"除了要尊重学生主体地位外，还要创设平等、宽松且充满乐趣的学习氛围。因为只有在平等的环境中，学生才能放松心态，在没有心理压力的情况下，获得学习的乐趣；教师的教学智慧和学生的学习智慧才有可能被无限挖掘，双方的创造性智慧才有可能被无限激发。创新作为新时代的标志，是决定一个民族兴衰成败、国家兴旺的关键所在。为此，创设一个民主平等的环境至关重要，不仅关乎个人发展，也关乎国家未来。而且随着平等观念的深入人心，各种社会活动及人文活动的开展均不可能离开"人"，人的重要性的提升和人权意识的明显加强要求充分注重人、创设平等条件，尽可能地培养学生的思维创新意识和实践创新能力。

（四）科学高效

"智慧教学"的科学性与高效性相辅相成，相互促进：依律而教的科学性能够促进教学效率的提高，而高效率的教学也反过来增强教学的科学性，实现教学的良性循环发展，呈现螺旋式的上升态势。二者都是"智慧教学"的生命线，是首要的自觉要求，也是其内在的最基本追求。科学高效是"智慧教学"在教学效果上，相比于一般性教学效果显著的特征。

"智慧教学"的教学内容与教学目标具有科学高效性。一方面，教师智慧的发挥有赖于对知识内容的熟练掌握，教师只有在熟悉章节教学内容的情况下，才能努力做到知识结构的有机整合与整体部分的有机统一，才能游刃有余地把教材的教学内容与新鲜的时代内容结合起来，实现又一次的整合与创新。编制教学内容有一定的规律性，也只有把握好其中的基本规律，辅之以学生的学习兴趣与生活经验，依律教学，才能把握好教学的科学性，使静态的教学内容充满时代气息、生命气息和智慧气息。另一方面，教学目标作为教学活动的方向指标，其科学与否，决定了教学的成功与否，制定的教学目标不仅要考虑全面性（知识与技能目标、过程与方法目标、情感态度与价值观），而且也要考虑其是否科学。如果教学目标在开始制定的时候就不具科学性、不符合班级实际情况、不考虑教学基本规律，那就谈不上教学目标任务的完成、谈不上素质教育整体目标的实现、谈不上"智慧教学"目标的生成。制定教学目标切忌"拔苗助长"。

"智慧教学"的教学过程与教学方法具有科学高效性。"智慧教学"的过程是整个教学的主体，也是关键，学生智慧的生成、能力的提升及情感的升华等都是在这个过程中实现的，也只有过程具备了科学性，才更有可能实现这些目标。为此，在教学结构的设计上，应该从整体上把握，以激发兴趣、引发动机、提供信息、激活探究、指导方法、教会学习为重点，实现教学过程的科学性、合理性、生动性及和谐性，这是一般教学所不能达到的。而且"智慧教学"具有科学有效的教学方法，这是教学目标实现的有力保证，在教学方法的利用上，"智慧教学"对现代信息技术的运用，让其教学内容更加充实，也让其教学效率极大地提高。"智慧教学"既能够提高教学质量，也能够减轻学生负担；既能够夯实学习基础，也能够全面发展学生；既能够满足群众愿望，又能够达到国家要求。这是一般教学所不能达到的。"智慧教学"对现代信息技术的充分利用是使其实现科学高效的关键。同时，"智慧教学"的科学高效性也要求教师在精心策划教学行为与精确实施教学行为的时候，既要做到与学生平等相处，主动接近学生，做到教学课堂"活而不乱""控而不死"，又要做到固定教学内容与自身教学行为的融合，以吸引学生之势，触动学生的亢奋点，形成独树一帜的教学风格。教师应该精心选择符合科学规定的教学方法，正确实施具有较高效率的教学方法。

四、高校思政课程"智慧教学"优势分析

（一）实现以"学"为主、"教"与"学"并重

与当前大多数教学理念不同的是，"智慧教学"强调教师的"教"与学生"学"并重，课堂中的教师与学生都是主体，坚持师生双主体地位，以学为主，"教""学"并重。以"学"为主是根据本杰明·布鲁姆（Benjamin Bloom）的教学目标分类理论提出，认为最基础的知识由学生课前自学，需要应用、分析、评价、创造类的知识则在课堂上完成。"智慧教学"在当前已有教学模式的基础上，更加关注

学生自身情况，并通过智能化手段实现这一理念。"智慧教学"要做的是如何使学生更好地吸收与接受，将马克思主义理论知识内化于心，转识成智，外化为个人行为，而不是仅仅掌握理论知识。以清华大学和学堂在线共同推出的新型"智慧教学"解决方案雨课堂 App 为例，学生可在课前根据老师发布的提纲提先进行预习，教师可通过教学平台实时了解到每位同学的自学情况，教师根据学习情况调整教学方案，将课前预习完全交给学生自己，与高度依赖学生自觉性的方式不同。"智慧教学"有全过程、全方位的教学监督与系统评价，通过智能系统监督管理学生，从而培养学生自学学习习惯。"智慧教学"在学生学习过程中遇到难题时，在不打断教师及同学进度的同时又能及时将问题反馈给教师，教师通过系统及时了解相应问题，调整教学，"教"与"学"同时进行，教师根据学生学习反馈又进行解决。这些都是围绕学生以学为主、解决学生难题进行设计的，教师在课堂中就把学生疑惑和问题一起相互进行探讨和解决，在整个过程中，既促进了学生智慧生成、培养了学生问题解决能力，教师也得到进一步的提升，是一个相互学习和进步的过程，有利于教师与学生双向发展。

"智慧教学"结合当代大学生的思想特点和学习特征，将"教"与"学"一体化，学生在教师有效的教学中快速得到消化，学生利用智能平台将学习效果及时反馈给教师，教师进行针对性的教，教师与学生共同学习和发展，使教师教学智慧与学生学习智慧同时提高，教师与学生相互进步，两者处于平等地位。智慧教学目的在于提升学生学习参与度，重视学生学习方法的探究，通过在实践中获取知识，实现提升教师教学智慧和学生学习智慧。我们强调教师和学生智慧提升的同时，注重对学生进行全过程、全方位的评价，使学生能够通过思政课的学习有效获得相关理论知识，进一步培养学生将知识有效地转化为解决问题的能力，从而对其内化与外化的知识进行综合考查与评价。"智慧教学"主要针对大学生手机依赖症及"到课率""参与率""抬头率"低、实时控制大课堂教学进程难等问题，将传统的抵制手机进课堂理念转变为鼓励手机进课堂，利用手机便携性等优点，进行全员互动，学生在实际参与中学，让课堂更有趣味性，又能全方位地对每个学生进行追踪了解。"智慧教学"关注学生课前、课中及课后一体化的考评，全过程、全方位地对学生进行综合的评价，更加客观和科学地对学生进行评价，能有效地提高高校思政课的实效性。

（二）实现全员参与、全员互动和实时反馈

2016 年北京理工大学马克思主义学院沈震针对手机对高校思政课课堂造成的

严重冲击和挑战，为提高学生课堂参与积极性，将智能手机 App 引进高校思想政治理论课课堂，该 App 是一款专门针对思政课教学而设计的应用。该 App 可让学生在课前进入系统进行教师预约、ppt 预约等自主操作。在"智慧教学"过程中，教师根据事先设置好的问卷和问题，对学生进行调查，系统根据学生实际回答情况马上给予数据反馈和关键词锁定，以一种匿名方式显示，学生基于自身好奇心会及时作答，保证每位学生都参与到课堂互动中，极大地调动了学生课堂参与的积极性，激发了学生的课堂兴趣，学生在参与中了解自己与周围实际发展情况，形成一种人人参与的良好课堂氛围，有效地解决了思政课大课堂参与率和抬头率问题。"智慧教学"其最强大的功能体现在课堂教学上，可实现智能考勤、随堂测验、师生在线实时互动交流、全员互动、评价考核一体化、大数据分析等功能，有助于化解长期困扰高校思政课课堂教学中的实际难题，提高了高校思政课教学质量和学生课堂参与的积极性。

（三）体现个性发展，培养学生思维才智

在传统教学过程中，学生数量较大，教师难以在有限的一节课中关注到每位学生的个性特点，有针对性地培养每位学生的思维才智。"智慧教学"将课堂共享于师生，切实发挥了学生的主体作用，借助智慧平台，根据学生的个性特征和知识层面为不同学生制定不同的教学任务，充分体现学生的个性发展。教师扮演的是主导者的角色，为学生提供专业指导，启发学生思维，帮助学生思维才智的养成。在课堂讲授过程中，思政课程智慧教学鼓励教师引导学生自主探究，通过创设问题情境，引起内部的"认知冲突"，为学生提高思维想象的空间，让学生对知识自主酝酿、探究、发现、讨论、总结与归纳，从形象思维到抽象思维，从分析到综合，从个性到共性，循序渐进，不断激发学生的思维灵感，提高学生的思维能力。

（四）实现课前、课中、课后的有机融合

1. 激发学生课前自主预习主动性

网络教学与线上线下教学最先提出注重学生自学，但这种自学需要学生本身具有高度的自觉性与自我要求。高校思政课作为一门政治、德育课程，其理论性与育人要求较高，依靠学生自己自学，难以达到育人效果和让学生对理论知识有深层次的理解，反而会使教学出现学生学习两极分化的情况，即有高度自觉性的学生能很快跟进课堂，相反，缺乏高度自觉性的学生难以跟进课堂教学进度。

"智慧教学"利用了手机的便携性，教师在课前将预习提纲发布到平台，学生进行自主预习，并对学生自主学习情况进行全过程监督，将课前学习作为思政课考查的一个环节，有效地激发了学生学习的自主性。学生针对教师发布的提纲进行目的性预习，区别于传统模式学生自主对课本进行预习，目的性预习能有效了解学生知识掌握情况，将最基础的知识教给学生自己，有效避免课堂上出现对于学生熟练掌握的知识，教师反复讲授，对于学生难以理解的知识，教师忽视的情况。预习阶段学生将简单知识自我消化，有助于课堂上"教"与"学"同步进行提高课堂实效性。同时，一般在预习前，教师根据学生情况，将简单、容易掌握的内容通过图像、音频、视频等方式传授给学生，激发学生自学主动性，提升自学效果。

2. 课前、课中、课后能与学生有效沟通

传统高校思政课教学注重学生课堂中的学习和交流沟通，在教学改进中也是主要针对课堂中教学活动进行改革与完善，对学生课前和课后的关注相对较少，导致高校思政课课前、课中与课后教学相脱节，不能有效地衔接，学生课前情况不能及时反馈给教师，课中由于教学要求，教师难以一一解决每位学生的问题，课后受时间空间制约，教师与学生又难以进行有效沟通。高校思政课作为一门育人课程，必须要注重学生长期培养，因为思想道德和价值观的引导是一个长期的过程，要将课前、课中、课后融合，才能全方位地观察学生，教学实效性才能真正得到提高。

"智慧教学"与传统教学不同的是，更加关注课前、课中和课后的有效衔接与融合，全方位、全过程地掌握学生学习情况，了解学生发展状况。主要是通过运用智能软件进行监管，教师后台跟进和反馈给每位学生，在课前、课中实时掌握学生情况，及时与学生沟通，打破了传统时间与空间的限制，实现课前、课中、课后教师与学生的有效沟通。"智慧教学"与混合教学、网络教学及线上线下教学不同的是，"智慧教学"中智慧软件只是教师教学智慧发挥的一种展现形式，这种形式对教师的课堂教学具有辅助作用，主要是通过手机进行，教师可以随时随地掌握学生实际学习情况，做到课前、课中、课后都能与学生进行及时的沟通与交流，全方位考查学生，实现对学生的长效引导和监管。

3. 及时推送相关学习资料

与以往的教学相比，"智慧教学"注重给学生及时推送相关学习资料，虽然在以往的教学中也有资料的推送，但相对来说，缺乏推送得及时性，不能及时地根据学生需求进行推送，具有一定的滞后性。推送相关学习资料与时事热点能增强大学生在高校思想政治理论课中对马克思主义理论知识的掌握和理解，结合社会实际，将理论与实际结合，更有效地帮助学生学习。学习资料的及时推送能及时帮助学生自己主动解决疑难问题，这是思政课教学的需要。

所谓"智慧教学"，综合已有的研究，它包括两个方面，一是智能化教学，二是教学智慧。智能化教学指将人工智能等融入高校思政课堂，这种智能化不仅能及时掌握学生情况，还将对每位学生进行智能化分析。将教师教学智慧与智能化信息技术结合进行资料推送，教师结合学生实际情况，筛选相关学习资料加入教学平台，教学平台通过智能化分析学生情况，对不同的学生有针对性地将教师事先发布的相关资料主动、及时地推送给学生，及时巩固和强化学生知识，帮助学生解惑释疑。

4.教学考评智能化

随着新媒体技术的发展和应用，对高校思政课进行智能化考评是教学改革的趋势和教学需求。传统的教学评价主要依赖教师人工进行，由于环节的复杂，需要教师耗费较多精力进行，尤其是在大课堂中的教学，教师精力有限，难以关注到每位同学的情况，智能化考评通过试题的方式和人工课堂记录的方式对学生进行教学评价。但这种方式不仅耗费教师的精力和时间，也耗费课堂教学的时间。智能化考评，将考评与教学同时进行，更加合理和科学地对每位学生进行客观分析与评价。

"智慧教学"鼓励手机走进课堂，以疏代阻，利用手机减轻教师教学负担的同时，"智慧教学"软件通过每节课学生的参与进行大数据分析，全景式记录学生学习情况，综合地为教师提供该学生详细的学习数据与量化成绩，形成智能考评系统，减少了教师教学工作量，使教师能投入更多精力关注学生。日常考评中，实现智能考勤，课前、课中与课后的测评和考核智能化，全方位地掌握学生实际的思想道德情况，并进行考评，解决传统高校思政课中考评粗浅、片面化的问题，有助于教师将更多精力放在关注学生、关注教学过程。

五、高校思政课程"智慧教学"的优化路径

（一）利用学校教育平台普及理念

学校教育平台是个专门的教育场所，是对受教育者进行有目的、有计划、有组织、有系统的知识、技能培养，及品德、智力、体力、美感、劳动全面培养活动的空间存在。学校作为实施教学活动的主要场所，亦是开展思想政治理论课"智

慧教学"的主要阵地。相比于家庭教育和社会教育,学校教育拥有职能的专门性,即"培养人"的专门职能,其所有的事物均以"培养人"为中心,围绕"培养人"来进行。它拥有专门的教学队伍、专门的教学设备、专门的教学手段与专门的教学目标,专门性地培养安排奠定了学校教学平台的主导地位,同时也相应地要求学校教学平台具有严密的组织、系统的内容与稳定的形式。思想政治理论课"智慧教学"作为一种教学活动,自然是以学校作为教学的主要场所,如何切实地利用好学校这个专门的教学平台开展思想政治理论课"智慧教学",是各界教育研究者与实践者需要深入探讨的问题,其首要的解决方式便是相应理念与知识的推广与普及。在学校广泛地普及思想政治理论课"智慧教学"的理念与知识,是迈开高校思政课程"智慧教学"活动的第一步。

(二)高校寻求国家、社会的经济支持

经济支持是教学活动运行的重要保障,任何教学的提出和运行都离不开物质条件支撑,同时,对教学的探索是提升高校思想政治理论课教学实效性和教学质量的关键。高校思政课"智慧教学"目的就在于提升课程实效性,激发学生学习兴趣。高校思政课"智慧教学"是借助一定的教学软件进行的,高校对软件的开发或者使用需要经济支持,在国家扶持下,还可以向社会寻求支持,能有效地确保高校思政课"智慧教学"能顺利运行。单纯依靠国家扶持与投入,"智慧教学"在短期内难以运用到高校思政课堂中,其耗时与周期较长。得到国家与社会的经济支持,是思政课"智慧教学"开展与运行的前提,在坚持马克思主义理论前提下,我们可以采用雨课堂这种联合推广的模式不断探索出更适合高校思政课的"智慧教学"。主动寻求国家与社会的经济支持,避免坐以待毙,有利于高校思政课"智慧教学"进一步广泛推进,增强高校思政课教学质量。

(三)培养专业"智慧"师资队伍

第一,智能化信息技术掌握。高校思政课"智慧教学"是教师智慧、学生智慧与智能化的结合,教学的智能化要求教师对信息技术充分掌握。就目前高校思政课专任教师队伍情况来看,专业的信息技术师资队伍缺乏,致使大多数高校思政课仍停留在传统的单向灌输式教学,学生学习兴趣难以被激发,教师为完成教学任务而教学,缺乏智慧性教学。相对于传统高校思政课教学,"智慧教学"顺应时代发展,有效利用信息技术手段,结合教师教学智慧,即对"智慧教学"环境下复杂的教学情景有敏锐的察觉能力、能迅速准确地作出判断和反应的能力,使学生通过思政课的学习，提升问题解决能力。"智慧教学"在传授理论知识的同时，更加注重学生的互动参与和实际能力提升，前提是"智慧教学"得以有效开展和展开。"智慧教学"的有效开展，需要教师对信息技术有一定的掌握，教师要比学生对新媒体更为熟悉，才能积极推进教学，这就要求培养专业的师资队伍，保证教师有效地解决在教学过程中面临的技术问题，思政课"智慧教学"才能得以顺利、高效的开展。同时，高校思政课教师"智慧化"也是高校思政课改革的要求，在《关于深化新时代学校思想政治理论课改革创新的若干意见》中，强调要加快壮大学校思政课教师队伍，壮大教师队伍的同时，培养专业的师资队伍，信息化思政课师资队伍是高校思政课"智慧教学"运行的重要保障，教师是活动的号召者、发动者、组织者，是思想政治教育教学课程的传播者或实施者，专业师资队伍建设能有效提升课堂实效性。

第二，教师教学智慧。《教育大辞典》将教学智慧定义为：教育者在复杂的教育教学情境中能够准确、快捷地处理教学过程中面临的教学困境，如在处理事前难以预料、必须特殊对待的问题时，以及对待一时处于激情状态的学生时，教师所表现的能力。[①] 这是对智慧复杂的教学情景有敏锐的察觉能力、能迅速准确地作出判断和反应。高校思政课"智慧教学"作为将智能化、智慧化与思政课结合的一种模式，互动性强，教师在教学中面对学生难以预料的回答和互动较多，这就对教师的教学智慧要求更高，要求思政课教师要转变传统思维方式，并且不断充实自己的专业知识和清楚地了解学生专业背景，更加关注课堂细节，了解学生需求，能迅速作出反应，解决问题。将教师的教学智慧同智能化技术结合，两者是高校思政课"智慧教学"必不可少的，只有两者同时推进，才能有效提高教学质量。

（四）实现教学内容智慧性转化

教学内容与思想政治理论课教学相关性最高。根据《中国大学生思想政治教育发展报告 2018—2019》调查显示，思想政治理论课的教学内容与思想政治理论课教学总体状况评价的相关系数为 0.823[②]，两者的相关性最高，教学内容所占权重最大，是影响思想政治理论课教学质量提升的关键因素。可见，高校思想政治理论课教学改革的同时，需要有与之相适应的教学内容适配，要注重对教学内容

---

① 李娟.思政课教师教学智慧养成探究[J].学校党建与思想教育，2021（2）：59-60.
② 沈壮海，等.中国大学生思想政治教育发展报告（2018-2019）[M].北京：北京师范大学出版社，2020.

的转化。思想政治理论课"智慧教学"是人的智慧与人工智能相结合的教学模式，对思政课教学内容的转化有更高的要求，同时，思政课是关于大学生政治、德育的课程，如何转化是关键。"智慧教学"改革目的在于激发学生学习兴趣，调动学生的学习积极性，让学生转识成智，增强教学实效性。虽然高校思政课智慧模式顺应了当前时代要求、党的发展需求及学生特征，但不能脱离高校思想政治理论课课程内容结构合理、功能互补、相对稳定这特征。所以，"智慧教学"教学内容智慧型转化是在教材的基础上进行的，首先将教学内容划分为主题型与渗透型、再利用智能化手段推送相关热点、结合时事展开教学，使教学内容鲜活起来，才能有效提升思政课教学质量。

第二节 高校思政课程与"学生骨干宣讲法"模式的结合

一、"学生骨干宣讲法"实践教学模式的基本概述

（一）相关概念

1. 实践教学

在实践教学的理解中，实践的内涵更倾向于名词的词性解释。而理论在现代汉语词典中同样有两层意思，一种为名词，意思为人们由实践概括出来的关于自然界和社会的知识的有系统的结论；一种为动词，意思为辩论是非、争论、讲理。理论教学是教师以课堂讲课为主要形式传授理论知识，帮助学生形成扎实的理论基础。实践教学和理论教学在高等学校培养人才中具有同等重要的地位，两者相辅相成，不可分割，但又是相对独立的。实践教学是对理论教学的证明、补充及拓展，有着极强的操作性和直观性，目的在于培养学生的创新能力和实践动手能力，在培养学生创新精神和实践能力中有着理论教学不可替代的重要作用。

2. "学生骨干宣讲法"实践教学模式内涵

杨曙霞、张光映老师认为"学生骨干宣讲法"是教师根据一定的理论教学内容，在各个班级里选择一部分积极参加实践教学活动的学生骨干，在对他们进行理论知识、实践基地介绍和外出安全要求等充分培训后，组织学生到实践教学基地进行现场教学学习，在教学过程中要求学生做好现场记录，学生骨干回校后经过老师的指导，选择自己喜欢的主题或视角，面对班级全体学生进行实践教学的

感悟宣讲，以这种间接、同辈教学的方式实现实践教学的全员化，最终达到提高理论教学实效性的目的。[①] 本研究认为"学生骨干宣讲法"实践教学模式是根据其特定的理论基础和思想政治理论课的教学目标，在思想政治理论课实践教学中按照其固定的教学程序和科学的评价方法对学生进行实践教学，不断加深学生对理论知识的理解和实践过程的感悟，做到理论联系实际，从而实现知行统一的稳定的实践教学模式。

（二）"学生骨干宣讲法"实践教学模式的理论基础

1. 马克思主义认识论

马克思主义认识论是融合了实践和辩证法思想的认识论，将主体与客体、认识与实践的关系更清晰地呈现出来。

在认识与实践的关系上，认识的主体与客体是改造与被改造、认识与被认识的关系。不论是改造与被改造，还是认识与被认识，认识主体都是通过实践，发挥其主观能动性作用于认识客体。实际上，改造与被改造，就是实现主体的客体化，即认识主体本质力量的物化（人的体力和智力）。实现客体的主体化，即客体属性、规律内化转变为认识主体的体力和智力。认识与被认识，实质上是客体经过人脑的一些"改造"，这些改造使客体成为观念性的存在。这种双重关系依赖于实践，通过实践实现的主体能动性，即人们在改造世界中认识世界。人的这种实践活动具有极强的目的性，客体被主体改造并在主体的头脑中反映。

高校思想政治教育作为学生在成长过程中必不可少的一个环节，最重要的目的之一就是促使学生能够更加全面客观地认识世界并改造世界。在教学过程中，课堂教学是对学生进行外部理论知识灌输的过程，而让学生能够将理论知识内化于心，使之成为自己的力量才是高校思想政治教育根本的目的。而只有经过实践，才能让理论知识真正入心，使理论内化于一种信念或行为。因此，实践教学在高校思想政治教育过程中的作用和地位可见一斑。

2. 人的全面发展理论

人的全面发展理论是马克思主义思想的根本价值和最高使命，也是基础理论的关键组成部分，又是马克思主义中国化发展的时代需求。马克思在对资本主义进行的批判中，指出了资本主义制度限制了个体的全面发展，社会主义制度为人的解放和全面发展提供了保障。

[①] 杨曙霞，张光映. 思想政治理论课实践教学"学生骨干宣讲法"的探索与总结[J]. 大理大学学报，2019，4（1）：59-63.

马克思关于人的全面发展理论,是关于人类历史发展规律的思想,也是马克思主义人学理论的集中体现。马克思指出,人是社会关系的产物和社会发展的主体。在《关于费尔巴哈的提纲》中,他认为个体从本质上讲并不是完全独立的、固有的抽象物体,而是与周围一切相关的社会关系的综合[①]。同时他还认为奴隶的存在,是为个体生存必须能像普通动物一样得到满足,所以皮鞭才能促使他为了基本所需而出卖自己的劳动力和血汗,这是由个体天生的本性所决定的[②]。在《资本论》中,马克思谈及个体所必备的最基本劳动能力时,指出了劳动能力是一个人身体中存在的、在使用中所耗费的体力和智力方面的总和,已达到人发展的目的[③]。

概言之,人的全面发展就是人的本质的东西的全面发展,是指个体以一种全面的形式、以一个完整的人的形式,拥有人所该具备的全面的特质,也就是各方面能力的全面发展,主要表现在劳动及其能力的提高、人的社会关系的进步及人的个性需求的满足等。

"学生骨干宣讲法"实践教学模式中贯彻落实"人的全面发展"的理念。授课教师在进行实践教学的整个过程中,培养了学生观察现象、思考问题、收集资料、制作教学课件和课堂教学等各方面的能力,促进了学生的全面发展。因此,学生的全面发展理论对于"学生骨干宣讲法"实践教学模式有较强的理论借鉴意义;高校要落实立德树人的教育目标、推动大学生的全面发展,需要大力坚持实践育人的政策方针。

3. 教育的双主体理论

教育的双主体理论认为教育者和受教育者都可以作为教学过程的主体。它不同于传统的思想政治教育中教育者是主体,受教育者是客体的教学,它打破了教师讲、学生听的教学方式,在教学过程中将学生也作为教学活动的主体,也就是说学生可以作为课堂知识的传授者。在课堂上,教师和学生可以平等地进行交流,师生双方可以在实践教学活动中进行平等有效的思想交流和知识共享,用这种方式来实现教学的效果。教育活动的效果取决于师生在互动过程中是否有效,这是双主体理论的特征。教学过程是师生之间双向互动的过程。这不仅是教育者发挥主导作用并对受教育者产生教育影响的过程,而且也是受教育者受到教育影响并进行自我教育的过程。因此,在整个教学过程中,实现师生双向平等的交流与互

---

① 马克思,等.《马克思恩格斯选集:第一卷,[M].北京:人民出版社,1995.
② 马克思,等.马克思恩格斯全集:第三十二卷,[M].北京:人民出版社,1974.
③ 韦建桦.马克思恩格斯文集:第5卷,[M].北京:人民出版社,2009.

动、建立更加融洽的师生关系、提高学生的语言表达和分析总结的能力，也可以使思想政治理论课更接地气、顺应时代潮流、更加有效。

师生双主体的教学方式方法在"学生骨干宣讲法"实践教学模式中很好地得到了体现。在对学生进行实践教学的理论铺垫时，教师通过对理论知识的深入分析讲解，引导学生理解和掌握与实践教学相关的马克思主义的基础理论知识和党史国史、改革开放史、社会主义发展史。在学生骨干宣讲时，学生骨干以自己的独特视角和讲解方式将到实践教学基地的所见、所闻、所思、所感与同学们交流、讨论。在此过程中，学生成为教育活动的主体，学生可以在此过程中充分发挥主观能动性，锻炼自身全面发展的能力，丰富思想、拓宽眼界，促进知识的升华，提高师生互动的有效性，促进师生的共同进步和发展，使思想政治教育理论课不再是枯燥无味的纯理论课程，而是能够发挥学生主体性、融入情感共鸣、具有亲和力和针对性的课程。

二、高校思政课程"学生骨干宣讲法"实践教学模式的优势

（一）创新教学理念，学生成为教育主体

"学生骨干宣讲法"模式以培养骨干学生宣讲员为切入点，创建固定的教学实践链条，通过学生自我教育方式间接达到实践教学全覆盖。更重要的是，骨干学生通过参观实践，在有所收获的基础上、在教师指导下，经过查阅资料、撰写宣讲稿、制作PPT、试讲等环节，最后在教师组织下面对班级学生进行宣讲，宣讲成员对其他学生分享自己的实践感悟，自己既是深受教育的客体也成为教育主体，产生了较好的朋辈教育效果。这一模式克服和化解了实践教学中面临的许多普遍问题和困难，如学生人数多，实践基地有限；组织管理困难，经费有限；有的教师对实践教学环节重视不够，没有用心策划、精心指导，教学效果不理想；学生实践中的安全保障问题；实践环节成绩的合理评定难；有些参观考察活动走马观花，效果不明显；等等。通过骨干宣讲，上述许多问题基本得到解决。

（二）利用本土资源，理论联系实际

实施"学生骨干宣讲法"，根据思政课程教材内容和课程教学目标，精选实践教学内容，整合、利用地方特色教育资源，凸显乡土特色。

在开展校外实践活动之前，各门课程之间通过协调后，由任课教师选拔学生骨干并对其进行专题辅导，做好充分的准备。在实践活动结束后，通过骨干互动

交流、专题研讨、教师指导,形成有质量的宣讲稿、PPT、小组学习报告等,通过试讲后在课堂进行面对班级学生的宣讲,让未能外出参与实践的学生分享自己的实践感悟,扩大实践教育面、增强实践教育实效。

(三)操作简便,滚动发展

以教研室为课程单位,学院领导积极参与组织协调,集中各方面资源和条件搞好实践教学。学生骨干培养出来后,利用实践教学学时,在课堂上进行集中宣讲,学生之间互动讨论,达到学生的"自我教育"。参加宣讲的同学,其课程的实践教学成绩与宣讲活动挂钩,其他同学根据参与听讲、讨论、问答等表现评定实践成绩。通过4门课程的实践教学,建立学生骨干宣讲员档案库,以滚动发展、连续运作的形式,不断扩大宣讲员队伍,培养更多的学生成为骨干宣讲员,并且采取以老带新、教师指导等形式,不断提高骨干宣讲的质量,增强教学效果。

三、"学生骨干宣讲法"的实践

(一)前期准备

首先是理论铺垫,即对实践活动内容及调查研究对象相关知识提前讲解、安排学生自主搜集资料与学习。理论来源于实践,没有凭空而来的理论,任何理论都不可能脱离实践而独立存在。在将学生带到实践基地前先对学生进行必要的理论知识的讲解和铺垫,有助于学生更好的理解外出实践的目的,然后再安排学生从图书馆或网络上搜集一些与实践教学内容相关的资料,提前了解以备后续理解。

其次是对各班的骨干学生进行培训。因为每个班级的学生人数较多,有很多硬性条件的限制,我们不可能将所有学生都带到实践基地进行教学,这就需要我们在实践前期选拔一些对实践教学有着极大兴趣或是本身在班级具有较大号召力、口头表达和文字能力较强且愿意主动参加实践教学的学生作为骨干,一般为每个班级选择3~5名学生骨干;在前期理论铺垫的基础上再次对这些学生骨干进行培训,培训内容包括实践活动内容、实践目的、安全注意事项等,让学生带着目的和任务去参观实践基地,这样学生骨干才能回到班级将自己的所闻展示给同学,将自己的所感、所悟宣讲给同学。只有这样才能给学生以心灵的冲击、达到情感的共鸣,最终达到实践育人的目的。

最后是保障环节,即联系教学实践场地和联系学校后勤中心,安排校车接送学生往返。实践教学基地的选取要与理论教学内容相匹配,另外,实践教学基地应该具有典型的教育意义、具有民族特色等。再者，教师在联系实践场地时应与实践基地的讲解员、聘请的专家等沟通交流，以便后期学生对实践基地概况的讲解和对学生现场讨论的点评等。

（二）实践教学

当学生到达实践基地后，在现场进行现场体验并开展实践教学，由实践基地的讲解员对基地概况进行讲解和对学生提出的问题进行解答，参观完成后，在基地现场便组织学生骨干进行现场讨论交流，分享自己的所见、所闻、所感，并由老师或者是专家进行现场点评，不断加深学生的感悟。而学生骨干在基地现场学习的时候，不仅要记下听到的东西，也要用相机或手机等电子设备记录自己看到的东西，以便回到学校宣讲时让同学们有身临其境的感受，实现全员参与，从而达到实践教学全覆盖的效果。在实践过程中注意引导学生用描述记录、叙事记录、工艺学记录等方法对实践教学过程中的场景、人物、现象、事件进行记录。

（三）学生骨干宣讲

学生骨干回到学校后，根据自己去到实践教学基地学习的内容，选择一个适当的角度或主题，制作 PPT、试讲，教师给出指导意见，经过多次修改，最终将实践教学的内容呈现并在课堂上给同班同学宣讲，以达到实践教学的全覆盖，提升实践教学的实效性。指导教师则是需要在学生骨干宣讲的选题、文字稿的组织、PPT 的制作、试讲等方面，认真反复指导好学生骨干，同时，在学生骨干宣讲后，教师要及时对学生宣讲的全过程给予点评，还要注意引导学生之间的交流互动，提高学生的参与感、认同感和获得感。

（四）实践成绩评定

当学生骨干对实践教学的内容宣讲完后，学生骨干提交宣讲文稿，班上的同学要根据宣讲的内容撰写学习报告，教师对学生的宣讲文稿或学习报告进行评定。评定成绩要求：学生骨干围绕宣讲主题，感悟宣讲，并提交宣讲文稿；各小组完成一篇主题学习报告，并作交流汇报，各小组在汇报时应该紧密围绕主题结合当前国家、社会和自身问题，思考并阐述感悟。

一般评定标准：各班成绩可分为优（100~85 分）、良（84~80 分）、中（79~70 分）、差（69~60 分）、不及格（小于 60 分）五个档次。注意在对学生进行成绩评定时，学生的理论课成绩和实践成绩应分别评定，让学生充分重视实践教学，才能突出实践育人的重要性。

四、高校思政课程"学生骨干宣讲法"实践教学经验

（一）加强建设，建立稳固的、有特色的实践教学基地

"学生骨干宣讲法"要取得实实在在的成效，首先要走出校园，有与教学内容相关联的、稳固的、多样性的校外实践教学基地；要让学生到社会、到人民群众中去切身感受和了解我国的国情、社情、民情，拉近与人民群众的情感，从而培养他们服务社会和群众的意识。要开展好实践教学，基地是首要保障，稳固的实践教学基地，对不断提升学生的实践能力和社会责任感、促进学校与社会紧密联系具有重要作用。高校要高度重视思政课实践教学基地建设，结合实际情况建设能充分满足实践教学需求的基地。值得注意的是，思政课的实践教学基地建设与发展要紧密联系当地的红色资源、传统文化资源、新时代中国特色社会主义建设和改革资源，要深入挖掘本土文化中的育人因素，建立生动、直观、有特色的、稳固的思政课实践教学基地。

（二）坚持理论性与实践性相统一

"学生骨干宣讲法"实践教学模式要坚持理论性与实践性相统一。习近平总书记在学校思想政治理论课教师座谈会上提出了思想政治理论课要坚持理论性和实践性相统一，学生的主体性和教师的主导性相统一。这种教学方法打破了原来实践教学的常规，即大学生写读书报告、学习原著的心得体会、观看影片后的交流等课堂实践，或是让大学生自己去进行社会实践、社会调查，提交社会实践报告等，这些实践教学方式在实施过程中还是难度较大，再者就是实效性不是特别好。因此，高校要积极推行学生实践教学，这种实践教学方法通过组织学生到基地进行实践教学，将教学内容与红色资源有机地结合起来，让学生能够有身临其境的感受，得到思想的碰撞和心灵的冲击，最大限度的亲身实践和体验，提高实践教学的实效性。

（三）利用当地教育资源进行特色教学

"学生骨干宣讲法"实践教学模式利用当地特有的教育资源，彰显出其特色。在我们运用"学生骨干宣讲法"实践教学模式进行教学时，我们选取的实践教学基地，或是当地特有的红色文化基地，或是对马克思主义中国化传播作出巨大贡献的英雄人物代表故居，或是能够表现民族团结一家亲的民族团结示范村庄，或是能够展现新时代生态文明建设成就的美丽乡村，或是乡村振兴中代表产业兴旺

的农业生态旅游休闲园区，等等。这些都是可以选择的实践教学资源，将这些资源融入思想政治理论课实践教学中，不仅能对学生进行较好的爱国主义、民族团结、生态文明建设等教育，而且能够让学生更好地感受、了解历史文化、民俗风情、风俗习惯等，在实践中将中华民族团结的理念播撒在学生的心中，铸牢中华民族共同体意识。

（四）结合实际进行实践教学

"学生骨干宣讲法"实践教学模式坚持与实际相结合会显示出更好的效果。随着教育部发出打造中国大学"金课"、建设一流课程的号召，社会实践课在大学教育中占据了越来越重要的位置，要想打造这样一门具有特色的一流课程，最有效的方法就是将学生都带到社会实践中去，只有让学生亲自感受，才能有所感悟。但是，思想政治理论课实践教学如何做到学生的全覆盖，一直以来都是全国高校思政课实践教学难以破解的难题。将学生带出校园，首先面临的是一个安全保障问题，学生人数众多，出了学校仅靠几位老师是很难保障的；其次就是实践经费的问题，学校能够划拨的实践教学专项经费较少，想要实现实践教学的全覆盖是难度较大的。因此，为解决学生实践教学中存在的困难，实践教学必须结合实际状况进行教学。首先，在班级里进行筛选，选取部分学生骨干到基地实地考察、学习；其次，由学生骨干回到班上以现场图片、视频等方式对同班同学进行宣讲；最后，以全班同学上交心得体会的方式对学生进行实践教学的考核。这种方法间接地实现了对学生实践教学的全覆盖，能够很好地解决实践教学经费、保障体系不是很完备等难题，对于全国的同类高校的思想政治理论课实践教学有很好的借鉴作用。同时，在宣讲过程中让学生骨干也得到了很好的锻炼，使其综合素质得到有效提高。

第三节 高校思政课程 STEMP 教学设计模式研究

一、STEMP 思政课教学要素分析

STEMP 思政课教学是科学（Science）、技术（Technology）、工程（Engineering）、数学（Mathematics）、社会实践（Social Practice）等多学科要素整合于思政课教学全过程的教学模式。以"毛泽东思想和中国特色社会主义理论

体系概论"课程为例，运用马克思主义认识论和西方心理学研究方法，以提升思政课教学的科学性；运用互联网信息资源平台的构建，信息化教学程序，以提升思政课教学的技术性；构建马克思主义理论系统工程，以推进各门思政课的资源共享、教学联动和学科互补，提升思政课教学的系统性；将学情数据分析贯穿于思政课教学全过程，为教学改革提供实证依据，以提升思政课教学的实证性；通过校内外社会实践培育学生发现问题、分析问题和解决问题的能力，以提升思政课教学理论与社会现实紧密结合的实践性。

STEMP 五大要素之间在逻辑关系上是以实践教学（P）作为统领，在课堂实践、校园实践和社会实践的各条线上融入科学（S）、技术（T）、系统（E）和数据实证（M）等学科元素。首先，教育的核心本质就是实践，STEM 元素必须通过各级各类的教育实践项目融入思政课教学。"教育在本质上是实践的，而实践则是人的全部社会生活。教育的实践本质，是我们对教育内涵实质的基本理解。这决定了我们必须始终坚持把教育作为人的社会生活实践来理解。……它是一个整体发生着的事情，是教师与学生之间一种精神、意识层面的交互作用和影响。"[①] STEM 作为提升认知的手段，必须融入教育实践项目，发挥各元素的功能。其次，以信息化主导的新科技革命引起当代教育实践发生了根本性变革，STEM 元素全面渗透到当代教育并深刻地融入教育实践，有利于思政课教学从理论研究落实到教学实践中去，直接呈现思政课教学的实践成果和检验标准。最后，STEM 元素作为自然科学的研究方法融入思想政治教育研究及思政课教学，要求从社会科学研究转向技术化研究、数字化研究、量化分析等实证研究，这一转变对思政研究提出了技术化、规范化和可操作要求，更加注重思想政治教育研究的准确性、有效性和可实施性，从整体上提升思政学科的研究能力。

（一）科学思维方法

在思政课教学中运用科学思维方法既是教学的方法论问题，也是科学精神、科学素养，科学态度等教育观问题。科学的教育只能来自实践，宁红老师在编著《教育研究导论》这本教材中提出："科学是人类秉持科学精神的创造活动……科学方法是在这个创造活动中形成的，它是这个创造活动的结果，一旦形成，它对这个创造活动就具有推动的作用，然而，它毕竟不是最根本的动因。[②]"科学思维的动因是在追求真理的教育实践中秉持实事求是的科学态度，将科学精神、科学

[①] 宁虹.教育研究导论[M].北京：北京师范大学出版社，2010.
[②] 宁虹.教育研究导论[M].北京：北京师范大学出版社，2010.

素养和科学思维方法运用于教育实践领域，转化为思政课教师在教学实践中的科学技术手段，体现教育工作者对于科学的尊重和真理的遵循。首先，科学思维的培育要求思政课教师通过严谨规范的逻辑训练和科学方法的学习，主动学习并运用先进的教学设备和信息化教学手段。科学素养的获取要求思政课教师打通各学科的知识共享环节，尤其重视与计算机网络专业、信息统计专业、系统工程专业、教育心理学专业、社会学专业之间的互通互联，积极构建信息化教学资源平台。其次，要求思政课教师运用科学思维方法专业地开展教学调研和数据统计，学习和掌握系统化的教学工程思路，遵循心理学规律和基本方法，了解和把握学生的个性心理特征，学习掌握科学的研究方法，积极投身于社会实践调研，真正地将思政课上成具有科学探索精神的"大思政"课程。最后，师生共同拓展思政学科的立体化发展思路，形成各具路径特色、资源特色、平台特色的师生互动、校园内外联动、课堂内外联动的课程，有效提升思政课教学质量和社会实践的科学性，强化思政课程的理论说服力、思想引导力和情感渗透力。

（二）信息技术路径

信息化学习是全员学习和终身学习，信息时代的思政课教学环境存在信息适应性问题，这不仅是信息量的适应，还包括信息路径的适应，要求思政课教师在与学生有效沟通的路径选择上善于学习和运用网络信息技术。"基于'互联网＋'时代大学生主体性增强、信息渠道多元化、社会价值体系构建多渠道化、社会学习信息化等德育规律的新特点、新趋势，推进思想政治理论课与全天候信息、情感双向互动的微信、微博等新媒体技术的深度融合，探索课堂教学模式、教学结构和教学体系的信息化、一体化创新，实现课堂教学线上线下的完美契合，推进教材体系向学生认知体系和信仰体系的有效转化。"[①]思政信息化要求思政课教师树立信息化教育理念，提升技术素养，适应信息时代的学习方式和生活方式，充分利用信息资源，全面融入信息化教育环境，熟悉信息化教学手段，构建新型师生沟通交流方式，把握网络共享的发展机遇，促进课堂教学信息化、课后辅导信息化、校园文化资源信息化和社会实践组织信息化。信息技术手段和网络学习路径为思政课教学提供了广阔的发展路径，成为提升思政课教学影响力、号召力和感染力的基本元素。

---

① 王存喜，戴钢书. 思想政治理论课教学信息化的含义、特征、路径 [J]. 成都大学学报（社会科学版），2017（3）：96-101.

（三）学科系统构建

基于马克思主义理论研究工程的学科发展思路，"马克思主义基本原理""毛泽东思想和中国特色社会主义理论体系概论""思想道德与法治""中国近现代史纲要""形势与政策""大学生心理健康"等公共政治理论课已经形成了系统化的学科构建体系，并不断完善资源共享、课程融通、教学互补的思政系统工程，成为高校思政课教学的发展新动态。首先，各门思政课程的教育资源基本实现针对全校各专业师生的开放布局，下一步就是 STEMP 思政课教学模式与课程内容的有机融合，以进一步打开思政课教师的系统化教学思维，形成思政课程之间的互补关系，利用"马克思主义基本原理"的理论支撑、"思想道德与法治"与"心理健康与维护"的教育方法与手段、"中国近现代史纲要"的史学实例支持、"形势政策"的理性判断，以及"毛泽东思想和中国特色社会主义理论体系概论"课程系统化的宏大叙事，促进各门思政课程之间的资源共享、课程共建和教学共通。其次，各门思政课程的学习任务布置方面应做到互通有无、优势互补，防止知识点重复教授、作业重复布置、考核点重复交叉，主动倾听学生对于各门思政课程的建议，调查分析学生的课程教学反馈，构建师生之间的教学交流通道，各科教师之间做到知己知彼，避免单打独斗，共同引导学生综合运用"马克思主义基本原理""毛泽东思想中国特色社会主义理论体系概论""中国近代史纲要""思想道德与法治""形势与政策""心理健康与维护"等思政课程理论，形成系统化的认知结构。再次，思政课教师的能力与素养的系统化培训，要求构建全方位的教师发展规划，从传统的听讲座、读原著、学文件、记笔记，到田间地头的走访调查、思政基地的参观实训、基层单位的案例采集、各学科技能的全面学习，形成全国统一的思政课教师发展大规划、基层单位教师培训计划和马院教研计划及实施方案。最后，系统开展课堂实践活动、校园文化实践活动和社会实践活动，通过不同场景的实践活动全面提升学生的实践认知能力和活动组织能力，激发学生多角度思考实际问题，在实践中发现真问题，提出真对策，培养学生的独立思考意识、调查分析能力和实践素养，以系统化的思政实践体系树立科学的世界观，培养科学的实践方法论。

（四）实证数据分析

贯穿思政课教学全过程的实证调研及教学平台的数据统计与分析，为思政课教学改革和研究工作提供了数据材料，思政课教学的过程考察和教学研究离不开数据实证分析。思政分析从运用问卷星等软件进行问卷设计和数据分析，到运用专业统计软件进行数据建模，或借助于网络教学后台数据进行学情分析，都需要思政课教师引导学生进行专业的量化分析和系统的实证研究。首先，精准把握思政课教学各个环节的信息数据，能够直观反映学生的学习偏好和心理动态，以及对思政案例的情绪反馈和社会实践过程的心理反应，反映思政课教师的情绪状况、师生互动的心理活动形态和学生的认知体验等。其次，有针对性地提升教师的教学能力和学生的综合素质，定向解决教学中的各种问题，形成有依据的教学过程评价和学业成绩评定。再次，通过数据统计及时反馈教学效果、学生综合能力的提升状况，以促进师生互动。最后，为优化教学模式提供数据参考，将师生在教学中的主观体验转化为量化指标和数据模型，为思政课教学改革的成果推广提供实证依据。

（五）思政课社会实践

按照《中共中央 国务院关于进一步加强和改进大学生思想政治教育的意见》（中发〔2004〕16号）和《中共中央宣传部 教育部关于进一步加强和改进高等学校思想政治理论课的意见》（教社政〔2005〕5号）的统一安排部署，高校思政课社会实践在思政课教学中占据非常重要的地位。首先，思政课社会实践从社会化程度上包括浅层社会实践，如问卷调查、参观走访、样本摸排等偶然性、间接性、近距离的社会实践，还包括深度体验、参与实操、精准访谈、长期观察等持久性、直接性、零距离的深层社会实践。其次，思政课教学网络平台日趋完善，思政课社会实践的渠道和路径也日益多元化，思政课实践既包括教师带领学生走向社会所做的调研考察，也包括将各行各业骨干精英请进课堂进行面对面交流谈心的实践，还包括集中于思政课网络教学平台上的"云实践"，即以网络"云组织"的实践形式，集中寒暑假期间分布于各地的学生，通过统一布置学习参观的实践任务，将直接实践与间接实践有机结合，以提升社会实践中学生的实践自主性和组织透明化。再次，思政课实践与其他专业实践相比，是对于学生的世界观、人生观和价值观的培育，而专业实践注重组织方案、操作方法、实施手段和工作技能的提升与优化。思政课实践的政治方向性是实践原则，培育社会主义现代化建设事业的接班人是实践目标。在涉及社会热点问题时要求把握政治方向，在理解国家政策环境和政策实施情况方面则注重把握政治原则，在调查分析改革开放的政策实施影响和社会成果方面要求坚持客观理性的态度，在调查思政课教学所涉及的历史案例、伟大人物、历史事件等方面要求进行正向宣传，才能真正通过思政课社会实践将课程内容落实到底，真正触及学生的内心世界，树立起正确的世界观、人生观和价值观。最后,思政课社会实践是 STEM 等元素融入思政课教学的重要路径,为培育学生运用科学技术手段和数学工具发现问题和解决问题、激发创新思维、拓展创新实践、培育多元人才提供了重要思路。"创新是引领发展的第一动力"①,创新型人才需要创新实践的培育,要求把思政课教学投入动态发展和全面开放的创新实践环境,考察社会实际、理性定位发展规划,将人生目标与社会主义现代化建设的伟大事业紧密结合,深刻把握新时代的发展特征和社会发展态势,以马克思主义世界观形成科学理性的社会认知和实践态度。

二、STEMP 元素融入思政课教学

(一)科学(Science)元素融入思政课教学

思政课教学中所运用到的科学元素既包括教育心理科学理论和基本方法,也包括社会学、政治学、经济学、传播学及数学方法。其中数学运用将在下面单独进行阐述,此处重点论述心理学融入思政课教学的重要性。善于运用心理学原理及方法引导学生进行课堂和课后学习,是思政教师必备的心理技能。课堂心理学运用直接影响师生关系,间接影响到学生是否具有课后学习的积极性。因此,心理科学素养关系到思政课教学的全过程。从师生双方的心理体验(适应性、获得感等)指标上进行思政调研和数据分析,才能有针对性地进行教学案例的设计、教学环节的衔接和教学效果的评估,切实提升思政课教学质量和教学效果。

以提升思政课教师的教学主导性为目标,调查分析师生心理状态并进行数据分析。

随着"科教兴国""人才强国"战略的提出,市场经济对人才需求的质量和数量要求提高,国家高等教育飞速发展,高校在增加人才培养数量的同时为高校教师带来了更多的问题和更大的压力,这些问题和压力已经开始影响到他们的心理健康。当前,全国高校部分教师在心理健康方面有或轻或重的问题。所以,高校教师心理健康问题及对策的研究现实意义重大。一方面,首先,心理健康状况好坏对教师的工作具有重要的影响,健康的心理会让教师对工作充满热情,积极努力,反之则会产生职业倦怠,严重影响工作效率;其次,心理健康的老师会对学生形成积极影响,"教"与"学"是师生双向互动的过程,教师的情绪与态度对学生的课堂表现有较强的影响力,具备健康心理的教师能带给学生更多的正能

---

① 习近平. 决胜全面建成小康社会 夺取新时代中国特色社会主义伟大胜利——在中国共产党第十九次全国代表大会上的报告 [J]. 理论学习,2017(12):4-25.

量；最后，身心健康有利于促进教师个人发展，身体健康、心情舒畅，工作中才能精力充沛。另一方面，第一，社会的进步与发展对教师心理健康水平提出新要求和更高的标准；第二，教师职业的复杂性与教学和科研任务的艰巨性，需要教师具有健康的心理来承受其带来的压力；第三，健康的心理是教师自身发展的需要，教师作为社会个体同样具备生存发展等问题，健康的心理有助于教师协调处理家庭、社会、学校的不同角色之间的转换。

思政课教师的心理健康尤为重要，思政课教师的心理素质决定着思政课教学的持续性、课堂氛围的积极性、课程效果的稳定性，要求思政课教师坚持正确的政治方向和价值导向，具有积极、平稳、理性的教学态度，能够结合教学内容，理性选择教学案例，适当运用教学方法，正向引导学生。思政课教师的心理状态对学生具有心理示范效应，比如主动提出问题的思维积极性、引导学生思考的思维逻辑性、把握核心问题的思维理性、包容不同观点的思维开放性及组织讨论倾听发言的思维承接性等积极心理示范，传递给学生健康向上的精神状态，有利于消解学生中的负面情绪和消极状态，培养学生客观理性地分析问题和解决问题的心态。思政课教师良好的心态是师德师风的心理基础。教师的心理健康是真诚待人、循循善诱的重要前提，是持之以恒、严谨教学的基本条件，是一丝不苟、扎实研究的心理保障，是德高为范、学高为师的心理沉淀，是慎独慎思、慎行慎言的情绪历练，这些都对思政课教学具有至关重要的影响。

（二）技术（Technology）要素融入思政课教学

无论是思政课教学信息资源及其技术平台，还是思政课实践教学的数据统计技术路径，抑或思政课教学前期调研的心理实验技术手段、技术要素融入思政课教学都对思政课教师提出了全员技术培训、提升技术素质、开展技术实践等要求。技术要素对于思政课教学的深度融入体现在两个方面：一是要求思政课教师有能力运用信息化教学软件组织教学和考核、查找教学资源、开通网络交流通道、批改网上作业、实施信息化管理；二是要求学生善于运用信息平台完成各项学习任务，通过技术通道改变学习方式、交流方式、作业形式和实践方式。线上线下混合式思政课教学是思政技术化的发展趋势，信息化思政课教学资源系统和网络教育平台日益发展普及，思政课堂上各种 App 软件和课下慕课、微视频和专题讲座等各类思政学习网站呈现出总爆发样态，各高校之间交流合作的网络论坛和公众号迅猛发展，网络信息技术在思政领域的推广运用已经全面深入。

（三）以工程（Engineering）思路开展思政系统化教学

马克思主义理论研究工程是由多门思想政治理论课程体系、教材体系和学科体系有机融合的"大思政"系统工程。2019年8月14日，中共中央办公厅、国务院办公厅印发了《关于深化新时代学校思想政治理论课改革创新的若干意见》，提出"调整创新思政课课程体系。加强以习近平新时代中国特色社会主义思想为核心内容的思政课课程群建设……建立和完善马克思主义理论学科体系，实施马克思主义理论学科领航工程……构建全面覆盖、类型丰富、层次递进、相互支撑的课程体系"。因此，以系统工程的建设思路开展各门思政课之间的资源整合、平台整合、师资整合，形成从内容到方法上有机互补的思政课教学系统，对于完善学生的思政课程认知体系，厘清思政课程内容之间的逻辑关系，应对网络信息碎片化、网络学习原子化、网络认知浅表化等信息化学习可能出现的问题，具有非常重要的现实意义。

（四）数学（Mathematics）元素融入思政课教学

数学元素融入思政课教学的路径包括：①学生在思政课社会实践环节的数据调查和分析过程；②思政课教师针对学生的学情数据分析；③信息化教学资源平台运用的后台数据分析；④贯穿思政课教学改革全过程的学生适应性分析。

数学元素是学生开展社会实践、获取实证支撑的重要手段，也是思政课教学改革科学性的论证依据，还是针对思政课程进行全程监控、把握思政课教学规律的基本方法，思政课教学资源平台的运用情况也可以根据后台数据统计得到信息反馈。总之，数学元素的运用是量化分析的基础，是思政学科发展目标、规划和方案的科学决策支撑，是开展思政学科各方面调查研究的基本路径。

（五）社会实践（Society Practice）元素融入思政课教学

思政课社会实践在思政课教学过程中是理论联系实际的关键环节，也是综合型人才培养的基本路径，还是科学技术元素、系统工程思维和数据分析能力得以聚合在思政育人目标中的重要因素。思政课教师既是马克思主义基本理论的灌输者，又是理论联系社会实际的引导者；既是思政学科特色的见证者，又是多学科融合的倡导者；既是STEMP思政课教学模式的设计者，又是通过社会实践环节贯彻执行STEMP思政课教学模式的实施者。课堂上，思政课教师以思政课教学为社会实践项目的具体实施提供目标方案和实施动力，在课堂教学过程中为社会实践提供目标方案和动力推进；在课后辅导答疑的交流环节，思政课教师将学生在课堂上获得的间接认知，推进其找到转化为社会实践直接认知的动力；在课外社会实践环节，思政课教师成为组织管理社会实践方向、目标、方案及具体实施的引导者，也是联结学生群体与社会实践基地的重要媒介，还是引导学生如何开展实践、如何进行真实调研、如何分析数据、如何提出问题、如何推出原因和对策的指导老师；最终，思政课教师是学生投身于社会工作岗位的积极推动者，其身份从思政课教师真正转化为实践导师，这取决于学生的自愿选择，以及思政课教师在社会实践过程中所发挥的主导作用。

社会实践是课堂学习转化为社会体验的重要途径，是检验理论学习的重要标准，是培育实践能力、提升实践意识、增强实践素质、丰富实践经验的重要手段。学生是社会实践的实施主体，学生也终将通过系统学习回归社会实践。因此，社会实践对于培育学生的实践主体意识、融入社会环境、适应社会需求、把握社会脉搏、找准社会定位，尤其是培养学生关注社会热点事件、现实问题和发展状况，将课堂教学与社会实践相结合、理性认知与实践体验相结合、感性认知与独立思考相结合，全面提升学生的现实认知能力、组织合作能力和发现问题、解决问题的能力，具有非常重要的现实意义。

三、STEMP 思政课教学步骤

（一）前期准备阶段

1. 开展前期的学情调研工作

主要运用调查问卷的宏观摸底、个别访谈的微观探底等调研形式，既要对思政课教师的教学方法开展调查，也要对教学对象的认知层次及心理偏好进行摸底；既要对思政课实践基地进行调查，也要对校园文化活动开展调查，以及对思政信息化教学平台的资源运用、管理状况等进行调查。

2. 构建信息化教学资源平台

充分利用信息化教学手段，形成包括思政课教学服务、社会实践服务、思政资源服务、校园思政文化活动等内容的多元互补、资源共享、信息流动、文化开放的思政课教学载体，发挥信息化教学软硬件程序的思政平台价值，根本提升思政信息化教学水平。

3. 构建思政课社会实践基地

为了加强思想政治理论教学与社会实践之间的有机结合，形成课堂内外教学资源"请进来、走出去"的实践教学机制，必须积极完善社会实践的教学服务体系、过程指导体系和评价考核体系，形成信息化管理、网络化展示、多元化资源对接的理论与实践相结合的社会基地体系。

（二）教学导入阶段

1. 思政课教学目标导入

思政课教学目标的导入是以问题提出布置学习任务、以任务分配实施教学方案、以主题设置安排教学步骤、以人员安排进行系统化操作，是思政课教学展开的首要环节，是以教学任务为中心，展开理论学习主线，疏通师生互动路径，考察教学对象的专业基础，形成认知体系的对接和团队合作的组织关联，提出贴合学生发展实际的教学目标任务框架体系。

2. 思政课教学情境导入

思政课教学情境导入是基于学生的年龄特点，遵循马克思主义认识论，通过意象法运用、元认知培育实施情境导入，围绕思政课程的知识点和理论主题，将历史事件、历史人物、历史场景通过场景再现、台词设计、情节编排、历史串联、情境转换、人物塑造等情境教学手法，激发学生的心理体验和情感共鸣，形成丰富的感性认识，为下一步的理论教学做准备，从而达到情境导入的教学目标。

3. 思政课程内容导入

大、中、小学的思政课程内容上具有高度一致性，但是各专业学生的思政知识层次存在着客观的差距。人文社会科学相关专业的学生在思政课程导入方面难度较小，而理工科专业的学生则需要思政课教师在学情调查的基础上，针对学生的思政基础知识层次，预先设计好课程内容导入方案，进行相应的案例选择，布置不同的课后资料阅读。这就需要充分运用信息化教学平台，在基础知识测试的基础上，根据不同学科专业的学生制订不同的学习计划，有差别地发送不同的思政理论学习任务，配置相关的学习资料，提供有难度差异的社会实践主题，并进行不同程度的学业辅导。

（三）师生互动阶段

①思政课堂教学的主要形式是思政课教师承担理论教学的讲解任务，然而讲解的精准性取决于课前是否提出学生普遍关心的问题，经过课前充分的讨论、辩论环节，让学生带着问题来听课，以主动提问的形式捕捉课程知识要点，以答疑解惑的形式开展课堂互动，穿插学生演讲、情境教学、互问互答等群体参与的学习形式，锻炼学生的语言组织能力、还原历史事件能力、独立思考能力、现场展

示能力及团队合作的组织素养，将课堂打造成集思广益、思维碰撞的教学空间。

②社会实践环节也是师生互动最为频繁的环节，学生社会实践能力的提升需要思政课教师在各个环节进行指导。从实践基地的建立到走访调查的联系，从实践主题的选择到从实践方案的设计，从调查问卷的修改到指标数据的分析，从实践报告的撰写到成因对策的推广，都需要师生之间密切互动，发挥团队合作精神，提出问题和有效对策，全面提升实践组织能力、团队协同能力、实证研究能力。

③思政考核评价过程也是师生互评、互动相对频繁的环节。STEMP思政考核包括平时业绩考核和期末总评考核，在考核规则、细节和方案的制定过程中，师生存在交互评议的对等关系，班集体同学之间也具有交互评议的机会。互评互议还贯穿着各种演讲辩论和情境教学环节，学生主动参与到各个互评互议环节，点评教学效果，及时反馈问题，这成为最能够激发学生学习积极性、主动性和创造性的方法。

（四）信息反馈阶段

STEMP思政课教学改革的成效和问题是通过思政课教师和学生给予信息反馈，对思政课教学过程、细节和结果进行经验总结、数据分析、系统查验与规律探究，从而得到可靠的素材。

思政课教学的信息反馈来源包括教师或教务管理部门主动采集的学生学业信息，或对于思政课教学的评估。任何学生所发送的学业信息，其反馈对象都是教师及教学管理部门；而任何教师所发送的教学信息，其反馈对象则是管理者、教师同行及其学生。这是因为思政课教学的信息反馈活动是针对思政课教学公开的信息反馈，并不具有私密性。教师和学生无论是在课堂上还是在课后的信息传递活动都具有公共性，教师和学生针对教务管理的信息反馈、教师同行之间的信息反馈及学生之间的信息反馈，只要涉及教学方面，都属于公共信息范畴。教学信息反馈的公共性决定了思政课教学评价的公正性和公开性，也决定了教师对于学生学业考核的公正合理性。因此，对于信息反馈的严肃对待和认真处理的态度，是保持教师考核、学生考核、管理考核公正性的基本前提。教师主动收集教学信息反馈是教师的责任，学生认真对待教师的信息反馈是学业的保证，教务管理部门认真回馈和处理好师生反馈的信息是提高管理质量的基本保证，拓宽教学信息反馈渠道、完善信息反馈制度，是思政课教学健康发展的必备前提。

基于信息反馈前提下的思政课教学评价要求教务管理部门运用科学技术系

建立相对客观的第三方评价体系，对反馈信息进行归类整理和筛选甄别，与教师的业绩考核和职称评定挂钩。

（五）教学研究阶段

①高校马院定期开展教学研讨的教研室活动、教师说课活动、教学研究论坛和名师教学经验讲座，研究如何在思政课教学过程中融入STEMP元素，并撰写相关的研究成果，合力申报国家级、省级、校级教学改革课题项目，最终形成一系列的教学改革研究项目。

②STEMP思政课教学模式推广及研究成果的普及阶段，包括马克思主义学院与其他学院在STEMP的技术合作过程中开发的"课程思政"项目，与当地革命文化基地、红色文化教学点及地方历史文化资源共同开发的社会实践基地项目，与各地基层社区党组织、基层企事业单位共同开发思政课教学示范点，以及高校之间合作开发思政课教学实验室，共同构成STEMP模式下的"大思政"格局。

③选拔各个年龄段的思政名师，作为STEMP思政课教学模式的典型推广人，共同发掘STEMP思政课教学模式的理论与实际相结合的着力点，深入课堂内外、校园内外、网络内外，以专题调研方式征集学生对于STEMP思政课教学模式的意见与建议。在各科学生中广泛征集STEMP各类技术人才，以开辟校园文化活动的经典诵读、志愿者活动、思政论坛等方式，共同开发STEMP思政课教学的校园文化模式和社会实践模式，推出STEMP思政课教学的案例资源系统、数据分析系统、信息化教学系统和社会实践系统，将STEMP思政课教学模式的研究成果"落地生根"，使其成为新时代高校思政课教学的崭新模式。

四、STEMP思政课教学设计

教学设计又称为教学系统设计，现今，研究较多的是第二代理论，该理论对教学设计定义为：应用系统的方法，把学习理论的教学理论转化为具体的教学过程。

迪克和凯瑞对教学设计下的定义是："教学设计是用系统方法描述教学，分析、设计、开发、评价和修改的全过程。[①]"我国教育家邬美娜教授也对教学设计下过定义：为了优化教学效果，结合学习理论，应用科学的方法确定教学目标、

---

① R. M. 加涅，L. J. 布里格斯，等 . 教学设计原理 [M]. 皮连生，庞维国，等译 . 上海：华东师范大学出版社，1999.

策略等，形成设计[①]。

  一个较为完善的教学设计的目的就是为了老师更好地实施教学过程，学生更容易学习各个知识点。教育实施者（老师等）应当根据国家立德树人的教育目标，根据当地的教育实际情况、学生实际接受能力情况、具备教学资源条件等因素，运用科学的理论和系统的方法，精心设计教学和解决问题的方案，形成实际可行的教学设计，最终把教学设计应用到教学当中，并对教学中同学反馈的意见进行修改和不断完善，以检测设计是否有利于教学、是否让学生高效率的学到知识。一个好的教学设计将有利于施教者的"教"，也有利于受教者的"学"，探索和研究具有实际意义的教学设计，则显得尤为重要。

  STEMP思政课教学模式是整合科学（Science）、技术（Technology）、工程（Engineering）、数学（Mathematics）、实践（Practice）等多元学科要素，促进高校思想政治理论教学的科学化、实证化、信息化、工程化和实效性，通过思政课堂教学、校园文化活动、思政专题讲座、基地参观学习、微视频竞赛及学校各类项目的实践活动，整合教学资源、优化教学平台、丰富教学手段，汇集马克思主义基本理论、社会学、政治学、教育学、心理学等科学支撑，集中课堂讲授、网络交流、实践考察等学习路径，推进课堂内外、校园内外思政课程与"课程思政"的有效融合，充分做好教学前期准备、中期教学检查、后期教学反馈等组织管理环节的数据收集、量化分析和实证考核工作，全面发展学生的理论分析能力、语言表达能力、活动组织能力、实践动手能力等综合素质，激发思政课教师的教学主导力、活动组织力和实践引导力，以充分体现STEMP思政课教学模式对于新时代高校思想政治教育的发展意义。

（一）思政课教学科学化

以科学理论支撑提升思政课教学的说服力。

  思政课教学科学化要求以多学科理论作为科学支撑。思政课教学不是孤立于高等教育之外的政治说教，而是整个高等教育体系中重要的组成部分，从科学性上与其他学科具有共同的理论基础。其中，马克思主义认识论以其实践方法论成为思政课教学最重要的科学方法；教育信息化理论以揭示信息传播学规律支撑起网络思政课教学的理论基础；系统工程理论为马克思主义理论研究和建设工程提供了学科融合、课程融合、教学融合的系统发展思路；量化分析理论为思政课实践教学提供科学实证方法和技术手段；教育心理学理论直接服务于思政课堂内外

---

① 乌美娜.教学设计[M].北京：高等教育，1994.

的师生互动交流，成为思政课教师必备的理论素养；社会学理论是思政课教师组织和指导社会实践必备的理论功底。以上各门学科理论及其方法共同构成思政课教学的科学化特色，要求思政课教师认真研究马克思主义基本理论及其他学科的科学性，深刻把握思想政治教育的规律性，全面学习中国共产党的党史、新中国的发展史、改革开放史和社会主义发展史，深入研究人类社会发展规律、中国特色社会主义建设规律和中国共产党人的执政规律，厘清马克思主义中国化、时代化和大众化的理论逻辑、历史逻辑和实践逻辑，全面提升思政课教师的科学素养、科学精神和科学能力，培育具有科学观念、科学信仰和科学方法的新时代大学生。

思政课教学科学化要求做好各个教学环节的科学论证与研究工作。思政课教师在精读马恩经典原著和马克思主义中国化的理论成果的基础上，基本了解心理学理论、社会学方法、统计学知识、系统思维方法及信息化教学技能，在研究思政课程的教学大纲和教材的框架体系的基础上做好教学材料科学化、教学资源信息化、教学平台技术化和教学实践组织化的加工梳理工作；做好思政课堂教学前期的学生状况调查分析工作，以作为教学改革的科学依据；做好思政课堂教学过程中的师生互动工作，为教学改革提供心理研究基础；做好课后"第二课堂"的学情数据分析工作，为信息化教学做好各项技术准备和完善工作；在思政课实践环节做好组织引导工作，为思政课教学成果做好实践论证与梳理工作。

思政课教学科学化要求引导学生以科学的态度开展思政学习。真理就像一块燧石，它受到的敲打越厉害，发射出的光辉就越灿烂，这是对认识规律的形象描述，也是对于高校思政考核的重要启发。首先，思政课教师要在课前为学生推荐合理的阅读书目清单，在书目设计方面遵循教育心理学和马克思主义认识论，尊重青年学生的个性心理，建构科学的思政认知体系；其次，在思政课教学过程中运用科学量化方法建立日常微观考核与期末总考核相结合的科学考核体系，实施量化考核；最后，在社会实践环节遵循社会学原理，制定科学合理的社会实践方案，实施科学的网格化管理，以理论联系实际的原则发挥思政社会实践对于学生学习认知的强大催生力，在实践中激发学生的主观能动性，培育学生自主学习的基本素质。

思政课教学科学化要求以科学方法关注学生心理健康的维护工作。首先，思政教育科学化就要以尊重青年学生身心健康的规律作为前提。2018年中共教育部党组印发的《高等学校学生心理健康教育指导纲要》明确指出："坚持育心与育德相统一，加强人文关怀和心理疏导，规范发展心理健康教育与咨询服务，更好地适应和满足学生心理健康教育服务需求，引导学生正确认识义和利、群和己、成和败、得和失，培育学生自尊自信、理性平和、积极向上的健康心态，促进学生心理健康素质与思想道德素质、科学文化素质协调发展。①"高校学生面临着学业深造、就业迷茫、经济不独立及情感情绪等多方面的压力，而且逐渐远离家人，独自承担生活重担和工作重任，面临着人格独立和经济依赖的矛盾。思政课教学包括引导学生身心健康的内容，需要以专业的心理科学方法引导和防护青年学生的心理成长。其次，心理学方法在思政课教学中的广泛运用主要是通过思政课教师掌握学生的心理动态，发挥教师的主导作用，通过丰富多彩的课堂教学引导学生坚持正确的政治立场、政治方向和政治原则。培养什么人，是教育的首要问题。高校思想政治理论课担负起端正学生思想、提升学生政治觉悟、注重道德品质加强文化素养、投身实践锻炼等任务，思政课教师在关心学生成长、关注学生思想动态、把握学生心理特征、研究学生成长规律等方面责任重大。掌握和运用心理学知识可以帮助教师充分调动学生的积极性，营造学生主动参与的课堂氛围，增强师生之间、同学之间的交流合作学习。最后，综合汲取心理学各家理论与方法，才能有效应对学生的心理需求。

（二）思政课教学技术化

推进思政信息化教学，构建资源共享平台载体。

信息时代的思政课教学技术化主要是通过构建资源共享的网络平台，促进思政信息化教学。为提高思想政治理论课质量和水平，2017年教育部社科司委托北京高校思想政治理论课高精尖创新中心（中国人民大学）建设"全国高校思想政治理论课教师网络集体备课平台"，包含六大数据库、300多万条文献资源、4万册电子图书、2500多个微视频；集大纲管理、在线课件制作、课堂交互内容制作三大功能于一体的在线备课系统；涵盖课堂教学、教学管理、师生互动、教学评价等多项功能的手机端互动课堂App；学习"大家谈""名师讲坛""青椒论坛"等品牌栏目荟萃。两年多以来，平台以共建共享的教学资源、便捷的备课工具、有效的研讨平台、即时的互动媒介、强大的线下支持为核心竞争力，在不断增强思政课的思想性、理论性和亲和力、针对性方面发挥了重要作用。由此可见，与信息技术融合成为信息时代思政课教学的重要标志。

首先，大数据云计算、自媒体支持高等教育智慧化和思政课教学技术化，运

---

① 中共教育部党组.中共教育部党组关于印发《高等学校学生心理健康教育指导纲要》的通知[EB/OL].（2018-07-06）〔2021-10-25〕www.moe.gov.cn/srcsite/A12/moe_1407/s3020/201807/t20180713_342992.html.

用网络载体构建信息化思政课教学平台，打破学科藩篱及高校与社会之间的"围墙"，整合信息资源、社会资源、文化资源、历史资源及思政课教学资源，构建思政课教学资源共享系统，促进"课程思政"的跨课程、跨专业、跨学科、跨学院等信息化合作，营造一专多能复合型人才的培育环境。

其次，信息化教学情境下教学角色发生转变，教师从传统的知识传授者转变为学生学习的引导者和辅助者，从教室空间的组织者转变为信息空间的维护者、信息资源的提供者、信息互动的引领者、自主学习的管理者，学生从传统教学的接受者转变为学习资源的搜索者、学习方法的探讨者、学习问题的发现者、学习规划的制定者，塑造主动思考、积极参与的创造主体、信息资源的加工主体及知识体系的建构主体。思政课教师应积极提高信息化教学及管理水平，推广和使用信息化教学程序软件，如慕课、微课、翻转课堂、雨课堂、对分易、超星学习通、智慧树等，推进"课程思政"与思政课程的深度融合，活跃课堂气氛、组织网络研讨、加强网络互动、及时沟通信息、集中信息化教学资源，为学生的个性化学习搭建成果展示空间平台。

最后，思政信息化教学对于教师和学生的能力都提出了崭新的要求。《教育信息化2.0行动计划》明确了信息化教学能力的培训目标，要求教师通过培训大力提升信息化思维、信息技术理念、信息教学素养和信息化教学能力，把握信息化教学的发展趋势，制定信息化教学的学期规划和具体步骤，整合信息化资源并运用于思政课教学，利用信息化手段进行教学成果的展示和评价，借助于信息化平台对社会实践进行组织管理。思政课教学信息化也能考察学生的自学能力、信息资源的选择能力、网络情境下交流沟通的能力、自主完成课程作业的能力、主动提出问题和解决问题的能力，以及社会实践成果转化为网络作品的能力。与此同时，还要求师生构建学习共同体，通过信息化技术手段实现终身学习和自主管理。

（三）思政工程系统化

集中整合思政课教学、教师和实践资源，构建"大思政"工程的系统教学体系。

马克思主义理论研究和建设工程简称"马工程"，是以思政课程的教学与研究共同建构的系统工程，整合了"马克思主义基本原理""中国近现代史纲要""毛泽东思想和中国特色社会主义理论体系概论""思想道德与法治""形势与政策"等思政课程资源，构建马克思主义学科知识体系，以互融互通的"大思政"系统工程拓展思政知识体系，有效应对信息时代青年学生思想碎片化的问题，跨越公共理论课各行其是的平行关系、打破政治理论课与专业课之间的学科壁垒、融通学科之间条块分割的认知体系，以全面发展的人才标准促进高校师生的综合素质提升，以全面发展的教育思路强化思想政治理论课与专业课程体系之间的学科关联，以新时代的资源共享营造合作交流的教育环境，以共同打造系统化的思政工程。

（四）思政实证化

贯穿思政课教学全过程的调查研究和数据采集，为思政实证化提供佐证材料。

思政课教学的创新方案及其实际效果如何，思政改革如何体现青年学生全面发展的人才培养要求，思政课教学各环节之间如何衔接，如何推荐思政课程与"课程思政"之间的融合关系等问题都需要以调查研究为依据，开展思政实证化研究。贯穿思政课教学全过程的问卷调查和数据统计需要师生进行技术合作，比如以统计学方法进行教学案例的反馈分析、教学过程的评价分析、成绩考核的评定分析、实践能力的测评分析、思政素养的量化分析等，为思政课教学提供实证依据。

关于实证研究的案例：20世纪50年代，瑞典教育心理学家、哥德堡大学教授马顿和塞尔乔对学生学习过程进行实验研究，在检验大学生阅读文章的学习策略时，发现大学生处理信息的水平与他们使用浅层还是深度的学习方法有关，首次提出了深度学习概念，指出深度学习是相对于孤立的记忆和非批判性接受知识的浅层学习而言，强调学习者积极主动的学习，灵活、熟练地运用知识解决实际问题。那么什么是深度学习？如何界定和考察学生的学习深度？哪些案例材料更利于学生的深度学习？诸多问题对思政课程建设提出了调查实证的要求。经过调查研究和量化分析发现，以问题为导向的实践性教学是激发学生深度学习的关键，而只有贯穿整个教学过程的实证研究才能找准理论与实际相结合的问题所在。因此，思政实证化目标一方面要求改革固化的传统教学思路，推进教师从传授式的灌输转向调研式的问题导向教学和实践探索式的课题制研究教学；另一方面要求思政课教师激发学生主动学习、深变思考、深入实际，带领学生开展调查研究，善于运用实证调查的方法，从数据分析中寻找问题，并运用所学理论解决实际问题。

（五）思政实践化

构建思政实践评价机制，提升实践考核成绩占比。

首先，思政课实践是检验思政课教学过程合理性及教学实效性的根本标准，也是直接反映学生实践素养的课程。《中共中央宣传部 教育部关于进一步加强高等学校思想政治理论课教师队伍建设的意见》(教社科〔2008〕5号)等文件对实践教学的学分作了具体规定，2015年全面实施《高等学校思想政治理论课建设标准》，强化了思政课实践学分的规定。马克思认为，人的思维是否具有客观的真理性，这不是一个理论的问题，只是一个实践的问题。思政课实践对于培育学生理论联系实际的态度、关注现实问题意识、团队组织合作意识、调查研究分析能力都至关重要。这一观点表明，没有社会实践，一切认知都缺乏坚实的客观基础和事实支撑，人的认识就只能停留在抽象的文字、概念和理论层面，而意识不到现实差距、问题症结和真理论证的重要性。

其次，"毛泽东思想和中国特色社会主义理论体系概论"课程与中国国情实际息息相关，社会调查研究对于理解教学内容至关重要，实践课程对于师生深入研究中国国情实际、理解国家大政方针及其改革实践、培育学生爱国、爱党、爱社会主义的情怀来说不可或缺，是提升学生社会认知度，确立正确的人生目标和积极的人生态度，以崇高信仰踏入社会，以坚定信念热爱祖国，拥护中国共产党的领导，以饱满的青春热情投入中国特色社会主义伟大事业之中的重要课程。

最后，思政课以铸魂育人为己任，是为了解决好"培养什么人、怎样培养人、为谁培养人"这个根本问题。思政课实践教学对于学生感受新时代的发展节奏，融入改革开放的社会大潮，投身于中国特色社会主义现代化建设具有重要的现实意义。为了全方位地开展思政课实践教学，马克思主义学院应打开课堂内外、校园内外"引进来，走出去"的学习之门，采取多种形式开展多层次的实践活动，如以专题研讨为主题的调查研究、以志愿服务为内容的深入社会实践、以红色基地为支撑的参观访学、以团队下基层的学习锻炼等，丰富高校思政文化氛围，形成理论与实际紧密联系的学习风气，让思政专业的师生都能够亲身获得社会体验、融入社会发展洪流、锻炼实践能力、适应新时代的发展要求。

第四章　高校思政课程与红色文化的融合发展

红色文化作为民族精神与时代精神相结合的产物，具有不可忽视的以文化育人的功效。将红色文化和高校思政课程融合起来，不仅能够丰富思政课程的内容，还能够让大学生在实践锻炼和理论学习中接受红色文化的洗礼，使之内化于心、外化于行，进而促使他们树立正确的"三观"，不断增强他们的文化自信。

第一节　高校思政课程与红色文化的相关理论

一、红色文化相关概述

（一）红色文化的定义

近年来，大众掀起了对红色文化学习的热潮，由于生活水平的提高，民众对满足精神世界的需求越来越强烈，各省域的红色文化犹如雨后春笋，都体现出各个地方特色的红色文化。然而学者们对红色文化产生的时间及到底什么是红色文化产生了不同的争议。通过对前人及当下各学者对红色文化的看法，总结了以下几种提法：一部分学者从红色文化的革命性特征来定义，认为红色文化是中国共产党在1919年到1949年以马克思列宁主义的新文化为基础，然后根据中国革命自身的实际状况，领导中国人民进行反对帝国主义和封建主义的无产阶级政治文化；另有一些学者立足于红色文化与红色资源对等的视角进行阐述，指出前者是在党的引领下，从革命战争到如今社会主义建设阶段形成的物质及非物质资源的统称，是经过漫长岁月累积渐渐形成的具备品牌的红色文化；还有一部分学者是从中国历史发展进程和中华民族复兴征程的角度来界定红色文化，认为红色文化是指是从19世纪40年代以来无数仁人志士发奋图强、救亡图存，在反对外国侵略者和封建主义压迫过程中形成的革命解放基因和实现中华民族伟大复兴的精神。

综合诸位学者的研究成果，我们认为红色文化是指从中国共产党诞生以来直到当代的这一历史长河中，中国共产党以中国化的马克思主义为思想指导，在革命、建设和改革中创造的。

（二）红色文化的分类

红色文化既有文化的属性也有资源的价值。从文化属性来讲，红色文化的内涵和属性可以用"人""事""物""魂"来表现。"人"是指在1840年至1949年期间为民族独立和解放而献出生命并有着一定影响的革命者；"事"是指在革命期间产生的具有深远影响的革命活动事件；"物"是指与革命者生前或身后相关联的物品，包括他们工作学习及日常所用之物及有他们生活和战斗印记的革命旧址和遗址，也包括后人为纪念他们的丰功伟绩而建造的纪念馆等；"魂"是指革命者逐步培育形成的革命精神，其目标在于实现民族独立、人民解放。红色文化包含了中国共产党领导下的近代文化优秀成果，展现了中国人民大义凛然的民族气节和无所畏惧的英雄气概。红色文化是革命战争时期中国精神的主要表现形式，是中华民族斗争史的高度凝聚。

从资源价值来看，红色文化作为文化遗产可划分成物质、精神形态的文化。前者是指革命年代的办公旧址等实物及人物故居中主人公所用过的生活用品、照片、书信、著作等，不一而足，简而言之，是指一切以实物方式存在红色文化，是红色文化的物质载体。后者包含了精神及制度文化、红色文艺作品。在革命战争年代，党在广大人民群众解放、国家独立的探索道路上所确立的规范体即为红色制度。其中包含了会议制度、党章等。红色精神诞生于革命战争年代，它既可以表现为一种伟大的爱国主义情怀，也可以表现出一种英勇无畏的革命精神。使用文艺作品的形式将历史事件、红色精神表现出来的影视、歌曲等即为红色文艺作品，例如小说《红岩》，话剧《白毛女》《江姐》等。

（三）红色文化的内涵

红色文化内涵是红色文化本质属性的总和。根据文化人类学家布罗尼斯拉夫·马林诺夫斯基（Bronislaw Malinowski）的"文化三结构"学说，可从物质、精神、制度三个维度分析红色文化内涵。当下，举世瞩目的中国特色社会主义制度和道路在新时代的今天不断焕发生机活力，展现出了多方面的显著优势。总的来看，红色文化在时代的洪流中不断焕发新的生机活力，内容愈加丰富，其核心内容都始终如一，包括以下几个方面。

1. 马克思主义的指导

"马克思主义是科学的理论,创造性地揭示了人类社会发展规律"[①],同时也是人民的、不断丰富的理论,为人类的自由和解放打开了未来之门。中国共产党建党伊始就以马克思主义为指导,并将其与我国实际紧紧相连,开辟出了一条符合我国国情的革命、建设、改革发展道路,极具红色底色、中国特色、人民本色的红色文化应运而生。不论是离开马克思主义的指导,还是偏离马克思主义的路线,红色文化都将成为无源之水、无本之木,便不能称为红色文化。与此同时,红色文化作为主流思想文化合理地吸收借鉴了其他中国先进文化、中华优秀传统文化及优秀的外来文化,使自身不断发展进步,引导党和国家的事业不断走向新的胜利。

2. 中国共产党的领导

习近平总书记指出:"党政军民学,东西南北中,党是领导一切的。[②]"中国共产党的领导是中国特色社会主义最本质的特征。党的领导制度是我国的根本领导制度。同时,中国特色社会主义制度的最大优势就是中国共产党的领导。只有中国共产党这一国家最高政治领导力量才能给予实现中华民族伟大复兴最根本的保证。建党百年的征程中,我党在各个历史时期与时俱进,不断开创马克思主义文化建设的新局面。特别是在党的十八大以来,我党以习近平新时代中国特色社会主义思想为统领,注重牢牢掌握党对意识形态工作的领导权,培育和践行社会主义核心价值观,坚持"两创"方针,推进新时代的文化体制改革,培育并增强文化自信。红色文化在中国共产党的领导下生成和发展,并以党的领导为重要内涵,不断演进。

3. 共产主义远大理想和中国特色社会主义共同理想

理想信念是党领导人民群众共同奋斗的精神纽带,是我党保证政党团结的重要基础,也是红色文化政治内涵的重要内容。马克思主义诞生后得到了广泛传播和广泛认同,产生了深刻的影响。马克思主义政党在各地发展起来,被压迫和剥削的人民在科学社会主义的指引下不断争取自由和解放,燃起了追求共产主义的红色之火。对共产主义的追求是一个漫长的过程,需要更贴近于现实的共同理想作为过渡。中国特色社会主义理想由此应运而生,并在之后的各个历史时期丰富

---

① 习近平. 习近平在纪念马克思诞辰 200 周年大会上的讲话[N]. 人民日报,2018-05-05(02).
② 习近平. 习近平:决胜全面建成小康社会 夺取新时代中国特色社会主义伟大胜利——在中国共产党第十九次全国代表大会上的报告[EB/OL].(2017-10-27)[2021-10-12]. http://jhsjk.people.cn/article/29613458.

发展。红色文化强调真正合格的中国共产党人必须不断加强自身修养，在社会发展的历史洪流中锻造革命意志、锤炼本领、坚定信念，使之成为个人的行动指南，从而以高昂的革命热情在实现远大理想的征途中奋勇当先、乘风破浪。

4. 高尚的革命道德

马克思主义指导我国革命、建设、改革伟大实践，孕育了生生不息的红色文化，其中不乏中华优秀传统文化的内容。中华优秀传统美德是中华优秀传统文化的精神瑰宝，也是红色文化的核心内容之一。有学者指出，"从先秦到辛亥革命时期所积淀和流传下来的传统伦理道德是中国革命道德产生的历史前提，革命道德是中华民族道德发展的崭新阶段。"[1] 在内容上，上善若水、厚德载物的中华优秀传统美德与高尚的革命道德即共产主义道德修养具有一定的相通之处。例如忠心报国、勇赴国难的无畏精神与随时准备为党和国家的利益牺牲一切的革命决心相对应；国而忘家、公而忘私、助人为乐等高尚品德蕴涵着人民性的因素；不畏强暴、自强不息的坚毅品性与为共产主义事业奋斗终生的革命坚守相呼应等。同时，中国革命道德蕴涵着更深层次、更具体化的道德诉求：在核心内容上坚持全心全意为人民服务，在原则意义上坚持集体主义，并在伟大实践的沃土上孕育形成一系列伟大革命精神。随着中国特色社会主义进入国家治理现代化的新时期，红色文化在"德法兼治"的总要求下推进新时代公民道德建设进程，并不断焕发新的生机。

（四）红色文化的时代价值

1. 红色文化是中国特色社会主义先进文化的思想坐标

中国特色社会主义先进文化的思想坐标是中国文化发展方向的精神指引，为中国文化发展提供精神动力。习近平总书记在中国共产党第十九次全国代表大会中指出："发展面向现代化、面向世界、面向未来的，民族的科学的大众的社会主义文化，推动社会主义精神文明和物质文明协调发展。[2]" 红色文化具有民族性、科学性和人民性，展示了中国人民的精神风貌和美好品德，日益成为中国人民精神食粮的重要组成部分，要努力推进红色文化时代化，将红色文化作为社会主义先进文化的思想坐标，引领社会主义先进文化的发展方向。

首先，坚持民族的社会主义先进文化。社会主义先进文化只有坚持民族文化

---

[1] 乔法容. 中国革命道德：马克思主义中国化的重要理论成果 [J]. 伦理学研究，2012（6）：8-13.

[2] 习近平. 习近平谈治国理政：第三卷 [M]. 北京：外文出版社有限责任公司，2020.

的立场,不断挖掘民族特色,才能在世界舞台上站稳脚跟。红色文化具有民族性,是中国文化的独特标识,是一代代先辈对中国革命、建设和改革探索的沉淀,写入了我们的血脉并成长为一种无声的力量,对于建设民族的社会主义先进文化具有重要的导向作用。其次,坚持科学的社会主义先进文化。科学性是社会主义先进文化能够在当代中国保持重要地位的决定性因素。在我国,文化发展的轨迹和方向就是坚持马克思主义。马克思主义拯救了当时思想迷茫的中国人,为中国的发展道路指明了方向,是中国共产党的思想武器和行动指南,也是中国特色社会主义文化的意识形态标识。最后,坚持人民的社会主义先进文化。广大人民群众的根本利益是社会主义先进文化的出发点和落脚点。新时代,我们要将满足人民的精神需求和实现人的全面发展作为社会主义先进文化建设的突破点。红色文化具有人民性,坚持为人民服务,把人民的利益放在首位是红色文化的基本标识,这也是建设人民性的社会主义先进文化的坐标。

在新形势下,建设中国特色社会主义先进文化,推动文化大发展大繁荣,必须要恪守红色文化阵地,将红色文化蕴含的民族性、科学性和人民性作为社会主义先进文化的思想坐标,为加快提升国家文化软实力提供精神支撑。

2. 红色文化是社会主义核心价值观教育的丰富滋养

红色资源和社会主义核心价值观具有非常密切的关联,是对当代大学生进行社会主义核心价值观教育的重要载体之一,对于大学生思想素质提升、爱国主义精神培养、新时代中国特色社会主义观念建设等都具有非常重要的现实意义。革命军民在极其艰苦的环境下坚持斗争,涵养忠诚刚强的崇高品格与自我牺牲的奉献精神。革命红旗能够长久屹立而不倒,昭示着中国共产党人不变的信仰与忠诚。广为传颂的红色历史故事展现出仁人志士坚贞不屈的坚定信念、任劳任怨的优良品质和大无畏的牺牲精神,呈现出一幅幅动人的历史画卷。红色基因是具有原创意义的民族精神,涵育着社会主义核心价值观,而红色文化蕴含的丰富内涵与社会主义核心价值观的基本内容一脉相承,应将两者有机融合。在开展社会主义核心价值观教育的过程中,加强全民思想政治教育和革命传统教育,有助于提高人民大众对红色文化的认知程度,从而营造良好的社会风气和新时代风貌。开展红色文化教育对于我国精神文明建设发挥着不容忽视的引领作用,体现了社会主义价值追求的本质特征,有利于精神文明建设把握正确方向,坚定前进道路,增强国家和民族认同感,提高社会主义核心价值观教育成效。新时代思想政治工作应该挖掘革命文化资源的红色基因,不断汲取红色精神钙质,在人民群众中广泛宣传艰苦卓绝的斗争意志,发挥地方红色文化引领社会思想潮流的应有文化功能。

3. 红色文化是提升思想政治教育效果的重要载体

载体作为思想政治教育的中介，是联结思想政治教育各要素的枢纽和桥梁，在一定程度上决定了思想政治教育的实效性。红色文化是中国特有的文化形态，折射出中国共产党人开拓进取、无私奉献、求真务实、艰苦奋斗等精神风貌，具有思想政治教育的功能。其中包含的叙事资源和物质化内容能加强思想政治教育各要素的联系，提升思想政治教育的效果。红色文化中包含了大量真实的、具有典型性和说服力的素材，是思想政治理论教育的载体。这些素材是中国共产党人在革命、建设和改革时期的真实写照，没有经过任何加工和修饰，经得起时代的考验。在思想政治理论教育的实践过程中，多引用这些革命经典案例，能增强教育客体对教育内容的信任感和认同感，加强教育客体对教育内容的理解，提升思想政治教育的效果。此外，红色文化也是思想政治教育实践活动的重要载体。思想政治教育实践活动是指教育主体为达到一定的教育目标，组织开展各种活动，使教育客体在活动中受到教育，进而提高自身的思想道德素质。我国有大量的革命遗迹、历史文物、纪念馆、纪念堂等物质形态的红色文化。这些物质形态的红色文化以直观的、立体的方式将历史信息传达给教育客体，以强大的感染力浸润教育客体的心灵，引导教育客体感悟历史、牢记历史，加深教育客体对红色文化的情感。教育主体组织、带领教育客体参观红色文化基地，通过实践将教育客体带入红色文化场域内，感悟红色文化的精神、领悟红色文化的魅力，激发教育客体对红色文化的情感、加深教育客体对红色文化的理解和认同、推动教育客体自觉将红色文化的精神内化为自身的品德意识，进而提高教育客体的思想道德素质。

二、红色文化与思想政治教育的内在联系

（一）红色文化是思想政治教育的重要内容

作为无产阶级占统治地位的社会中产生的红色文化，是无产阶级性质的文化。文化的价值和目的就在于促进人自由而全面的发展，这与思想政治教育这一关注于人的培养和发展的活动的价值目的相契合。同时，作为一种先进的中国文化，红色文化内容涉及政治、思想、道德多个方面，在思想政治教育过程中发挥着重要的载体功能，优化了活动的开展内容和效果。此外，红色教育是作为一种教育理念与其他课程相融合，而并非作为一门独立的课程而存在。因而，不能将红色文化教育简单地等同于思想政治教育。

红色文化既包含政治教育、思想教育，也蕴含道德教育内容。意识形态是文

化的核心要素,彰显着文化的价值倾向,同时,意识形态的本质就在于它的阶级性,在阶级社会中通过政治体现出来。中国共产党思想政治教育的意识形态本质即无产阶级性质构成了红色文化最核心的本质属性,统领红色文化所有的文化内容。可以说,整个红色文化都是建立在政治基础之上的。有学者认为"现实中的红色文化是一种政治现象,是反映和服务于中国新民主主义革命的政治文化。[①]"在革命战争时期,为满足革命的需要,红色文化通过红色标语口号、红色宣讲等方式展现出来,起到了良好有效的传播思想的作用,帮助人们用先进的理论武装起头脑。通过红色文化的广泛传播,对广大人民群众进行政治立场、政治方向及革命动员等方面的宣传教育,是此时红色文化教育的时代特点。不论是在激情燃烧的革命年代还是在社会发展蒸蒸日上的和平建设年代,红色文化都存在着、生成着、传承着和发展着,它的教育意义仍然以解决政治立场和政治态度问题为核心。与此同时,为维护社会稳定、促进社会和谐发展,红色文化在民主与法治教育中也有所体现。其次,红色文化的道德教育内容。我党历来重视和强调道德修养的养成。毛泽东曾提出"又红又专"的教育目标并强调"为人民服务"的宗旨理念,为党和国家的人才培养工作指明了方向;邓小平提出培育"四有新人",强调"有道德",就是以集体主义为原则,以为人民服务为行动自觉,要具备社会主义和共产主义的道德。当下,习近平总书记强调培养"有理想、有本领、有担当"的"三有"新时代青年,确定"德智体美劳并举"的"五育"人才培养目标。其中,"德"一直是育人不可或缺的重要内容。这一点同样体现在习近平总书记文化型德育理论之中,强调文化是德育的基点,德育要以文化人。红色文化不仅紧密联系革命文化,而且结合优秀传统文化底蕴和社会主义先进文化的新内容为德育工作持续提供着深厚而强大的力量。

(二)思想政治教育是传承红色文化的重要途径

文化之于国家、之于民族都是极其重要的存在。而优秀文化的接力传承则是国家和民族长盛不衰、永葆生机的基因密码。习近平总书记强调,"党的光荣传统不能丢,丢了就丢了魂;红色基因不能变,变了就变了质[②]"。红色文化的传承不只赖于自身的发展,更重要的在于它对青年、军队、党员等受众发挥的价值引领作用。

其一,党内思想政治教育是红色文化传承的"中枢神经"。红色文化是中国

---

① 李水弟,傅小清. 红色文化的政治内涵 [J]. 南昌工程学院学报, 2008 (5):1-4.
② 习近平. 习近平谈治国理政:第二卷 [M]. 北京:外文出版社, 2017.

共产党人初心和使命的重要载体。巩固"不忘初心、牢记使命"主题教育成果，推进党内思想政治教育制度化、常态化，使党员干部增强"四个意识"、坚定"四个自信"、做到"两个维护"，是传承红色文化的根本途径。党的绝对领导是整个思想政治工作的宰制性内容，如果不能保证好党中央的权威，那么其他各范围内的思想政治工作终将走向邪路，红色文化在党内的继承与弘扬也就无从谈起。其二，军队思想政治教育是红色文化传承的"肢体躯干"。人民军队要做到听党指挥、能打胜仗、作风优良，就必须接受红色精神的灌溉和滋养。人民军队在革命战争的峥嵘岁月里孕育的井冈山精神、长征精神等宝贵红色精神是激发军人血性、塑造军人灵魂的重要精神资源。红色文化在军队中的传承与弘扬是坚持党指挥枪这一人民军队建设根本原则的现实需求，也是中华人民共和国的红色不淡化、不改变的应有之义。其三，大、中、小学思想政治教育是红色文化传承的"全能干细胞"。为更好地利用课堂教学这个主渠道，在推进大、中、小学思想政治理论课一体化进程中的幼儿阶段，可以侧重开展识别教育，比如对红旗、军装等红色物件的辨别认识；小学阶段，学生在品德与社会课上通过了解生动的红色故事、聆听悦耳的红色歌曲及参观红色文化景点和红色教育基地等方式接触红色文化，启蒙社会主义和共产主义道德情感；初中阶段，学生在"道德与法治"课上通过老师的案例讲解、图文并茂的理论传授等方式了解红色文化，接受系统的、递进的、有逻辑的红色精神教育，筑牢红色思想基础；高中阶段，学生主要在课堂之上接收较为简单有逻辑的理论灌输，形成较为清晰的理论脉络，为政治素养的提升做好铺垫；大学阶段，学生则进行知识的系统性学习，并且坚持问题导向，联系实际，践行红色精神，放宽视野，强化使命担当。其四，日常思想政治教育是红色文化传承的"滋滋清泉"。新形势下，日常思想政治教育所涵盖的教育阵地被不断丰富拓展，例如网络空间、校园空间等，人们越来越容易接收到红色文化的滋养。熏风拂煦山涵秀，润雨浇淋地蕴华。红色文化逐渐融入生活，撷取丰富教育内容，春风化雨般渗透到学生的心田，并使其进行知行转化，与思想政治理论课协同育人，从而更好地实现着"入芳兰之室，久而自芳"的育人成效，实现基因传承、精神传续。

三、红色文化和高校思政课程融合的原则

（一）传统性和创新性相结合的原则

高校在开展思想政治理论课的过程中不仅要宣讲传统革命精神，还要把最新

的思想理念融入教学过程中,同时在进行教学的过程中要具有一定的创新性,不能以呆板、僵死的方式方法进行教学。随着社会的快速发展,大学生的思想意识已经发生了变化,他们所接触的信息面十分广,但是在接受信息的过程中许多不符合社会主流的价值观、思想意识也在影响着他们的思想行为。当他们的思想观念发生变化时,教育者要认识到受教者所处的时代环境已经发生了变化,要及时引导学生树立正确的价值观念。通过课堂教学或者实践教学的方式使大学生能正确地分清错误的价值观和正确的价值观,使教育者真正做到时代的引领者的角色。在引导的过程中要大力讲解红色文化的时代精神,因为它包含着无私奉献、艰苦奋斗、爱国爱民、勇往直前等精神,从而抵制那些不符合社会主义主流价值观念的思想行为,始终坚持马克思主义在意识形态领域的指导地位。

(二)时代性和主体性相结合的原则

高校是思想政治理论课开展的主要阵地,在进行课程教学的过程中坚持时代性和主体性相结合的原则,同时在授课的过程中要把握好新时代背景下当代大学生思想观念的变化和心理需求,充分体现出思想政治教育的人文关怀。教师在课堂教学的过程中要充分发挥学生的主体性作用,坚持教师主导性和学生主体性相结合,坚持言教与身教相结合,使教师与学生形成一种良好的互动氛围。传统的授课方式以灌输式、照本宣科式的教学方法为主,导致学生的积极性和主动性不高,课堂上所取得的效果也不够明显。因此要求在思想政治教育中坚持以人为本,服务群众,把人民群众的利益和要求作为宣传思想工作的根本出发点和立足点。思想政治理论课教师在进行教学的过程中要重视学生的主体性作用,在课堂学习和实践学习中调动学生的主动性和积极性,使教育者和受教育者之间出现一种良性互动的课堂氛围,而不是单纯的教师一直在讲理论知识,学生一直在听,出现上课抬头率较低的现象。思想政治理论课是一门非常有趣的课程,不能让学生觉得高校思想政治理论课是一个无聊而枯燥的课程,要通过红色文化所秉承的时代精神、时代价值融入思想政治理论课的课堂之中,实现以文育人的目的。

(三)示范性和渗透性相结合的原则

红色文化资源在高校思想政治理论课教学过程中要坚持示范性和渗透性相结合的原则,实现高校思想政治理论课的育人工作。思想政治理论课在开展以红色文化育人的过程中具有很强的理论性和实践性,要求教育者和受教育者坚持以身作则的原则,通过学习革命先辈的英勇事迹以他们为道德榜样,学习他们身上的高贵品质和优秀精神。在高校向革命先辈学习的方式或者纪念他们革命事迹所开展的活动也是多种多样的，其中效果最好的就是关于红色文化的征文比赛、理论宣讲团、红色经典诵读、红色文艺活动等，这些活动的开展使大学生可以选择自己喜欢的方式学习红色精神，而不是以往的灌输式教学，这在很大程度上调动了大学生对红色文化学习的积极性和主动性。好的校园文化离不开红色文化的感染力和影响力，如果没有红色文化的价值宣传和理论学习是非常可怕的，不能让学生失去精神上的需求。在开展红色文化的理论学习的过程中教育者要有一定的示范性作用，通过自身所掌握的理论知识在自己的生活、工作中以身作则，感染学生学习这种优秀的品质。从而使学生从要我学转换到我要学，达到思想政治教育工作者所学需要的目的。

（四）课堂教学和实践教学相结合的原则

高校在开展思想政治理论课的过程中坚持课堂教学和实践教学相结合的方法，不能只重视课堂教学而忽视实践教学。在教学的过程中如果将红色文化的理论内容只进行理论宣讲，而没有开展实践教学是不可取的，这样只会导致受教育者思想呆板，不利于培养学生的发散性思维，只是一味地接受教育者所讲的理论知识，不利于学生的学习。同样也不能只注重实践教学而忽视课堂教学，这种教学方式也是不可取的，很难达到教学过程中育人的目的。课堂教学和实践教学这两种教学方式并不是相互矛盾的，二者之间存在着紧密的联系。红色文化是中国特色社会主义先进文化的一个组成部分，它具有很强的革命性、时代性和人民性的特性，包含着十分丰富的理论内涵。其中的宝贵的精神财富需要一定的载体才能得到良好的继承和发展，而高校思想政治理论课是一个很好的宣传平台，通过教育者对受教育者进行一定的理论教学，使受教育者体会到红色文化所包含的时代精神和价值追求。

第二节 红色文化融入高校思政课程的可行性

一、红色文化资源具有感染力

传统高校思政课给学生留下的印象通常是授课方式单一、理论教学过时、师生互动不足、理论无法联系实际等。正是因为这一系列"假大空"的刻板印象，使得大学生从心理上对思政课存在着距离感，认为思政课就是枯燥无聊的知识灌输课程，是一门通过老师划教材重点，学生死记硬背便可以考高分的课程，并未从根本上了解思政课的课程性质，自然也无法完成"立德树人"的根本任务。大学生思维敏捷、思想活跃，乐于将所学习到的知识联系实践，具有一定的批判思维能力，因此传统的"填鸭式"教学方法并不能满足学生对思想政治文化知识的需求，无法激发学生对思政课的学习兴趣。而红色文化资源极具感染力，将红色文化资源融入高校思想政治理论课可以有效拉近理论知识与学生之间的距离，提升思政课的实效性。

作为凝结着我国革命、建设和改革时期的不畏牺牲、奋勇图强的伟大民族精神的红色文化，见证着战火纷飞的年代中那些为了民族解放和民族独立而甘于奉献出自己生命的有志之士的伟大壮举。在高校思政课教学中充分利用和挖掘红色文化资源，感受伟大的红色文化精神，正是我们对革命先烈表达感激之情和缅怀之意的一种表达方式。不仅可以强化学生理论知识，而且可以升华思政课教学的主题。

二、能够提升高校思想政治理论课的亲和力

高校思政课是否有亲和力，取决于课堂上所讲授的内容是否能为广大师生所喜爱、所认同、所接受。作为一门具有政治性和严肃性的特殊课程，思政课集主流意识形态及党和国家意志于一身，但在保留其独特属性的同时，也应当兼顾课程的创新性和趣味性。红色文化以党的优良革命传统给人以情感滋养、思想启迪、价值引领和道德教化，能帮助学生感知和认同社会主义核心价值观，提高他们的思想道德素养，易于被学生所理解和接受，为高校的思想政治理论课提供了富有亲和力的教学资源。

中国广袤的大地上到处都有革命先辈留下的形式多样、内涵丰富的红色文化资源，将生动感人的红色故事穿插于思想政治理论课教学的全过程，带领学生定期参观红色文化基地、开展实践考察活动，使学生重温革命斗争历史，坚定崇高理想信念，发扬不屈不挠革命精神，既能够充实思政课的内容，又可以提高思政课的吸引力。同时要注意纠正红色文化"过时论"和红色文化"高大上"等错误观点，使同学们明白红色文化资源是与时俱进的、贴近我们生活的。

每一次红色文化资源与高校思想政治理论课的结合，都是对红色文化的传承和对红色基因的祭奠，都是将红色资源与高校思想政治理论课教学相结合的生动

实践，都是对思政课教学方法的创新，同时也是广大学生所喜闻乐见的思政学习方式。通过使学生身临其境地感受红色文化，能够使学生对所学内容产生强烈的思想共鸣，提高学生的共情能力，使思政课不再是由理论堆砌出来的空中楼阁，而是与学生的生活紧密相连的具有亲和力的课程。这样既能向学生传授基础理论知识，又能保持课堂的真实性和趣味性，消除学生对较为抽象的理论知识的畏难心理，加深对理论知识的理解。

三、符合高校思想政治学科核心素养要求

高校思想政治理论课肩负着帮助大学生树立马克思主义信仰、学习中国特色社会主义理论体系，以及认同社会主义核心价值观的重任。红色文化中所蕴含的高度的政治觉悟，对民主与科学的追求、对法治与公平正义的向往，以及对于革命事业的积极参与，与思想政治学科的思想核心素养有许多相契合之处，都是对大学生进行思想政治学科核心素养培育的珍贵课程资源。作为高校思想政治教育工作者，应该充分利用这一珍贵课程资源，挖掘红色文化资源的教育价值，将其贯穿到日常高校思政课的教学活动中，培养学生对于红色文化的学习兴趣，引领学生对红色文化的精神内核进行感悟与思考，增强政治认同、追求科学与真理、崇尚法治、提高公共参与热情，使高校思想政治核心素养融入学生的日常生活，真正扎根于学生的内心。

四、红色文化为高校思想政治理论课教学增强理论基础

红色文化是中国共产党带领广大人民群众在以马克思主义科学思想为指导的前提下，为实现共产主义远大理想而斗争的过程中，将中华优秀传统文化与之相结合，由此而产生的一种文化形态，同时也是中国特色社会主义文化必不可少的一部分，所以红色文化在某种意义上来说是为高校思想政治理论课教学奠定了重要的理论基础。

五、红色文化丰富高校思想政治理论课教学方法

方式方法是一个多层次多样式的复合系统。在红色文化形成的过程中涌现出一大批先进的革命历史人物，遗留了一批宝贵财富。这些宝贵财富中蕴含着丰富的教育方法，这些红色文化教育方法为创新高校思想政治理论课教学方法提供了借鉴意义。利用恰当的教学方法可以提高高校思想政治理论课教学的有效性。如

对历史正反两方面人物进行对比，通过比较学习有利于提高大学生思想道德修养；通过对革命英雄榜样的塑造，可以引导大学生自觉践行社会主义核心价值观，增强文化软实力，为实现伟大复兴中国梦提供强大的精神动力；利用红色遗址对大学生进行环境熏陶，将隐性环境与显性环境相结合，可以使教学效果达到事半功倍的效果。

六、红色文化为高校思想政治理论课教学提供教学资源

在红色文化发展历史的过程中，出现了一代又一代为实现民族独立、国家富强和人民幸福而不懈奋斗的英雄模范人物，还创造了一批具有丰富思想政治教育价值的文艺作品、红色遗址等物质财富。这些英雄人物不仅丰富了高校思想政治理论课的教学方法，还是进行高校思想政治理论课教学的重要师资力量。这批宝贵的物质财富，通过红色文艺作品丰富了高校思想政治理论课的教学内容、建立爱国主义教学基地拓展了高校思想政治理论课的教学渠道。

第三节　红色文化融入高校思政课程的策略

一、打造课堂主要阵地

课堂是教学的主阵地。在思想政治教育课堂上融入红色文化教学，在教师的积极指导和组织下，通过辩论、讨论、总结等方式学习自己比较熟悉的家乡革命文化，不仅有利于统一加深学生对红色文化的了解，完成教育教学认知目标，而且还能促进学生在生活中坚定政治立场，做到知行合一。因此，充分发挥课堂主阵地的优势地位，利用红色文化资源是提升思想政治教育时效性的核心问题之一。

（一）充实和更新教材内容

大学生进行思想道德建设的主课堂和主渠道是思想政治理论课，教学的教材则是重中之重。从教材本身来看，教材是对知识精华的萃取提炼。教材为教师的授课提供了资源，为教师教育指引了方向。

要精准把握红色文化资源与思想政治教育的切入点及结合点，自然而然地将这种文化融入教材之中。

《思想道德与法治》《中国近现代史纲要》《马克思主义基本原理》《毛泽东思想和中国特色社会主义理论体系概论》作为高校思想政治理论课教学主教材，教师可以有意识地将丰富的红色文化所涵盖的革命人物、革命事件、革命精神融入相应章节内容。革命英雄这种爱国主义的事例能使学生对爱国主义的含义形成深入理解，培养学生的责任意识，使学生能够更好地肩负中华民族崛起的重任。抓住红色文化与思想政治教育的切合点，使二者浑然一体，使学生通过身边的、熟悉的红色文化故事，加深对教材宏观性的、概述性的结论的理解。

（二）创新教学方法

新常态下，党中央颁布了大量文件，加大了高校学生的思想政治教育力度，并使之得到进一步改善，对高校思想政治教育理论课作出了严密规划，意味着高校的思想政治教育理论课将开展全面建设，而改进教学方法就是其中的难点之一。

在传统的高校思政课教学模式中，教师常采用填鸭式教学方式，学生接收的信息量大，但却往往不能深入理解，只能采取机械式记忆记住了一些知识性的内容。只有改变这种教学模式，学生才能真正理解教学内容，才有可能在生活中践行知行合一。

首先，对当前高校的思想政治理论课课堂教学现状进行分析，大部分高校仍在采用灌输式教学方法，在课堂学习理论知识的大学生不在少数。因此，应基于传统的教学方法进行改善、创新，进而与当代的社会发展趋势保持同步。例如教师在课堂讲授过程中要增加趣味性因素：教学时思政课教师可以将红色文化历史事件以文字、图片、视频、动画等形式展示给学生，让学生通过身边熟悉的历史故事，对革命理论及历史形成深刻理解，并对红色文化背后的文化底蕴和文化魅力形成切实体悟，使红色文化入脑入心，融入日常生活实践。

其次，利用疑问式、思维开放式等创新教学模式，解决目前教师"独唱"的课堂形式，有助于培养学生开放性思维与独立思考的能力。在具体的授课中，教师可以把革命英雄制作成有趣的专题，吸引学生的眼球，进而将红色革命历史事件中的伟大精神根植于学生头脑，浸入其血液之中。

最后，充分利用互联网教学，应用网络辅助教学，把丰富的红色文化所包含的"人""事""物""魂"制作成文化系列经典上传至当下最热门的学习强国App中，师生互动共品红歌、经典人物、革命故事荟萃等，充分发挥网络教学的特殊作用。

二、营造良好的红色文化宣传氛围

（一）健全红色文化的宣传教育机制

我国对红色文化资源的教育价值越来越重视，尤其是党的十八大以来，习近平总书记提出"四个自信"的战略思想，其中指出"没有高度的文化自信，没有文化的繁荣兴盛，就没有中华民族伟大复兴。[1]"红色文化是中华民族的优秀文化，是中华民族的宝贵精神财富，对后代人有着重要教育价值。红色文化是中华民族在实现社会主义现代化建设过程中的重要精神支撑，是推动社会向前发展的重要动力。新时代下，红色文化发挥着重要的历史意义，它凝结着中国共产党人浴血奋战的光荣史诗和崇高的革命精神，承载着中国共产党人的英雄气概和红色基因，是激发当代大学生爱国主义教育的优质资源。红色基因的传承和革命精神的弘扬离不开一个良好的宣传教育机制，加强红色文化的宣传教育工作是当前思想教育工作者所面临的一个重要历史课题。高校在加强红色文化宣传机制的过程中，必须要以习近平新时代中国特色社会主义思想为指引，要把红色文化的时代精神和理论价值融入高校思想政治理论课教学的全过程，使学生在课堂教学中充分认识到红色文化是中国文化的重要砥柱，其在革命、建设和改革开放的各个时期发挥着不可替代的作用，思想政治教育工作者要自觉承担起举旗帜、聚民心、育新人、兴文化、展形象的使命任务，传承好红色基因，发扬好革命精神。

（二）利用网络社交平台宣传红色文化资源

党的十八大以来，习近平总书记高度重视宣传思想工作，把宣传思想工作摆到了一个新的历史高度。"中共中央办公厅、国务院办公厅颁发了《关于进一步加强和改进新形势下高校宣传思想工作的意见》，为加强高校思想政治工作的顺利开展提出了新的思想观点、实施策略和方针政策，大力提倡将社会主义核心价值观融入到高校教书育人的全过程。[2]"当前社会快速发展，人们对信息的宣传与接收都十分便捷，但也面临着一系列的问题，如拜金主义、享乐主义、历史虚无主义等思想的冲击使当代大学生的思想观念受到了一定的影响。高校教师在开展育人工作的过程中要及时采用先进的教学理念和教学手段，要牢牢抓好学生的思想变化和时代的发展需求，大力提倡主流思想价值文化，提高大学生的思想道德

---

[1] 习近平.习近平谈治国理政：第一卷[M].北京：外文出版社有限责任公司，2018.
[2] 图书编写组编.《关于进一步加强和改进新形势下高校宣传思想工作的意见》辅导读本[M].北京：中国人民大学出版社，2015.

教育。红色文化的精神需要一定的渠道去传播，不仅仅是通过传统的人与人之间理论宣讲的形式进行传播，随着社会的快速发展网络这个新平台成为传播红色文化的主要渠道之一。现代社会的快速发展，人们对网络社交平台的关注度越来越高，人们广泛使用 QQ、微信、快手、抖音、微博等软件来获取最新的信息。在这些软件平台上通过微视频、直播等方式来传播红色文化的时代精神，拓宽了传播红色文化的渠道。学校通过公众号、远程视频课程学习、学校官网、PU 口袋等多种形式传播红色文化，这些传播平台既可以节约时间，又可以更便捷地获取信息。这些软件是学生最喜欢使用的获取信息的软件，也是红色文化传播最快、最便捷的方式之一。通过各种各样的方式拓宽了传播红色文化的渠道，提供了良好的精神食粮，加强了大学生的思想道德素养，增强了高校大学生的爱国主义精神。

（三）拓宽红色文化育人平台的渠道

在宣传红色文化的过程中要拓宽宣传渠道，不能仅限于简单的宣传模式，而要充分利用好校园的宣传平台，从而增强红色文化的感染力。高校教育者不能忽视红色文化所具有的时代力量，要认识到红色文化对大学生的思想观念、价值追求有着一定的影响，要把红色文化的物质资源转化为无形的力量推动青年大学生在以后的人生道路上越走越远，实现自己的梦想。新时代下，大力弘扬社会主义先进文化是时代发展的必然要求，也是高校教师在教学改革中的基本要求之一，让红色文化的时代精神渗入课堂教学、融入教材、走进学生头脑，真正了解红色文化的魅力所在，丰富教学内容，实现以文育人的效果。

三、创造社会实践活动

坚持实践是为了更好地认识。重视社会实践，会对理论的认知更加的清晰。当前为了把红色文化切合地融入大学生思想政治理论课中，高校应努力创造课外实践条件，在高校学生的社会实践中，积极融入丰富多彩的红色文化教育资源，使学生在实践阶段对这种文化的巨大魅力形成进一步感知，而且还能发扬红色文化，使更多的人了解红色文化。

（一）开展实践活动

红色文化活动不仅可以在校园内开展，还可以以社会实践活动的方式延伸至校外。这一活动不但能使高校学生对中国共产党领导中国人民争取民族独立、人民解放、国家富强、人民富裕的历史形成深刻了解，并且还能为学生接触并感受社会起到一定的推动作用，使学生对自身所承担的历史重任建立相应认知。通常情况下，校外实践活动的顺利开展是以爱国主义教育基地等载体为依托的。学校平时可以组织学生关注曾经参加过革命的家庭，对这些老革命者进行采访、访问，聆听他们对革命战争的感悟、记录一些他们身边发生过的抗战小故事，从中学生可以学习到老一辈革命家艰苦奋斗、不怕牺牲、团结协作的精神。还可以组织或引导学生实地走访历史遗存，易于使学生产生强烈共鸣，使学生对这一特色文化形成深刻认知，进一步认可这一特色文化。以实践教学基地为载体，组织学生前往高校周边的基地，或者与其他高校共同开展特色文化的体验活动，让大学生感同身受中，增强意志力。特别重要的是，根据大学生认知的需要，结合红色文化的特色主题，学校可以组织学生充分利用寒暑假，开展各种参观体验活动，让大学生在体验红色文化的过程中提升思想认知水平，让大学生在保护红色文化、传承红色文化、弘扬红色文化的实践中体验红色文化的巨大感召力和丰富的精神意蕴。

（二）增加理论宣讲

实践推动认识，认识指导实践。积极正向的理论宣传，有助于学生树立崇高的理想信念。最切实可行的方法就组织学生组成宣讲团，使学生身临其境去感受、去体验。可以指导学生组成红色文化宣讲团等，将革命英雄、革命史、红色故事所呈现的精神与意义传播到每一位高校大学生的生活中，让党史入脑入心。例如学生在宣讲红军东征过程中发生的故事时，搜集红军东征的路线，以及为什么会选择东征。红军东征其实从酝酿到实施，共产党内有不同的争议，但最后还是形成了团结一致、共同对敌的局面，保证了东征的胜利。从中我们感受到了毛泽东等人具有的军事方面的远见卓识，并能在面对困难时顺利解决。在挖掘一个个革命先烈的感人事迹和鲜活的历史故事的过程中，能够产生心灵与情感的共鸣，红色基因就会深入地融入学生的血脉中，革命精神就会成为激励大学生坚定自己的政治立场、坚定理想理念、实现民族复兴的强大精神动力。

四、专家指导建构本土红色文化资源融入思政课的育人机制

（一）规划红色文化资源与学科内容的科学整合机制

自古以来，传统教学一直是以教师讲授为主，以至学生的主动性没有得到重

视。课堂上学生难以发动自身的想象力和创造力，加之学业及环境的压力，课堂教学更注重的是考试的知识与能力，这令课堂变得更枯燥无味。想要改变这样的情况，就必须改变教学观念，教师需要打造一个有生命力的课堂来教育学生。

教师应做到让本土的红色资源和教学融合并把握新课程改革目标。认真研究教学方法，开拓新的教学方式。通过这样的方式让学生更深入、更有兴趣去了解本土的红色文化资源，并从中获得更多价值观念与内涵，养成良好的品德修养。

（二）设计"三贴近"的思想政治活动型课堂教学机制

贴近实际、贴近生活、贴近学生是加强和改进学生思想政治教育的基本要求。我们在引进红色文化资源时应认真落实"三贴近"原则，增强红色文化教学的针对性与实效性。

贴近实际，就是指我们在选取红色文化资源时要与社会现实密切联系。选取融入思想政治课堂的红色文化资源，一定要贴近本土历史发展的客观实际，不能掺杂主观臆想。

贴近生活，是指思政课融入红色文化资源于教学内容，要符合历史和现实的生活实际，将表现"红色"的丰富多彩的鲜活事例融入思想政治理论课堂，使教学内容中的"大道理"与生活中的"小道理"紧密地结合起来，处理好"大与小"的关系，在历史角度使思想政治理论课的教学内容生活化提高课堂教学的吸引力和说服力。

贴近学生，就是指思想政治理论课的教学内容要紧密结合学生的认知特点，根据学科课程目标要求关注学生的学习生活，了解他们了解历史、感受红色文化的真实想法、现实困惑和合理需求，关注他们所关心的社会热点问题，拉近教学内容与学生间的距离，处理好"远与近"的关系；使学生切实感受到学习思政课就是在探讨解决他们日常生活中常遇到的问题，就是在指导他们学会学习、生活。从而增强思想政治理论课教学的针对性、实效性。

（三）建立地方红色文化资源在校园的有效传播机制

学校领导对红色文化资源非常重视程度并将其高效地运用到了课堂之中，促进了思政课程中教师和学生、"教"与"学"的活动开展，成为成功课堂开展的风向标。对红色文化资源重视程度高且能运用到思政课中的学校比不重视的学校的学生综合素质明显要高。只有学校的领导意识到红色文化资源在学生思政课教学中的重要性，才能在学校的政策、学校的制度、学校的思政课程培训、学校思想政治队伍建设、学校思想政治教学研究等方面投入人力、物力、财力,从而提升学校的思政课程的教学水平;才能调动思政课教师将红色文化资源运用到教学中的积极性,提升课堂质量,提升整个学校的教学水平。

首先,要发挥红色文化建设中学生的主导地位,鼓励学生建立以自我为导向的红色文化社团,且学习理论要与时俱进,从抽象的到具体的,用现实时间来巩固理论基础,带领青年学生形成科学、正确的"三观"。思想政治理论课的教育内容是随着时代的发展而发展的,需要能够根据受教育者个体特征和社会环境的改变作出时代的应对。受教育者的生活、文化、知识获取的基本信息,以及理解判别能力也不相同,对教育者教学设计要求具有针对性和实效性。信息化发展的迅速使得当代青年学生轻松获取大量有效信息,教师要不断更新自己信息库的储备,抓住各种教育的合适时机,主动构建创新教学环境,拉近教育者和被教育者之间的距离,避免造成课件不跟随时代、教学内容落后等问题的出现。

其次,利用学校创造具有隐性功能的思想教育环境。创造良好的校园环境,让学生主要的活动场具备隐性的教育功能,潜移默化地影响学生的言谈举止、使学生找到自身的兴趣爱好、培养高尚的情操修养、提升学生的综合素质能力。红色文化的融入让学校的文化氛围更浓厚,同时提升学生的道德修养。比如学校应当加强对红色文化的宣传,可以利用学校广播、文化宣传栏,开设专门的红色文化课程。也可以在校园基础设施等投入红色文化元素,让学生耳濡目染。

最后,创建学生红色文化学习平台,通过平台的建立,更为系统地传递知识。一方面,学校可以开设红色文化课程,学生依据个人爱好选取感兴趣的课程学习,做到主动、自主学习;另一方面,学校也可以开展红色文化知识竞争平台,通过奖励制度来吸引学生的参与积极性。学校还可以组织红色文化交流活动,以到革命纪念馆参观、唱红色文化歌曲、观看红色文化电影等方式促进红色文化的发展。

第五章　新时代高校思政课程实践教学运行机制的构建

思想政治理论课实践教学作为思想政治理论课的重要环节，体现了理论知识与实践活动的内在逻辑，促进大学生从实践层面去理解、掌握和运用马克思主义。系统科学的思政课实践教学运行机制不仅是高校落实我国教育根本任务的时代要求和思政课学科发展的必然要求，也是新时代大学生个人成长的内在需要，对推动思政课实践育人的实效性具有重要的现实意义和理论价值。

第一节　高校思政课程实践教学运行机制理论分析

一、思政课程实践教学运行机制的相关概念

（一）运行机制

理解和把握运行机制的内涵，首先要弄清楚"机制"这一概念。机制最早是机械学概念，意指机器工作运行的原理及内外构造。之后运用到生物学、医学、物理学、社会科学等其他研究领域，这一概念具有同一系统的不同组织相互作和协调过程的含义。张耀灿指出机制是有机体事物内部各个构成要素互相制约和不断协调的自组织，其功能是耦合的，其形式是动态的。[①] 机制的内涵不同于机理，二者具有相似之处，但也有明显的不同，机理偏向于理论层面，是事物的内在属性和性质，阐述事物是什么，用以说明事物存在的原理和规律；机制侧重于事物运动层面，说明事物按照一定的机理、遵循事物的规律，达到一定目标而形成的运行过程和方式。二者既有联系又有区别，机制的运行要按照一定的规律和原则，遵循事物的内在机理，机制的构建才会科学有效。最后，总结出运行机制这一概

---

① 张耀灿，等.思想政治教育学前沿[M].北京：人民出版社，2006.

念的内涵,是指事物遵循变化发展的内在机理,通过一定的规则,使得各个要素相互协调和作用而形成的动态运行过程及方式。

(二) 教学运行机制

教学运行机制由"教学"和"运行机制"这两个概念组合而成,因此这个概念既有教育学特点,也兼具管理学特点,是一个系统性的组合概念。教学是包括教育理念、教学方法、教学活动、教学评价等在内的一系列的教学活动,是一种人才培养活动。运行机制是教学活动的一种管理手段和方式,有效地衔接教学的各个不同环节,整合教学活动的要素,具有衔接、调控、推动教学的功能,能够有力地保障教学活动的实施和运行。总的来说,教学运行机制是将学校教学活动的要素和环节相衔接,并把相对应的管理方式和教学活动的保障体系相结合,以推动教学活动的顺利实施和有序运行,从而形成的动态系统。教学运行机制既包括与教学相适应的运行机制,也包括与教学相对应的保障体系,是一个变化的动态体系,也是促进学校整体教学活动有序运行、推动实现教学实效性的重要部分。

(三) 思想政治理论课实践教学

从整体来看,目前学界关于"思想政治理论课实践教学"这一概念的定义仍未达成统一的共识,依然存在一定的分歧。学者们对这一概念的定义大体上可以从狭义和广义这两个层面进行理解。简言之,狭义层面的思政课实践教学侧重于突出教学的社会性特征,强调教学场所在外部的社会环境而不是在教室的课堂之中,指在教室之外开展形式多样的社会实践活动;广义层面的思政课实践教学侧重于突出教学的实践性特征,是基于理论教学内容而开展的相关实践教学活动,强调实践教学的场所不受空间限制,包括课堂内外所有的实践教学活动。

相较于广义层面的定义,我们更认同狭义层面的定义。也就是说思政课实践教学主要是在教室之外开展的实践教学活动,而课堂内展开的演讲、讨论等课堂活动更倾向是课堂教学的实践环节。思政课实践教学是教师基于马克思主义基础理论教育,根据思想政治理论课的教学目标和教学任务,有计划、有目的地组织学生参加实践活动,引导学生在实践活动过程中正确地理解和运用马克思主义来认识和改造世界的教学过程。

(四) 思想政治理论课实践教学运行机制

这一概念由"思想政治理论课实践教学"和"运行机制"两个词语组合而成,决定了其内涵既具有这一课程教学的性质,也兼具运行机制的特点。总的来说，思想政治理论课实践教学运行机制是指思政课实践教学的构成要素之间相互作用，并按照一定的运行机理和运行规律，遵循相应的运行原则，为实现思政课实践教学目标而形成的相对稳定的运行过程。这一概念不仅具有开放性和系统性的特点，还具有政治性特征，是思政课实践教学体系中不可或缺的组成部分。思政课实践教学运行机制是一个复杂多变的系统工程，需要各个构成要素和各个环节之间的相互协调与配合，从而在整体上推动这一课程科学有序的运行。要实现运行机制功能发挥最大化，就要提升运行机制的整体效能，遵循思政课实践教学运行机制的运行机理和构建原则，统筹各个构成要素之间的相互关系，推动实现运行过程的有效衔接，构建科学系统的运行机制，使思政实践教学运行更为科学高效，更充分地发挥实践育人功能。同时，也需要统筹利用好实践教学的外部力量，调动一切有利资源，不断拓宽和挖掘教学资源，更有效地推动思政课实践教学高效运行，促进大学生成长成才。

二、思政课程实践教学运行机制的理论依据

（一）马克思主义的实践观

马克思、恩格斯概括了以往优秀哲学家对实践理解的成果，对实践的概念作出科学规定，使之获得本质发展；列宁、毛泽东和习近平等一批优秀的马克思主义继承者进一步发挥了他们的实践思想、丰富了实践的内涵。马克思、恩格斯明确地把自己的哲学称为"实践的哲学"。实践是马克思主义哲学的核心概念，它贯穿整个马克思的思想理论体系当中。马克思主义哲学认为：实践是人类能动地改造客观世界的物质活动。这个定义，既将实践同动物被动地接受社会的改变的活动区分开来，又将实践同精神的活动区别开来。所以，实践是专属于人的活动，同时是物质性活动，前者体现了实践的主体性原则，后者反映了实践的客观性原则。

根据实践的定义可以得知实践具备以下三个基本特征：第一，实践的物质性的活动，无论是构成实践活动的诸要素，还是实践结果引起的客观世界的改变，都是客观存在的；第二，实践是实践主体有意识、有目的的活动，人类的实践受目的、思想等因素指导，是人类的自觉性活动；第三，实践是处在一定社会关注中的人在社会中进行的活动，具备社会性，因为实践的内容、性质都受一定的社会历史条件限制，所以实践的社会性同时决定了它的历史性。

马克思主义实践观奠定了思政课实践教学运行机制研究的理论基础，拓宽了

笔者的哲学视野。这一理论成果是构建科学的实践教学运行机制重要的哲学依据和理论来源。马克思认为，广大哲学家们研究的关键应该在于改变世界，而不是过多地去解释世界，改变世界的途径则是不断地实践。实践性活动是人之所以为人，而区别于其他动物最本质的区别，也是决定人的其他特性的有力根据。这一理论体现出社会生活的实践性特征。人类通过实践实现对世界的认识和改造。实践是学生在高校这一社会环境中实现自我认识和发展的有力途径，是当前高校思想政治理论课教学的必要途径。因此，研究思政课实践教学运行机制首先要深入研究马克思主义实践观的核心内涵和精神实质，把握其内在真谛，以准确把握运行机制的构建过程和运行方向，使思政课实现更好的实践育人效果。

（二）协同学等相关理论借鉴

德国物理学家赫尔曼·哈肯（Herman tlaken）在多学科研究的基础之上提出了协同理论，并著书系统阐述了这一概念。他认为协同学在于探索结构形成的普遍规律。[①]着重研究系统内部的协同作用，使之自发地出现有序结构，其中包括自组织原理、伺服原理和协同效应这三个方面的主要内容。协同理论强调事物和现象从无序到有序的转换，旨在实现系统的最佳状态和最优功能，不仅是一门系统科学，还广泛地应用在管理学、物理学等学科当中，获得快速发展并被广泛应用。实践教学运行机制的构建与协同理论的内容与有着异曲同工之处，为科学地构建高校思政课实践教学运行机制且保证其长效运行，提供了不同学科的知识借鉴和创新性的写作思路。高校思政课实践教学运行机制主要由主体、客体、环境和中介这几个要素组成，具有复杂的运行过程和环节，是一个动态发展的复杂系统，需要统筹校外和校内实践教学的各个要素，协调实践教学各个环节，推动思政课实践教学高效运行，更有效地提升高校实践育人的总体水平。协同理论为高校思政课实践教学运行机制研究提供科学的研究依据和有效的研究方法，促进思政课实现更高水平的发展。

三、思想政治理论课实践教学运行的构成要素

思政课实践教学运行构成要素之间相互运动和相互协调的过程，也是运行机制发生作用的过程。因此，构成要素是构建实践教学运行机制的基本前提和必要条件，是有力提升实践教学运行效率的重要着力点。笔者基于大多数学者的观点，认为其构成要素主要包括教育者、受教育者、环境和媒介这四个方面。

---

① 赫尔曼·哈肯.协同学：大自然构成的奥秘[M].凌复华，译.上海：上海译文出版社，2005.

第一，教育者。思政课实践教学的教育者不仅仅指思政课专职教师，对学生有计划地进行思想政治教育的其他个人或群体都属于教育者范畴，在具体教学中具有引导功能，在实践教学运行过程中起到设计、组织、引导和调控等重要作用，是指导高校学生开展实践教学活动的重要核心力量。思政课实践教学的教育者指导学生开展实践教学，调控和监督整个实践教学运行过程，促进学生成长成才，是实现教育根本任务的主力军和排头兵。

第二，受教育者。思政课实践教学的受教育者是教育者进行实践教学指导的对象，同时也是具体实践活动中的实践主体，在实践活动中具有较强的创造性和主观能动性，在实践教学中自主地开展自我教育和管理，在实践教学活动中发挥着主体性作用。思政课实践教学的受教育者是思政课实践教学运行过程中的参与者和自身思想政治素质的构建者，而不是教育的被动接受者，这有别于传统意义上的受教育者，有利于高校大学生自身思想政治素质的形成和内化，从而更好地促进学生实现成长成才。

第三，环境。环境是指思政课实践教学一系列的外部条件，既包括课堂、校园环境等较为直观的小环境，也包括社会环境、国家政策环境等大环境，是被教育者选择并纳入实践教学场所的环境。环境要素为思政课实践教学的运行提供必备的客观物质条件和精神文化环境，环境中的积极因素是实践教学得以顺利实施的有利因素，同时环境中的消极因素是阻碍实践教学顺利实施的重要原因。环境要素是这一课程开展教学活动的必备构成要素，对实践教学发展有着重要的作用。

第四，媒介。思政课实践教学运行的媒介要素是教育者和受教育者的中介，是实现两者有效连接的纽带，是实践教学得以顺利运行的必备构成要素之一。思政课实践教学运行的媒介要素主要是指教学内容、教学形式和教学手段等。这一课程的教学实施要按照思政课的课程内容和教学要求，保证教学的正确运行方向。同时，思政课实践教学要实现长效运行需要借助合适的形式和有效的手段，才能更好地推动教育者与受教育者实现良性互动，推动实践育人实现更高水平的发展。

四、思想政治理论课实践教学运行的特征

（一）综合性

综合性特征主要在以下两个层面中有所体现：首先是内容具有综合性，虽然从教学客体角度而言，它面向的客体较为单一，大多仅针对某一特定的领域，但是如若从内容为出发点进行分析，则可发现它将政治、经济及思维等多项内容涵

盖在内，综合性较强；其次是以实现全方位的综合发展为目标，与传统教学中侧重于提升某一能力不同，在该实践教学中，追求品性、能力及思维模式等多方面的提升。

（二）现实针对性

进行该实践活动的最终目的就是以理论与实践相结合的教学方式，将学生与当前社会相连接，并经由包括考察在内的多种途径加深其对社会、国家及民众的认识程度，以自身所学为基础，并将之应用于实践中，进而妥善处理面临的问题。并且，通过此种模式，还能对学生理论知识的掌握情况加以反馈，并将其与当前实际相结合，探究两者存在的共通点及差异之处，增强自身分析及处理问题的能力。综上可知，与传统教学模式相比，其具有诸多优点。

（三）政治性

思政课是遵循社会主义办学方向的重要课程，是开展高校大学思想政治教育工作的核心课程，带有较强的政治属性。实践教学作为高校开展思想政治教育有力的补充形式，是强化马克思主义意识形态教育、提升学生思想道德素质和综合能力水平的重要方式。因此，政治性是这一课程运行过程的特点之一。这一特征是区别思政课实践教学与其他课程实践教学的关键之处，也是思政课实践教学运行机制构建过程中需要重点关注的部分。

（四）双向性

通常情况下，也可将双向性看作学校与社会之间的双向沟通。在此过程中，既要考虑到学生主体的接受程度，还应该充分意识到教学活动中外界事物及社会环境的重要性。在教学过程中，实践教学基地不仅提供实践教学所需的场所，还派出有经验的人员同指导教师一起参与实践教学的教学计划制订，在教学任务结束后教学基地还负责信息反馈等。此种在教学基地进行实践教学的模式，不但确保了场所的安全可靠，提高了教师的职业能力，还大大提高了教学的针对性和实效性。

（五）开放性

以核心目标及最终任务为出发点对实践教学活动进行分析，可以发现，其并非是一个闭门造车的过程，它在各方面都是开放的。其一，活动环境没有固定不变的边界；其二，在实践教学过程中并未施加限制。因此对于学生而言，并不需要按照要求进行实践活动，在最大限度上确保了学生的积极性及主观能动性。在面临实际问题时学生群体能够以自身意识为出发点，采用不同形式、不同方法来解决所接触的问题。综上，无论是在教学形式、内容还是过程及结果等方面均具有一定的开放性特点。

第二节 高校思政课程实践教学运行机制现状考量

一、高校思想政治理论课实践教学运行机制的主要问题

（一）组织管理部门作用发挥不充分

组织管理部门是高校开展思政课实践教学工作的重要部门，不仅包括思政课实践教学培训指导中心和马克思主义学院，而且包括教务处、学生工作处、团委等学生工作部门及各个二级学院。思政课实践教学的组织和管理部门是大学生需要经常接触的部门，因此组织管理部门的作用发挥充分与否是影响实践教学的运行质量不可忽视的因素。但在实际的实践教学过程中，组织管理部门的作用发挥不够充分，对实践教学的实际推动作用有限，在学生的实践指导和管理方面有待加强。在具体的实践教学工作中，仍有不少学生对这一课程相关管理机构的职责分工情况不了解。这也从侧面说明，实践教学组织管理部门的职能分工不够明晰、职能作用发挥有限。一部分教师表示在实践教学指导过程中，时常会出现学生在实践活动过程中遇到问题不知道该找哪个部门咨询和处理的情况，学生转而都找指导教师咨询和处理。同时，指导教师指导的学生数量较多，教学任务与科研任务同时存在。因此，指导教师对学生的问题难以及时有效地解决，教师的工作任务积压、工作强度超负荷，影响了教学的运行效率，导致教学作用的发挥不明显等问题，致使实践教学效果大打折扣。

（二）育人主体协同育人成效不显著

这一课程的实践教学育人主体多样，不仅包括专职指导教师，还可以拓展兼职指导教师、实践地政府、企事业单位、社区、群众、同辈群体等主体，是专职指导教师的重要补充力量，有利于解决专职指导教师数量不够和难以深入学生实践活动过程参与指导的问题。同时，这些实践教学育人主体的社会力量不仅有效缓解了专职指导教师的教学压力，也能够为高校思政课实践教学提供实践场所、

实践经费、实践指导等多方面的支持，是促进实践教学高质量运行的推动力量。

但在实际的实践教学运行过程中，实践地政府、群众等主体对大学生实践活动的指导比较有限，并没有实现全体覆盖，并且与专职指导教师的协作交流较少，因而不同实践教学育人主体的协同育人成效不显著、作用发挥不够充分，在一定程度上影响了思政课实践教学的整体质量和水平。大部分学生在实践活动过程中希望得到除专职指导教师之外的育人主体的指导和帮助，但在实际情况中这一群体的力量显得尤为不足。这一课程在今后的发展过程中，要深入挖掘实践教学育人主体资源，充分重视协同育人的重要功能，增强育人合力，推动大学生实现成长成才。

（三）实践教学运行过程管理较薄弱

实践教学运行过程是这一课程的主要环节，是这一课程运行机制构建必不可少的部分。这一课程的运行过程管理对提升整个课程的教学质量和教学效果有着重要作用。因此，规范的实践教学运行过程管理是该课程的运行机制中不可忽视的重要部分。但在实际的实践教学过程中，存在着诸多运行过程管理不规范的情况。由于指导教师人数与学生人数的配比不足，教师负责的学生人数较多，实践教学的动员难度大，因而在实践动员过程中容易出现学生走过场、代签到的现象，部分学生仅仅是为了完成强制性的培训签到任务，而对动员培训内容不重视，甚至不予理睬。由此，对整个课程实践教学动员培训的效果产生一定的影响。同时，由于学生数量多、实践地区范围广，学校对学生实践过程的指导和安全监督工作难以系统全面地开展，指导教师对多个学生实践活动过程缺乏有效控制和有力监管。由此可以看出，教育者在这一课程实践教学运行过程中存在着管理不规范、过程管理薄弱等问题，影响了整个教学的运行效率和教学质量。

（四）实践教学考核评价实效性不高

高校思政课实践教学的考核评价是提高学生实践的积极性和主动性，提高教育主体教学积极性和创造性的重要环节，是反馈教学成果和提高教学水平的重要推动力，对提升教学效果和教学质量具有不可或缺的作用。然而在实际的实践教学过程中，考核评价环节的实际效果大打折扣，在一定程度上影响着实践教学的运行效果。在访谈中，部分教师提到指导教师是对学生实践活动进行考核评价的主要群体，甚至是唯一群体，在成绩的评定中难免会出现主观性和片面性，在一定程度上影响了学生成绩评定的公平性和公正性。同时，学校对学生优秀实践成果的奖励，大都沿袭传统和常规的学习用品、奖状和荣誉称号等奖励形式，对当代大学生的吸引力不够，使得奖励对学生的激励作用发挥不明显。不仅在学生层面，当前高校也缺乏完整规范的教学主体考核评价的规章制度，对教学主体的考核评价也存在着实践教学任务的核定随意、教学成果的认定片面等问题，因而对教学主体特别是专职指导教师的激励作用不显著，从整体上使得思政课实践教学的考核评价实效性大打折扣。最终，影响了整个课程的教学效果。

二、高校思想政治理论课实践教学运行机制归因分析

（一）高校领导对思想政治理论课实践教学重视程度不够

高校领导是学校教学工作与行政工作的主要负责人，各门课程能否取得预期的教学效果在很大程度上依赖于领导对其的重视程度，领导对课程的重要性有科学的认知就能为课程的顺利开展提供强大的助力，反之则有可能造成课程时间减少、师资配置不齐的尴尬局面。可以看到，尽管目前各高校领导对思政课实践教学的认知普遍都有所提高，但对其重要性的认知还是不够深刻，有待于进一步加强，这也导致了高校思政课在开展实践教学的过程中产生诸多问题。高校领导"重理论轻实践"的教育思想根深蒂固。高校领导在教育教学的过程中过度重视思政课的理论知识而忽视了实践的育人作用，认为组织开展实践教学活动既费时、费力又费钱，属于可有可无的"软"任务，因而没有给予应有的重视，相应地在政策和教学安排上也就缺乏应有的支持。高校领导片面追求大学生的就业率，忽视对大学生培养质量的关注。高校领导不能给予充分的重视，必然使得实践教学的课程被不断地压缩、教学设施难以更新、教学师资力量配比不全，严重地影响着教学效果的进一步提升。

（二）思政课实践育人合力不强

由于教学环境的特殊性，高校思政课实践教学的开展不仅需要专职指导教师，还需要兼职指导教师、实践地政府、企事业单位、群众、同辈群体等实践教学育人主体的力量。要实现这一课程实践教学协同育人的效果最优化，不仅要求育人主体的数量，更要求协同育人的质量，形成较强的思政课实践育人合力。大学生希望获得育人主体的帮助时选择的育人主体越多样越好，主要是学院和学校相关部门、同辈群体、实践地政府、企事业单位、社区、实践地群众这些育人主体，其中最主要的是学院和学校相关部门。这从侧面反映出，当前大学生对教师群体

之外的实践教学育人主体的需求量较大，不仅专职指导教师队伍有待拓展，实践教学其他育人主体的规模也有待扩充，这是影响实践教学协同育人效果的重要因素。不仅如此，实践教学的良好运行和高质量发展，也需要育人主体的科学配合和团结协作。但是，当前缺乏专职指导教师和其他育人主体交流合作的平台和机会，育人主体的配合度和默契度也有待加强，育人主体力量较为零散、实践育人合力不强，也在一定程度上影响着协同育人的效果。同时，当前社会缺乏实践育人的社会氛围，不仅阻碍思政课实践教学育人合力的形成，而且是影响这一课程协同育人实效性的重要因素。

（三）教学运行保障措施不完善

教学运行保障措施是保证这一课程实践教学运行的重要条件，是高校思政课实践教学运行机制中的重要组成部分，对提升实践教学运行管理质量、提高教学效果十分重要。思政课实践教学运行过程管理要实现规范有序，需要较好的物质保障、师资保障和环境保障等，然而在这一课程实际教学过程中，运行保障措施不完善的情况不在少数，导致出现这一课程的教学运行过程管理较为薄弱的问题。

当前高校在教学运行过程中对物质的需求较大，物质保障较为欠缺，因此，在实践教学运行过程中难以高效开展管理工作。学生对于教师对实践活动过程的指导需求较为迫切，也从侧面反映出教师队伍对实践教学运行过程管理较为欠缺的情况。同时，实践教学环境也是影响这一课程教学运行过程管理质量的重要因素。实践教学环境多变、人员繁杂，突发情况难以避免，未步入社会的大学生判断能力和辨别能力发展还不成熟，缺乏社会经验，实践活动的安全性难以保障，给学校开展实践教学运行过程管理带来一定难度，难以实现全面规范的管理。

（四）教学考核评价机制不健全

健全的考核评价机制是促进思政课实践教学有效运行的重要推动力，对发现和解决实践教学运行中存在的问题，发挥已有的优势和长处，优化思政课实践教学运行机制十分必要。但是实际教学运行过程中，实践教学考核评价机制仍然存在较多不健全的问题。专职教师是评定学生成绩的主要力量，而学生、学校和实践地部门等主体的评价功能未得到充分体现，不仅导致专职指导教师的工作任务加重，而且也在一定程度上影响着学生实践教学成绩的科学性和合理性。同时，实践教学考核评价过程中还存在着考核评价标准制定不规范和不明确等问题，对实践教学考核评价机制难以起到规范、引导和参考作用。同时，考核评价内容也大多是学生提交的实践活动证明材料和实践活动调研报告等，忽略了对实践教学过程的考核和评定，容易导致重结果、轻过程的现象，考核评价方式也大都采用单一的定性或定量的方式。同时，对教育主体特别是专职指导教师缺乏系统完备的考核评价机制，对教师教学的激励作用不显著，对考核评价结果的效能具有一定的影响，导致实践教学考核评价实效性不高。

第三节 高校思政课程实践教学运行机制的构建

一、教学计划与创新机制

教学大纲是学科的教学纲要，包括教学的目标、教学基本要求、教学主要内容及理论教学学时、学分的分配等，是课程教学开展的纲领性文件。教学计划是对学科课程设置的整体规划，包括对开设课程的具体设计及课时分配等。

我国高校要不断推进实践教学大纲和教学计划的创新。一方面，国家高等教育管理职能部门要严格要求，加强监督管理；另一方面，各高校思想政治理论课教学部门一定要认真对待，积极落实。各高校要根据国家对高校思想政治理论课实践教学活动的要求，借鉴其他高校实践教学活动的成功经验和优秀成果，同时结合本校具体实际，创新和优化实践教学大纲和教学计划。在高校思想政治理论课实践教学大纲的制定上，突出培养实践型和综合素质型人才的目标，充实课堂实践教学活动和社会实践教学活动的教学内容，并做好学分和学时的分配，注重理论教学与实践教学的合理配合。特别是可以单独编制和应用《高校思想政治理论课实践教学活动》的教学大纲，从而对实践教学活动的开展提供更好的保障。在实践教学计划的制定上，将高校思想政治理论课实践教学活动，尤其是社会实践教学与理论教学课程分开设置，单独集中安排课时、课序，从而加强学生和教师对社会实践教学活动的重视。

二、教学组织与动员机制

（一）管理机构职责分工

健全的思政课实践教学的教学组织和动员机制是实践教学运行的必要前提和重要保证。其中，职责分工明确的管理机构有利于保证指导教师思政课实践教学工作的顺利开展，推动该课程运行机制实现良好运转的影响因素，也是顺利达到预期教学目标的组织机构保障。宣传部和教育部在2015年印发关于思想政治理论课建设的文件中明确指出，高校党委书记要实实在在地承担起这一门课程的领导责任和政治责任，做好思想政治理论课建设的第一负责人。同时，这一课程运行机制的有效运转也离不开教务处、马克思主义学院、学生工作处等部门具体工作的实施和管理。因此，构建科学的思政课实践教学运行机制需要配备从领导决策到具体执行的职权分工明确的系统管理机构，以保证教学工作的有效运转和实践育人的实效性。

（二）实践教学动员培训

实践教学动员培训是思政课实践教学运行的首要环节，动员培训的对象既针对学生，是大学生了解和规划实践活动的重要途径；也针对指导教师，是教师提高实践教学能力的有力途径。为达到动员培训效果最优化，要充分重视和完善实践教学动员培训的主体、内容、方式和载体。实践教学动员培训的对象主要有教师和学生两个群体。一方面，学院和学校相关部门要加强对指导教师的动员培训，使指导教师具有正确的政治立场、专业的知识储备及过硬的实践教学能力。通过外出参观考察、学习培训等方式，提高教师的专业能力；通过专业技能过硬，业务能力强的高水平教师的指导和培训，构建实践教学经验交流的常态化机制。另一方面，学校相关部门及马克思主义学院要切实规范和加强动员培训过程，让大学生认识到实践教学对于综合素质培养和个人能力提升的重要作用，从而激发学生的积极性。同时，面向学生的动员培训还要重视强调实践教学的活动流程、基本要求、安全教育及过程管理。

三、教学模式与创新机制

实践教学不应是课堂灌输和社会实践活动的生硬搭配，而是理论教学与实践教学的融合，是课堂实践活动、校园实践活动和社会实践活动的统一。因此，高校在思想政治理论课实践教学运行机制创新中，要始终把握这一原则，创新多样化实践教学的协调机制，创新实践教学形式。一是开展多样化的课堂实践教学活动。可以将每次的课程分为两部分，上半节课进行理论讲授，下半节课进行演讲、讨论或辩论等实践教学活动，使学生对理论教学的内容形成更深的理解和印象。二是实现课堂理论教学与课外校园教学活动的有机结合。高校思想政治理论相关学科要积极与校内有影响力的社团和协会搭建关系，思想政治理论课教师要加强对社团和协会实践教学活动的指导，从而充实社会实践教学活动内容，提高实践教学活动质量。三是安排丰富多样的社会实践教学活动。高校思想政治理论课至少每月要开展一次校外的社会实践教学活动，每次实践教学活动的形式和地点应尽可能不同，以不断给学生新鲜感。

四、教学管理与协同机制

（一）实践教学过程管理

思政课实践教学过程管理是教师根据人才培养目标，引导学生在实践活动中实现思想道德水平和综合能力的提升，在这一过程中实施对教师和学生的管理，是学生实践过程管理和教师教学过程管理二者的有机统一。因此，过程管理是保证实践教学良好运行的重要因素，是该课程科学的运行机制构建中必不可少的部分。

教师的教学过程管理是这一课程过程管理必不可少的重要部分。规范有序的教学过程管理是保障学生实践活动的重要条件，是达到预期教学目标的必要前提。作为这一课程教学工作的具体实施单位，马克思主义学院直接对指导教师进行管理，对指导教师在整个实践教学运行过程予以指导和监督。学院要及时组织和安排指导教师开展班级实践教学动员、实践教学培训、实践活动审核、实践活动指导和实践成果评阅等工作。学院要配备专门的检查和管理人员，强化对实践教学过程的管理，重点检查关键环节的工作情况，以便及时发现和解决教学运行过程中出现的问题，不断优化整体的教学运行过程。在规范和强化教师教学过程管理中不断提高实践教学实效性。在规范过程管理的同时，要制定明确的教师管理奖惩机制，将实践教学过程管理与教师的工资绩效和职称晋升挂钩，对工作不负责任或造成严重不良影响的教师，按照教学事故认定和处理，减少教学指导工作量，直至取消实践教学指导资格；对工作尽职尽责，业务能力强的教师，切实核算工作量并予以相应的奖励，激发教师的工作积极性。

同时，学生的实践过程管理是这一课程过程管理的关键环节。严格有序的学生实践活动过程管理，是整个运行机制中十分重要的一环，对规范实践教学运行具有重要作用。指导教师是学生实践活动过程管理的主要力量，对大学生的实践活动过程负主要指导责任。指导教师的学生管理工作要拿捏好力度，做到张弛有度，既要按照严格的学生管理制度和规章开展教学，也要给予学生一定的自主性，引导学生积极进行自我管理以实现更好的教学效果。若现实条件允许，指导教师可以亲自到实践活动现场进行指导和交流，解决学生遇到的问题和困难，切实为学生提供指导和帮助；及时纠正学生的不良倾向，避免学生在实践活动过程中出现弄虚作假、消极懈怠、草草应付的情况，强化指导作用，重视实践过程管理。在实践活动后期，督促学生对实践活动进行总结，按教学要求认真撰写实践报告、活动感想等，并按时提交实践活动报告，通过这些形式帮助学生获得成长和进步。

（二）育人主体协同配合

区别于课堂教学形式，外部社会环境是这一课程开展实践教学的主要场所，需要大学生走出校园在社会实践活动中得到锻炼。因此，实践教学需要汇集社会各方力量、增强实践教学育人合力，为学生创造良好的实践环境和氛围。同时，当前学校教师指导学生开展实践活动容易出现过程不连续的现象，没有形成连续的校内指导和校外指导相结合的一体化模式。学生在实践前期得到教师指导后，在具体的实践活动过程中遇到问题却难以得到指导教师及时有效的指导，因而容易出现指导中断的现象，影响实践教学效果。教育部在2012年提出要"推动地方各级政府整合社会各方面力量，大力支持高校实践育人工作。[①]"实践地政府、企事业单位、社区、实践地群众等实践教学育人主体，很好地弥补了学校教师在大学生实践活动过程的指导缺位，与学校实践教学体系相结合形成了实践教学社会支持体系。二者构成了社会参与、协同配合的实践育人系统，推动教学过程的社会化，有利于形成有序、规范、连续的实践教学动态运行过程。具体说来，构建实践教学社会支持系统，推动育人主体协同配合需要学校、政府与社会协同配合、共同努力。

学校是这一课程实践教学的关键核心力量，要充分发挥学校的主体作用。学校在开展常规工作的同时，要积极挖掘学校内部的其他实践教学育人主体资源，如团委、学工部、教务处等学生工作部门工作人员、专业课教师等，发展成为思政课兼职教师的后备力量。同时，学校要协调校内各个部门配合思政课实践教学组织部门开展好实践教学工作，也要积极探索和创新思路，创造丰富的教学形式和教学内容。学校要积极与政府部门和社会团体就实践教学相关事宜展开沟通、合作和交流，争取政府更多的支持，拓宽社会的教学资源。要打通学校指导教师与政府部门人员和社会团体人员的沟通渠道，避免出现学生实践活动的指导不连续的现象，推动形成实践教学全员育人的趋势，巩固已有的实践教学成果。

---

① 教育部等部门关于进一步加强高校实践育人工作的若干意[EB/OL].（2012-01-10）[2021-10-28]. http://www.moe.gov.cn/srcsite/A12/moe_1407/s6870/201201/t20120110_142870.html.

政府是这一课程实践教学的重要支持力量，推动教学运行机制高效运转。政府在政策制度方面，要对高校实践教学予以适当的政策扶持，增加政府财政投入、加大帮扶宣传力度，为实践教学打下良好的政策基础。同时，要为实践教学积极拓展政府层面的教学场所，推动实践教学在基层发展，例如开展社区志愿服务、爱心帮扶活动、乡村振兴志愿者活动等，实现学校与社会对学生的双重教育。一方面，政府工作人员、社区工作者可以担任实践教学兼职指导教师，实现校内指导和校外指导有效衔接，缓解专职教师的教学压力，增强指导教师力量。另一方面，大学生群体也壮大了社会服务队伍，增添了社区工作活力，为政府工作和社区治理注入新鲜血液。政府这一育人主体的协同配合，对提升这一课程的实践教学实效性具有重要价值意蕴。

五、教学考核与激励机制

完善的实践教学考核和激励机制是高校思想政治理论课实践教学质量和效果的基本保证。因为实践教学的考核和激励机制不仅要依据高校思想政治理论课教师的实践教学活动中的表现和工作完成度，而且要依据大学生思想政治理论课实践教学的表现和作业完成度。

要不断加强高校思想政治理论课实践教学的考核和激励机制的建设和创新，并提高实践教学考核和激励机制的实际落实程度。一是加强对高校思想政治理论课教师在实践教学活动方面的考核，要求高校思想政治理论课教师详细记录每次实践教学活动，并保留照片、录影及录音等资料，并借助随机跟随考察、了解学生反映的情况和实践教学环节的作业检查等方式，对教师实践教学活动的开展情况进行考察。对于表现出色的教师，给予"实践教学优秀奖"，并将考核结果和奖项与评定职称和绩效工资相挂钩。二是加强对大学生的实践教学考核和激励机制。高校思想政治理论课教师要认真观察与记录实践教学中大学生的表现，对实践教学活动表现和实践作业严格要求，将实践教学环节表现和作业质量的考核结果提高到期末总成绩比重的20%~30%。同时可设置"社会实践优秀学生"等奖项，经评审专家小组评定颁发给表现优异的学生，并将该奖项与发展党员、奖学金评定及学生干部竞选挂钩。此外，可以通过实践教学活动给学生打造学术能力锻炼和表现的平台，并给予大学生学术成就上的激励。

六、信息共享与监控机制

（一）教学信息共享机制

思政课实践教学信息共享机制的目的在于更好地推动教育者与受教育者的双向互动与交流，保证教学过程的信息畅通。教学信息共享机制不仅包括信息共享过程，也包括信息反馈过程。其中，教学信息共享机制能快速、真实地掌握学生的实践情况，对实践活动的突发情况能够及时予以处理和上报，对优化教学过程起到不可忽视的作用。一方面，教师与学生共享实践教学资源、参考资料等，有助于拓宽学生实践的信息来源，提高实践活动效果；另一方面，学生与教师共享实践活动的感悟和动态等，有助于真实掌握学生的实践动态，更有效率地指导学生解答困惑和解决困难。同时，师生不是教学信息共享独有的一对主体，也包括实践教学组织部门和管理部门，多元主体的信息共享和信息反馈，对优化实践教学运行过程具有重要价值。

总的来说，实践教学信息共享机制主要有两个方向：一个方向是教育者向学生自上而下传递信息的过程，另一个是学生向教育者自下而上反馈信息的过程。具体说来，思政课实践教学组织和管理部门通过讨论会、座谈会等形式向学校领导部门汇报实践教学工作情况，反馈实践教学运行问题。学校教务处督导组通过学生管理信息系统向学校教务处共享教学信息、反馈教学情况，推动教学规范和不断发展。思政课实践教学培训指导中心通过常规管理和专项检查等方式向马克思主义学院共享教学信息，反馈实践教学运行情况。实践教学指导教师通过班级动员反馈、成绩表等方式向相关部门共享和反馈学生动员、培训、指导等情况。学生班级干部和实践小组负责人通过学生信息管理平台、实践教学课程网络平台、实践教学动员培训会等方式向指导教师分享和反馈班级和小组实践情况。学生与教师的信息交流和反馈是实践教学过程的重要部分和关键环节，因此要予以充分重视。师生信息共享方式除传统的学生信息管理平台、实践教学课程网络平台、实践教学动员培训会等方式外，要积极地拓宽其他渠道，诸如微博、QQ、微信等网络社交媒体。学生信息管理平台具有学生资料上传、活动评价、成绩公布等信息共享功能，实践教学课程网络平台具有实践信息发布、资源下载、实践论坛等信息共享功能。QQ、微信等社交媒体具有实时沟通实践动态、实时答疑、在线监督的信息共享功能。

（二）实践教学监控机制

实践教学监控机制是监督这一课程的教学运行情况，可以有效管控实践活动过程，有利于把控教师实践教学工作方向和学生实践活动方向，防止出现方向偏差。实践教学监控机制要做到全方位和宽领域的监控，才能起到有效的监督作用和效果。在监督对象上，不仅要监督学校的师生，而且要对实践教学领导管理机构的工作人员展开监督，建立全方位的监督体系；在监督内容上，不仅要对教师实践教学过程、学生实践活动过程和领导管理机构工作过程展开监督，也要对实践教学成果展开监督，以防出现弄虚作假的现象。

思政课实践教学监督机制不仅要完善全面的外部监督机制，也要构建完备的内部监督机制，才有助于达到良好的监督效果，推动实践教学有效运行。一方面，对指导教师的监督。要充分发挥学校教学督导部门、思政课实践教学组织实施单位、实践教学指导中心等部门的作用，自上而下对教师进行层层监督，监督教师真实的指导情况和教学效果，发现不合乎教学规范的教学行为要及时处理。与此同时，也可以利用好学生的监督功能，充分发挥学生对指导教师的监督功能，自下而上对指导教师进行监督，通过多种形式向学生直接了解教师的教学情况，听取学生对教师教学的建议，为提高教师教学能力和水平提出学生群体的建议，为优化教师的教学提供有力参考。另一方面，对学生的监督。首先，要充分发挥学校教务处、学生工作处、思政课实践教学指导中心等部门的管理监督作用，进行自上而下的监督。通过抽查学生的实践活动报告书、汇报材料等，检查实践活动是否真实有效，并制定具体的实施细则和科学的管理办法，防止实践活动造假等行为。其次，要充分发挥学生干部、社团组织和小组成员等优秀的学生同辈群体的作用，对实践过程进行实时监督，并向指导教师及时反馈实践活动情况和出现的问题，以便展开有效指导和及时处理。最后，要充分发挥实践地企事业单位、兼职指导教师、社区工作者和群众等实践教学育人共同体的重要作用，有力地弥补指导教师在学生具体实践过程中的监督缺位。学校与实践地区针对思政课实践教学形成合作关系并构建长效监控机制，为学校切实了解学生实践活动情况提供直接、具体和真实的信息，规范实践教学过程，推动实践教学不断发展。实践教学外部监督机制形成的同时，也要积极地探索实践教学内部监督机制，实现内外联动，以期实现更好的教学效果。

参考文献

[1] 黄爱华. 高校思想政治理论课教学模式变革研究 [D]. 南京：南京理工大学，2015.

[2] 殷莎莎. 系统科学视域下高校思想政治理论课实践教学研究 [D]. 哈尔滨：哈尔滨工程大学，2016.

[3] 汪馨兰. 高校思想政治理论课实践教学研究 [D]. 成都：电子科技大学，2013.

[4] 肖贵清. 新时代高校思想政治理论课的守正与创新 [J]. 思想教育研究，2019（3）：80-84.

[5] 党评文. 坚持"八个相统一"推动思政课守正创新 [J]. 学校党建与思想教育，2019（14）：1.

[6] 陈吉鄂. 以"八个相统一"引领高校思政课改革创新 [J]. 人民论坛，2019(20)：108-109.

[7] 杨鑫，解月光. 智慧教学能力：智慧教育时代的教师能力向度 [J]. 教育研究，2019，40（8）：150-159.

[8] 陈锡喜，张濛. 推动高校思想政治理论课建设内涵式发展的要义和路径 [J]. 思想理论教育，2019（11）：65-71.

[9] 王秀珍，王粉梅，裴斌. 基于雨课堂的智慧教学模式构建 [J]. 计算机教育，2018（4）：139-142.

[10] 陈占安. 改革开放以来高校思想政治理论课建设的回顾与展望 [J]. 思想理论教育，2018（10）：21-27.

[11] 伍丹. 高中思想政治课教学中学生主体性及其发挥的研究 [D]. 武汉：华中师范大学，2019.

[12] 付枭雄. 高校思想政治理论课学生获得感研究 [D]. 南宁：广西大学，2019.

[13] 吕杰. 高校思想政治理论课混合式教学的现状与优化研究 [D]. 重庆：重庆邮电大学，2019.

[14] 胡颖. 高校思想政治理论课课程开发存在的问题及建设对策研究 [D]. 重庆：

西南大学，2017.

[15] 王晓霜."泛娱乐化"对高校思想政治理论课的消极影响及对策研究 [D]. 贵阳：贵州师范大学，2021.

[16] 熊欣. 高校思想政治理论课"智慧教学"研究 [D]. 桂林：广西师范大学，2021.

[17] 刘畅. 高校思想政治理论课实践教学研究 [D]. 武汉：华中师范大学，2012.

[18] 骆郁廷. 高校思想政治理论课的"变"与"不变"[J]. 思想理论教育导刊，2013（4）：70-77.

[19] 张晓丹，郭多华. 差异化教学：高中与大学思想政治教学衔接的有效策略 [J]. 中学政治教学参考，2020（6）：55-58.

[20] 杜向辉. 红色文化融入高校思想政治理论课教育教学研究综述 [J]. 江西理工大学学报，2020，41（4）：13-19.

[21] 刘金松. 人工智能时代学生主体性的相关问题探讨 [J]. 现代教育技术，2021，31（1）：5-11.

[22] 周侍美. 试论红色文化资源在高校思想政治理论课的创新运用 [J]. 北京印刷学院学报，2020，28（S2）：198-200.

[23] 徐正华，张发祥. 江西红色文化融入高校思想政治理论课教育思考 [J]. 东华理工大学学报（社会科学版），2021，40（3）：269-272.

[24] 黄萍，李君，孙红竹. 高校思想政治理论课"3+2"实践研学及运行 [J]. 高教学刊，2021，7（23）：193-196.

[25] 陈婷."互联网+教育"背景下智慧课堂教学模式设计与应用研究 [D]. 徐州：江苏师范大学，2017.

[26] 牛媛媛. 高职院校思想政治理论课建设和改革研究——以"八个相统一"原则为视角 [J]. 大庆社会科学，2022（1）：154-157.

[27] 李福华. 高等学校学生主体性研究 [D]. 上海：华东师范大学，2003.

[28] 胡运. 高校思想政治理论课教材内容重复研究 [D]. 重庆：西南大学，2016.

[29] 沈万根. 关于高校思想政治理论课实践教学运行机制创新的思考 [J]. 思想教育研究，2017（1）：63-66.

[30] 牛玉萍，龚志军. 高校思想政治理论课与高中思想政治课有效衔接的思考 [J]. 辽宁经济职业技术学院学报，2017（4）：116-118；122.